Joachim Bauer
DAS GEDÄCHTNIS DES KÖRPERS

Wie Beziehungen und Lebensstile unsere Gene steuern

Erweiterte Ausgabe

Piper München Zürich

Mehr über unsere Autoren und Bücher:
www.piper.de

Erweiterte Taschenbuchausgabe
Piper Verlag GmbH, München
1. Auflage September 2004
18. Auflage Oktober 2011
© 2002 Eichborn AG, Frankfurt am Main
Umschlag: semper smile, München
Umschlagabbildung: Getty Images / Ralph Mercer / Stone
Papier: Munken Print von Arctic Paper Munkedals AB, Schweden
Druck und Bindung: CPI – Clausen & Bosse, Leck
Printed in Germany   ISBN 978-3-492-24179-3

INHALT

1. Das Zusammenspiel von Genen und Umwelt:
   Wie aus einem Konzertflügel Musik wird   7

2. Alltagssituationen und die Biologie des Körpers:
   Die Rolle der zwischenmenschlichen Beziehung   12

3. Gene sind keine Autisten   20

4. Wie Gene auf Stress reagieren   24

5. Die Entwicklung der individuellen Stressreaktion:
   Die biologischen Folgen biografischer Erfahrungen   35

6. Synapsen, Nervenzell-Netzwerke, Lebensstile und
   zwischenmenschliche Beziehungen   52

7. Subjektive Erlebnismuster im Netzwerk Seele:
   Persönlichkeits-»Typen« im Alltag   72

8. Umwelt und Neurobiologie am Beispiel einer Erkrankung:
   Die Depression   81

9. Körperliche Risiken von Stress und Depression:
   Auswirkungen auf Herzkrankheiten, Herzinfarkt und Herztod   100

10. Körperliche Risiken von Stress und Depression:
    Immunabwehr und Tumorrisiko   111

11. »Blindflug« von Arzt und Patient? Was an der Behandlung
    mit Psychopharmaka zu kritisieren ist   127

12. Schmerzerfahrungen und Schmerzgedächtnis:
Chronische Schmerzkrankheiten »ohne Befund«   144

13. Effekte von Traumen auf Gene und Strukturen des Gehirns:
Die posttraumatische Belastungsstörung   163

14. Seelische und neurobiologische Folgen von Gewalt
und Missbrauch bei Kindern und die Borderline-Störung   177

15. Körperliche Spuren bei Problemen am Arbeitsplatz:
Das Burnout-Syndrom   199

16. Psychotherapie: Ihre Auswirkungen auf die Seele
und auf neurobiologische Strukturen   209

17. Die Welt der Gene: Wie sie wirklich funktionieren   221

Literatur   245

1. DAS ZUSAMMENSPIEL VON GENEN UND UMWELT: WIE AUS EINEM KONZERTFLÜGEL MUSIK WIRD

GENE, NERVENZELL-NETZWERKE UND ZWISCHEN-MENSCHLICHE BEZIEHUNGEN

Gene steuern nicht nur, sie werden auch gesteuert. Die Vorstellung, dass Gene auf eine starr festgelegte Weise funktionieren und danach das gesamte Leben programmieren, ist nicht zutreffend. Vielmehr unterliegen Gene zahlreichen Einflüssen, die ihre Aktivität in hohem Maße regulieren. Am deutlichsten wurde dies durch Beobachtungen und Entdeckungen, die in den letzten Jahren auf dem Gebiet der neurobiologischen Forschung gemacht wurden. Diese sollen in diesem Buch zur Sprache kommen.

Geistige Tätigkeit, aber auch Gefühle und Erlebnisse in zwischenmenschlichen Beziehungen haben im Gehirn biologische Veränderungen zur Folge, über die wir bis ins Detail hinein inzwischen einiges wissen. Hätten wir die Möglichkeit, einmal im Jahr eine Reise in unser Gehirn zu machen und uns dort mit einem Elektronenmikroskop umzusehen, würden wir jedes Mal erheblich veränderte »Landschaften« entdecken. Der Grund dafür ist, dass Ereignisse, Erlebnisse und Lebensstile die Aktivität von Genen steuern und im Gehirn Strukturen verändern. Wie dies geschieht, davon soll in den nachfolgenden Kapiteln die Rede sein.

Alles, was wir lernen, erfahren und erleben, vollzieht sich im Zusammenhang mit zwischenmenschlichen Beziehungen. Zwischenmenschliche Beziehungserfahrungen und das, was sie sowohl an Emotionen als auch an Lernerfahrungen mit sich bringen, werden in Nervenzell-Netzwerken des Gehirns gespeichert. Das Buch wird das faszinierende Phänomen beschreiben, wie Nervenzell-Netzwerke, indem sie neue Eindrücke und Erfahrungen aufnehmen und speichern, zugleich ihre Feinstrukturen verändern.

Diese Zusammenhänge haben hohe gesundheitliche Relevanz. Da das Gehirn zahlreiche Körperfunktionen steuert, sollten uns Studien nicht verwundern, die wissenschaftlich belegen, dass Depressionen z.B. das Risiko erhöhen, herzkrank zu werden, und dass sich für Patienten, die bereits unter einer Herzkrankheit leiden, durch eine Depression das Sterberisiko massiv erhöht. Der Einfluss zwischenmenschlicher Beziehungserfahrungen reicht in den gesamten Körper hinein. Dies wird das Buch in vielen Details darstellen.

In den USA weisen herausragende Vertreter der neurobiologischen Spitzenforschung wie der Nobelpreisträger Eric Kandel darauf hin, dass die neuen Entdeckungen über die Verbindung zwischen *»mind«* (Geist) und *»brain«* (Gehirn) ein Umdenken in der Medizin erfordern. Da alles, was wir geistig tun, seelisch fühlen und in Beziehungen gestalten, seinen Niederschlag in körperlichen Strukturen findet, macht, wie es Thure von Uexküll auszudrücken pflegt, eine Medizin für »Körper ohne Seelen« ebenso wenig Sinn wie eine Psychologie für »Seelen ohne Körper«.

UNABÄNDERLICHES UND VERÄNDERLICHES:
DER GENETISCHE CODE UND DIE REGULATION DER GENAKTIVITÄT

Welche Rolle spielen die Gene? In der Medizin werden sie vielerorts als die Verantwortlichen allen Übels hochgespielt. Der Genforscher und Molekularbiologe Jens Reich hat die Gene, die bekanntlich die Träger unserer Erbanlagen sind, mit einem Konzertflügel verglichen. Ein Konzertflügel kann für sich alleine keine Musik machen. Das Instrument genügt nicht, es muss jemand auf ihm spielen. *Wer* aber »spielt« auf den Genen? Dieser Frage ist dieses Buch gewidmet.

Im Frühjahr 2000 wurde im Rahmen des *Human Genome Project* die Entschlüsselung der Gesamtheit menschlicher Gene, des so genannten »Genoms«, abgeschlossen. Während die Schlussfolgerungen, die aus dem Abschluss dieses Projekts gezogen wurden, einerseits immer weitreichender und kühner wurden, zeigte sich andererseits, dass sich die Kenntnisse über Genetik in der Bevölkerung, auch bei vielen gebildeten Menschen, auf dem Stand des Augustinerpaters Gregor Johann Mendel (1822–1884) befinden, des Urvaters und Begründers der Erblehre. Demgemäß beschränkt sich das Wissen über die Gene also vielfach darauf, dass Merkmale der biologischen Grundausstattung eines Organismus im Rahmen eines festgelegten Erbganges an die Nachkommen weitergegeben werden.

Bei der Funktion der Gene sind jedoch zwei Aspekte zu berücksichtigen: Der erste Aspekt der Genfunktion ist der »Text« eines Gens, der auch als »DNS-Sequenz« bezeichnet wird. Dieser »Text« ist in einem Lebewesen ein für alle Mal festgelegt, er geht auch in die Erbfolge ein. Sieht man jedoch von den sehr seltenen, echten Erberkrankungen einmal ab, so ist der andere Aspekt, der die *Regulation der Genaktivität* betrifft, für sämtliche gesundheitsrelevante Körperfunktionen weitaus wichtiger. Was eine DNS-Sequenz ist und wie ein Gen aktiviert wird, diesen Fragen ist später ein eigenes Kapitel gewidmet.

Die *Regulation der Genaktivität* unterliegt in hohem Maße situativen Einflüssen und wird überwiegend nicht vererbt. Sie richtet sich nach den aktuellen Umgebungsbedingungen, sowohl nach jenen der einzelnen Körperzelle als auch nach denen des gesamten Organismus. Erst in jüngster Zeit wurde außerdem entdeckt, dass individuelle Erfahrungen im Organismus Reaktionsmuster ausbilden können, die einen Einfluss auf die Regulation der Genaktivität in zukünftigen Situationen haben. Es wurde experimentell gezeigt, dass bestimmte genetische Reaktionsmuster durch Erlebnisse und Erfahrungen »eingestellt« werden können.

DIE UMWANDLUNG VON SEELISCHEN WAHRNEHMUNGEN IN BIOLOGISCHE SIGNALE

Wahrnehmungen der jeweiligen äußeren Situation haben, auf dem Weg über Nervenzell-Systeme der fünf Sinne, einen Signalzufluss zur Großhirnrinde und dem mit ihm verbundenen limbischen System (dem »Zentrum für emotionale Intelligenz«) zur Folge. Einer der faszinierendsten Aspekte der Hirnfunktion ist die Umwandlung von Erlebniseindrücken in biologische Signale. Wie seriöse wissenschaftliche Untersuchungen, auf die dieses Buch näher eingehen wird, zeigten, können Vorgänge in zwischenmenschlichen Beziehungen massiven Einfluss auf die Regulation zahlreicher Gene und aufgrund dessen nicht nur seelische, sondern auch weitreichende biologische Auswirkungen haben.

Mittlerweile liegt eine große Zahl an Untersuchungen über positive und negative biologische Auswirkungen vor, die sich aus fördernden oder belastenden zwischenmenschlichen Beziehungen ergeben. Durch die Umwandlung sozialer Beziehungen in biologische Signale übt das Gehirn nicht nur Einfluss auf zahlreiche Körperfunktionen aus, vielmehr verändert es unter dem Einfluss der von ihm selbst erzeugten biologischen Signale seine eigene Mikrostruktur. Leon Eisenberg von der Harvard Medical School, einer der großen US-Mediziner, sprach deshalb in einem inzwischen berühmt gewordenen Artikel von der »sozialen Konstruktion des menschlichen Gehirns«.

SEELISCHE ERKRANKUNGEN NEU VERSTEHEN

Wenn wir erkannt haben, in welchem Umfang zwischenmenschliche Erfahrungen von unserem Gehirn in biologische Signale umgewandelt werden, werden wir auch in der Lage sein, eine ganze Reihe schwerer, in letzter Zeit leider zunehmend verbreiteter Krankheiten zu verstehen: Die Kapitel 8 bis 14 führen aus, wie sich die Depression, die posttraumatische Belastungsstörung PTBS, aber auch die unter jungen Menschen zunehmende Borderline-Krankheit vor dem Hintergrund der modernen Neurobiologie neu verstehehn lässt. Hier wird deutlich werden, welche besonders verhängnisvollen biologischen Spuren – bis hin zur Veränderung der Genaktivität – vor allem Gewalt- und Missbrauchserfahrungen hinterlassen können.

Auch was wir therapeutisch zur Behandlung seelischer Gesundheitsstörungen tun, hat biologische Auswirkungen. Kapitel 11 wird die erheblichen Probleme ansprechen, mit denen die medikamentöse Behandlung derzeit noch belastet ist. Faszinierende neue Erkenntnisse über die Effekte von Psychotherapie beschreibt das Kapitel 16.

GENE UND UMWELT: »DIE EINHEIT DES ÜBERLEBENS«

Gene führen also kein auf sich gestelltes, »autistisches« Eigenleben. Organismus und Umwelt, Gene und ihre Umgebung bilden eine »Einheit des Überlebens«, wie es der Biologe, Verhaltensforscher und Philosoph Gregory Bateson ausdrückte. Die Frage »Gene oder Umwelt«, über die auch heute noch begeistert gestritten wird, ist daher unsinnig. Beide funktionieren nur gemeinsam. Die Beiträge dieses Buches widmen sich der faszinierenden Tatsache, dass Faktoren, die Gene steuern und Gesundheit beeinflussen können, zu einem wesentlichen Teil aus dem Bereich zwischenmenschlicher Beziehungen kommen.

Zusammenfassend heißt dies: Wir selbst wirken durch die Gestaltung unserer zwischenmenschlichen Beziehungen entscheidend daran mit, was sich biologisch in uns abspielt. Aus dem, was wir über die biologische Bedeutung sozialer Beziehungen heute wissen, ergibt sich eine neue Dimension der Verantwortung. Die Absicht dieses Buches ist es, der Leserin beziehungsweise dem Leser etwas über die große Zahl an spannenden wissenschaftlichen Ergebnissen und Einsichten aus den letzten Jahren weiterzugeben, die wir über diese faszinierenden Zusammenhänge heute haben.

2. ALLTAGSSITUATIONEN UND DIE BIOLOGIE DES KÖRPERS: DIE ROLLE DER ZWISCHENMENSCHLICHEN BEZIEHUNG

DIE »SPIEGEL-NERVENZELLEN« DES GIACOMO RIZZOLATTI

Wenn interessante Fakten dargelegt werden und von neuen wissenschaftlichen Beobachtungen berichtet wird (dies wird in den nachfolgenden Kapiteln ausgiebig geschehen), ist das Publikum vor allem dann überzeugt, wenn »objektive« Messungen, möglichst auch mit größerem apparativen Aufwand, durchgeführt wurden (das vorliegende Buch wird die Leserin und den Leser auch in dieser Beziehung nicht enttäuschen). Menschen können ja sozusagen viel erzählen, ein Apparat lügt nicht. Lassen Sie uns diesen Gedanken zum Anlass nehmen, die Rolle zwischenmenschlicher Beziehungen in einer »objektiven« Welt zu bestimmen. Ein interessantes Experiment, das kürzlich von einer – international renommierten – italienischen Forschergruppe durchgeführt wurde, ergab einen ziemlich erstaunlichen Hinweis darauf, dass das Gehirn unsere Apparate-Gläubigkeit nicht teilt.

Giacomo Rizzolatti und seine inzwischen berühmt gewordene Arbeitsgruppe aus Parma sind die Entdecker der so genannten »Spiegel-Nervenzellen« (auch »Spiegel-Neurone« oder *»mirror neurons«* genannt). Diese können sich das, was wir bei einem anderen Menschen beobachten, so einprägen, dass wir es selbst fühlen, aufgrund dessen aber auch besser nachahmen können (das Erste, was Säuglinge an kommunikativem Verhalten zeigen, ist der Versuch, mütterliche Gesichtsausdrücke und den Klang ihrer Stimme zu »spiegeln«, siehe dazu Kap. 6). Die Wissenschaftler um M. Alessandra Umiltà und Giacomo Rizzolatti entdeckten in einem Versuch mit Affen (die neurobiologisch unsere allernächsten Verwandten sind), dass Spiegel-Nervenzellen des Gehirns nur dann »ansprechen«, wenn eine beobachtete Handlung von einem lebenden Artgenossen höchstpersönlich durchgeführt wird (wenn der gleiche Vorgang mit einem Instrument vollzogen wurde, zeigte sich bei den Spiegel-Nervenzellen keine Reaktion).

ZWISCHENMENSCHLICHE BEZIEHUNGEN UND GESUNDHEIT

Giacomo Rizzolatti entdeckte bei seinen bahnbrechenden Experimenten die neurobiologische Grundlage für die Erkenntnis, dass das menschliche Erleben, auch das Lernen, persönliche Beziehungen braucht, und dass es letztlich nicht zum Erfolg führen wird, wenn bei der Erziehung und beim Spielen von Kindern, beim Unterricht von Schülern, in der Familie, aber auch am Arbeitsplatz direkte Kontakte zwischen Menschen immer mehr reduziert werden. Eine der wichtigsten Erkenntnisse der Stressforschung, auf die wir in diesem Buch im Detail noch vielfach eingehen werden, ist, dass gute zwischenmenschliche Beziehungen nicht nur im Gehirn »abgebildet« und »gespeichert« werden, sondern dass sie die am besten wirksame und völlig nebenwirkungsfreie »Droge« gegen seelischen und körperlichen Stress darstellen. Zwischenmenschliche Beziehungen sind das Medium, in dem sich nicht nur unser seelisches Erleben bewegt, sondern in dem sich auch unsere körperliche Gesundheit bewahren lässt. Überall da, wo sich Quantität und Qualität zwischenmenschlicher Beziehungen vermindern, erhöht sich das Krankheitsrisiko.

DAS BEISPIEL EINER PATIENTIN

Eine Patientin berichtete mir bei ihrem ersten Besuch, sie gerate seit kurzem jeweils an Sonntagen am Spätnachmittag ziemlich regelmäßig in einen Zustand von Panik, ohne dass sie dies selbst beeinflussen könne. Ihr Herz beginne so zu rasen, dass sie befürchte, einen Infarkt zu erleiden, sie spüre Unruhe und Angst, auf der Haut träten, vor allem am Hals und im Gesicht, rote Flecken auf und sie habe das Gefühl von Atemnot. Untersuchungen bei ihrem Hausarzt hätten keine Schädigung oder Leistungsbeeinträchtigung eines Organs gezeigt. Herzfunktion, Schilddrüse, Niere und Blutwerte seien ohne Auffälligkeiten gewesen. (Keine Frage, dass die Beschwerden nicht »eingebildet« waren, sondern auf körperlichen Vorgängen beruhten. Diese Vorgänge spielen sich aber nicht da ab, wo die Schulmedizin sie sucht.) Ich bat sie, etwas über den Verlauf ihrer Wochenenden zu berichten, auch über ihre Gedanken und Gefühle an diesen für sie offenbar kritischen Sonntagnachmittagen. Sie erzählte, eigentlich freue sie sich sehr auf ihre Wochenenden, die sie meistens mit ihrem Partner verbringe, wobei sie sich in der Regel gut erhole.

Bei der 48-jährigen, lebenstüchtigen Frau stellte sich dann etwas Interessantes heraus: Die von ihr geschilderten Symptome wurden – was ihr bis dahin gar nicht aufgefallen war – dann ausgelöst, wenn mitten in ihrer entspannten Sonntagnachmittags-Stimmung Gedanken an den darauf folgenden Montagmorgen auftauchten. Ihre Arbeit, die sie seit vielen Jahren ausübe, tue sie gerne. Doch habe sich in den zwischenmenschlichen Beziehungen etwas verändert. Ihre frühere Vorgesetzte sei durch eine jüngere Chefin abgelöst worden. Zugleich seien einige jüngere Kollegen zum Kollegium hinzugekommen. Sowohl unter den Kollegen als auch in ihrer Beziehung zu ihrer neuen Vorgesetzten habe sich ein eifersüchtiges und feindseliges Klima entwickelt. Das gute Verhältnis zu Kollegen sei für sie jedoch immer sehr wichtig gewesen. Ihr Wunsch nach einem Gespräch sei mit dem Hinweis abgewiesen worden, man empfehle ihr, sich vorzeitig in den Ruhestand versetzen zu lassen; dies empfinde sie jedoch als einen demütigenden Ratschlag, da sie stolz auf ihren Beruf sei (sie hatte sich, aus schwierigen Verhältnissen stammend, mit sehr viel Fleiß in ihrem Beruf hochgearbeitet). Bei ihrem Mann habe sie diese Angelegenheit bisher nicht zur Sprache gebracht, da dieser »Weinerlichkeit« und »Probleme« nicht leiden könne.

BIOLOGISCHE ALARMREAKTIONEN UND IHRE AUSLÖSER

Alarmsituationen, wie sie diese Patientin schilderte, müssen von außen betrachtet nicht immer dramatisch aussehen (erst, wenn sich der Arzt auf eine Gesprächsbeziehung einlässt, wird der tatsächliche Ernst der Lage sichtbar). Eine Situation wie die geschilderte wird vom betroffenen Menschen mit gutem Grund als schwere Bedrohung erlebt. Oft bleibt das tatsächliche Vorliegen einer Alarmsituation lange Zeit aber sogar dem betroffenen Menschen selbst verborgen, jedenfalls seiner bewussten Wahrnehmung – so lange, bis der Körper, der die Gefahr unbewusst offenbar bereits begriffen hat, intensive körperliche Alarmzeichen aussendet. Der menschliche Körper hat die Fähigkeit, unbewusste Wahrnehmungen aufzunehmen und ohne unser Wissen seelische und biologische Reaktionen in Gang zu setzen; darauf werden wir später noch eingehen.

Alarmreaktionen wie im Falle der Patientin treten in typischen Situationen auf, z.B. wenn Menschen mehr leisten müssen, als ihre Kräfte eigentlich hergeben; oder wenn Konflikte in der Partnerschaft, in der Familie oder am Arbeitsplatz bestehen; wenn Lehrer Angst vor Schülern oder deren Eltern haben und sich von Kollegen beziehungsweise Vorgesetzten im Stich gelassen fühlen; wenn Personen ungewollt arbeitslos wurden; wenn Jugendliche das Vertrauen in ihre Eltern verloren haben; wenn Menschen bis zur Selbstaufgabe einen pflegebedürftigen Angehörigen, z.B. ein behindertes Kind oder einen Alzheimer-Kranken, versorgen; oder wenn Personen unerwartet verlassen oder vom Tod eines nahe stehenden Menschen überrascht wurden. Eine in besonderer Weise von Stresserkrankungen betroffene Gruppe, die wir in den Arztpraxen immer häufiger sehen, sind Menschen, die wegen erlittener Gewalt, Krieg oder Vertreibung ihre Heimat verlassen mussten. Der menschliche Organismus löst nicht nur dann eine biologische Alarmreaktion aus, wenn ihm ein Stein auf den Kopf fällt, wenn also eine »harte« Bedrohung der körperlichen Unversehrtheit oder des Lebens vorliegt. Wie neuere arbeitsmedizinische Untersuchungen zeigen, ist die Gesundheit heute in weit größerem Umfang von den so genannten *soft facts* (also den »weichen« Tatsachen) bedroht, das heißt durch zwischenmenschliche Konflikte, fehlende soziale Unterstützung oder andere Stressfaktoren.

Im Falle der erwähnten Patientin hatte die Zuspitzung einer zwischenmenschlichen Situation eine massive Veränderung des körperlichen Zustands zur Folge. In ihrem Falle ließ sich ein enger zeitlicher und situativer Zusammenhang der körperlichen Symptome mit der äußeren, von ihr als alarmierend erlebten Situation aufzeigen. Oft sind solche Zusammenhänge für die Betroffenen jedoch kaum erkennbar. Wenn seelisch bedingte körperliche Beschwerden nicht psychotherapeutisch behandelt werden, sondern längere Zeit fortbestehen, dann kann der zeitlich enge Zusammenhang zwischen äußerer Belastungssituation und körperlicher Belastungsreaktion immer mehr verloren gehen. Körperliche Beschwerden, die am Anfang einer Erkrankung eng an die zwischenmenschliche Problemsituation »gebunden« waren, können sich im weiteren Verlauf zunehmend »selbstständig« machen, sich im gesamten Alltag des Patienten immer mehr ausbreiten. Wir werden auf die Gründe für dieses Phänomen in einem späteren Abschnitt des Buches – nämlich beim Thema Depression – näher eingehen.

GRÜNDE FÜR STRESS UND AUSWEGE

Nicht nur unser seelisches Empfinden, sondern – für manchen vielleicht überraschend – auch die neurobiologische Ausstattung unseres Gehirns ist, wie wir in den folgenden Kapiteln sehen werden, auf gute zwischenmenschliche Beziehungen angewiesen. Wenn im Leben eines Menschen Angst, anhaltende Traurigkeit, Stressgefühle oder andere emotionale Schwierigkeiten auftauchen, dann hat dies in der Regel damit zu tun, dass im Rahmen einer bedeutsamen zwischenmenschlichen Beziehung dieses Menschen wichtige emotionale Anliegen beziehungsweise Bedürfnisse in Gefahr geraten sind. Manchmal weiß man in einer solchen Situation weder, welche Gefühle es sind, die nicht »stimmen«, noch, welche Beziehung das wirkliche Problem ist. Manche suchen nach »Schuldigen«, obwohl es diese in den meisten Fällen nicht gibt, auch wenn es vordergründig manchmal so aussieht. Viele, die in einer solchen Situation von der Beratung durch einen psychotherapeutischen »Coach« sehr profitieren könnten, scheuen davor zurück, teils aus Stolz (weil »man« so etwas ja nicht nötig habe), teils aus Angst oder wegen Vorurteilen.

WARUM BEZIEHUNGEN »IN TROUBLE« GERATEN KÖNNEN

Die Gefühle, die in einer zwischenmenschlichen Beziehung »in trouble« geraten können, sind vielfältiger Natur. Insbesondere Partnerbeziehungen können sich aus sehr unterschiedlichen Gründen »verhaken«. Der Endpunkt, an dem es für viele ohne Hilfe nicht mehr weitergeht, ist in den meisten zwischenmenschlichen Beziehungen dann erreicht, wenn Kränkungen oder Demütigungen zum Abbruch des Gesprächsfadens zwischen zwei Menschen geführt haben. Hat der Klient Interesse an der Fortsetzung der Beziehung oder ist auf sie angewiesen, so besteht der erste Schritt bei der Psychotherapie darin, die Kommunikation zwischen den Beteiligten wieder in Gang zu bringen, um herauszufinden, worum es *eigentlich* geht. Meist stellt sich dann im Rahmen einer Reihe von Gesprächssitzungen heraus, dass es im Zusammenhang mit Wünschen (oder Sehnsüchten), die in der Beziehung zurückgehalten wurden, zu Enttäuschungen oder Ärger kam.

Die Gründe, warum Wünsche und Sehnsüchte in einer Beziehung nicht zur Geltung kommen, sind vielfältig: Manche Menschen konnten sich – aus tiefer innerer Angst oder Scham, manchmal auch wegen bestimmter Vorerfahrungen – nicht trauen, bestimmte Gefühle überhaupt zu empfinden. Manchmal stehen eigentlich gehegten emotionalen Wünschen andere Gefühle im Wege, z.B. Stolz, Ärger oder die Angst, vor sich beziehungsweise dem anderen Menschen »keine gute Figur« zu machen. Solche Positionen, mit denen sich viele Menschen – oft ohne es bewusst zu wissen – selbst (beziehungsweise ihren emotionalen Bedürfnissen) im Wege stehen, haben in der Regel mit Vorerfahrungen in früheren Beziehungen zu tun, bei denen der Betreffende gezwungen war, jene Positionen einzunehmen, die ihm jetzt hinderlich sind.

»TAKE FIVE«: FÜNF RATSCHLÄGE, MIT (BEZIEHUNGS-)STRESS UMZUGEHEN

Womit man es bei Angst, Stress und einem Beziehungsproblem zunächst selbst versuchen kann, wenn man mit der Konsultation eines Psychotherapeuten noch warten möchte, ist: Überlegen Sie in einer ruhigen Minute 1., in *welcher* ihrer Beziehungen das wirkliche Problem auftritt. Oft werden Probleme von einer Beziehung in die andere »verlagert«, z.B. von der Beziehung mit einem/einer Vorgesetzten zur Partnerbeziehung oder umgekehrt. Natürlich kann es auch sein, dass mehrere Beziehungen gleichzeitig Probleme bereiten. Versuchen Sie dann 2., in einer ruhigen Situation für sich selbst herauszufinden, was ein für Sie wichtiges, zugleich aber auch realistisches erstes Teilziel wäre, das Sie als Wunsch dem Beziehungspartner gerne vortragen würden. Je »emotionaler« der Gegenstand des Wunsches ist (z.B. Kritik beziehungsweise Ärger oder ein Wunsch nach Anerkennung, Liebenswürdigkeit oder Zärtlichkeit), desto besser. Dies heißt aber nicht, dass Sie den Wunsch in emotional aufgeladener Weise vortragen sollten. Teilen Sie dann 3. dem Beziehungspartner in einer entspannten Situation mit, dass Sie mit ihm/ihr »in Ruhe sprechen« wollen, und tun Sie dies zu einem Zeitpunkt, an dem kein Zeitdruck herrscht. Versuchen Sie, das Gespräch freundlich zu führen, und bedenken Sie, dass Ihr Gesprächspartner vermutlich genauso Angst und Stress empfindet wie Sie. Beginnen Sie das Gespräch damit, dass Sie dem Gesprächspartner als Erstes *kurz* sagen, was Sie an ihm am meisten schätzen (auch das sollten Sie sich vorher überlegt haben). Kommen Sie dann aber rasch zum eigentlichen Punkt und tragen Ihr Anliegen vor. Besprechen Sie ihr Problem 4. mit Angehörigen oder Freunden/Freundinnen. Freunde/Freundinnen, die abwägend und in Ruhe Stellung nehmen, helfen mehr als solche, die mit Ihnen gleich in den Krieg ziehen wollen.

Tun Sie 5. etwas nur für sich: Treiben Sie entweder Sport (gehen Sie z.B. ein- bis zweimal in der Woche laufen, radfahren oder schwimmen), oder erlernen Sie eine Entspannungsübung (z.B. Muskelrelaxation nach Jacobson, autogenes Training oder Yoga), die Sie dann regelmäßig anwenden.

Wenn Sie mit diesen fünf Punkten nicht weiterkommen, ist das Leben noch lange nicht zu Ende. Es muss nicht an Ihnen liegen, wenn die von Ihnen gewünschte Klärung und Verbesserung einer Beziehung nicht funktioniert. Vielleicht ist dies dann aber auch der Zeitpunkt, an dem Sie erwägen sollten, eventuell eine Psychotherapeutin oder einen Psychotherapeuten um Rat zu fragen. Wie Psychotherapie arbeitet und was Sie bewirkt, davon handelt das letzte Kapitel dieses Buches.

ZUSAMMENFASSUNG

Zwischenmenschliche Beziehungen sind mehr als eine kulturelle Lebensform, auf die wir zur Not auch verzichten könnten. Beziehungen sind nicht nur das Medium unseres seelischen Erlebens, sondern ein biologischer Gesundheitsfaktor. Die Entdeckung eines im Gehirn vorhandenen Systems von Spiegel-Neuronen (Spiegel-Nervenzellen) zeigt, dass unsere Gehirnstrukturen spezialisierte Systeme besitzen, die auf Beziehungsaufnahme und Beziehungsgestaltung angelegt sind. Wie neuere große arbeitsmedizinische Studien zeigen, sind »*soft facts*«, das heißt Arbeitsbedingungen, die mit Beziehungsgestaltung und mit der Regulation von Stressfaktoren zu tun haben, zur mittlerweile führenden Erkrankungsursache geworden. Überall dort, wo zwischenmenschliche Beziehungen quantitativ und qualitativ abnehmen, nehmen Gesundheitsstörungen zu.

3. GENE SIND KEINE AUTISTEN

»GENSCHALTER« UND GENREGULATION

Dieses Kapitel soll in kurzer und verständlicher Weise bislang wenig beachtete Aspekte der Arbeitsweise der Gene darstellen. Leser, die sich für nähere Einzelheiten interessieren, haben die Möglichkeit, im Kapitel 17 am Ende dieses Buches nochmals ausführlich nachzulesen, wie Gene funktionieren. Die Anfänge der Genetik beginnen bei Gregor Mendel im 19. Jahrhundert. Er entdeckte, dass Gene in einem Organismus bestimmte Grundeigenschaften auf eine unveränderliche Weise festlegen und dass Gene nach bestimmten Regeln weitervererbt werden. In den 60er-Jahren des 20. Jahrhunderts entdeckten die Nobelpreisträger Watson und Crick die biochemischen Buchstaben der Erbsubstanz, den so genannten genetischen Code. Eine weit verbreitete Ansicht besteht darin, Gene würden unbeirrt von der Außenwelt ihr Programm abspulen, unsere biologischen und psychischen Eigenschaften vorherbestimmen und darüber entscheiden, an welchen Krankheiten wir erkranken. Doch Gene steuern nicht nur, sie werden auch gesteuert.

Bei den höheren Lebewesen stehen alle Gene unter dem Kommando eines oder mehrerer »Genschalter«, die jedem Gen vorgeschaltet sind. In der Fachsprache der Genforscher werden diese Schalter »Promoter« und »Enhancer« genannt. Ein Promoter (vom englischen »to promote«) ist ein kurzer Abschnitt vor dem eigentlichen Gen. An diese Genschalter oder Promoter können sich von außen kommende Signalstoffe anlagern. Die Anlagerung eines dieser Signalstoffe (Fachbezeichnung: »Transkriptionsfaktoren«) an den Genschalter hat zur Folge, dass das nachgeschaltete Gen in seiner Aktivität entweder auf- oder abgedreht wird, je nachdem, welcher Signalstoff sich an welchen der vorhandenen Genschalter angelagert hat. »Aufdrehen eines Gens« heißt konkret, dass das Gen vermehrt abgelesen wird, dass also die Produktion des Produktes angeworfen wird, für welches das Gen den Bauplan enthält. Andere Genschalter können, wenn ein Signalstoff (»Transkriptionsfaktor«) gebunden hat, das Gen aber auch »herunterfahren« oder abschalten.

UMWELTEINFLÜSSE UND GENREGULATION

Wer entscheidet darüber, ob ein Signalstoff (»Transkriptionsfaktor«) an einen Genschalter bindet? Die entscheidende Rolle spielen Signale, welche von außen auf die Körperzellen treffen. Das Eintreffen eines Signals auf der Außenwand der Zelle kann z. B. dadurch erfolgen, dass ein aus einer anderen Körperregion kommender Botenstoff an eine Empfängerstation (Fachsprache: »Rezeptor«) auf der Außenwand der Zelle bindet. Die Verbindung von Botenstoff und Empfängerstation führt dann zu einer dominosteinartigen Weitergabe von Signalen ins Innere der Zelle, worauf es am Ende zur Anschaltung oder Abschaltung von Genen im Zellkern kommt. Die Aktivierung bzw. Deaktivierung der Genaktivität durch von außen kommende Signale wird in der Fachsprache als Genregulation bezeichnet. Die meisten Gene des Körpers werden reguliert. Nur sehr wenige Gene sind auf einer bestimmten Stufe andauernd und unverändert aktiv.

Von »außen« kommende Signale, welche in einer bestimmten Körperzelle Gene an- oder abschalten, kommen zu einem großen Teil aus den anderen Regionen des eigenen Körpers. Die verschiedenen Organe des Körpers müssen ihre Aktivität eng koordinieren. Ohne Genregulation wäre dies nicht denkbar. Ein Teil der Signale kommt jedoch auch aus der Außenwelt. Hier sind es jedoch nicht nur die Nahrung, das Klima oder die Umweltverschmutzung, die Effekte auf die Regulation der Genaktivität ausüben können, sondern auch psychische Einflüsse. Seelische Erlebnisse werden vom Gehirn in bioelektrische Impulse und in die Freisetzung von Nerven-Botenstoffen umgewandelt. Das Gehirn macht aus jedem psychischen also einen biologischen Vorgang. Vom Hirn ausgesandte Signale führen sowohl zur gegenseitigen Stimulation der Nervenzellen im Gehirn als auch zur Stimulation zahlreicher Körperorgane. Wo immer solche von der Psyche ausgesandte Signale bei einer einzelnen Zelle eintreffen, können sie zu einer Veränderung der Genaktivität führen.

Dass seelische Vorgänge in biologische Signale umgewandelt werden und im Weiteren auch an der Regulation der Genaktivität mitwirken, ist im Prinzip bereits seit einiger Zeit bekannt. Einen erstmaligen Nachweis, dass psychischer Stress direkt Transkriptionsfaktoren und daraufhin auch Gene aktivieren kann, erbrachte im Jahre 2003 eine deutsch-amerikanische Arbeitsgruppe um Angelika Bierhaus, Clemens Kirschbaum und Peter Nawroth. Unter Verwendung des Trierer Stresstestes (von ihm wird im weiteren Verlauf des Buches noch die Rede sein) konnten sie zeigen, dass seelischer Stress einen der wichtigsten Transkriptionsfaktoren aktiviert (die Fachbezeichnung dieses Transkriptionsfaktors lautet »Nuclear factor kappa B«; dieser Faktor kann an zahlreiche Genschalter binden und sehr viele Gene regulieren).

UMWELT ODER GENE: EIN UNSINNIGER GEGENSATZ

Der alte Streit zwischen denjenigen, die Gene für die allein Verantwortlichen für alle Körpervorgänge halten, und den anderen, die Umwelteinflüsse für wichtiger halten, ist Schnee von gestern. Beide, Gene und Umwelt, wirken zusammen. Aus der Umwelt kommende oder durch die Seele erzeugte Signale versetzen den Organismus in die Lage, sich – durch Regulation der Genaktivität – sowohl an sich ändernde Umweltbedingungen als auch an sich verändernde zwischenmenschliche Beziehungen anzupassen. Nur ein sehr kleiner Teil (ein bis zwei Prozent) der heute in der Medizin vorkommenden Erkrankungen ist durch Veränderungen der Gene selbst (durch so genannte Mutationen) verursacht. Diese echten Erbkrankheiten sind glücklicherweise sehr selten. Dem gegenüber sind die großen Volkskrankheiten, wie z.B. der chronische Bluthochdruck, u. a. überwiegend (nicht ausschließlich) durch Lebensstile und durch Stress in zwischenmenschlichen Beziehungen bedingt. Bei den meisten großen Volkskrankheiten haben wir eine Situation, wo gesundheitsschädliche, durch Lebensstile verursachte Signale so lange Gene regulieren bzw. fehlregulieren, bis eine Gesundheitsstörung eingetreten ist. Wie dies im Einzelnen vor sich geht, soll das Thema dieses Buches sein. Denen, die noch mehr über Gene wissen wollen, sei das Kapitel 17 empfohlen.

ZUSAMMENFASSUNG

Gene sind keine Autisten, also keine Eigenbrötler ohne Kontakt zur Außenwelt. Gene stehen in permanentem Kontakt zur Umwelt, um die Körperfunktionen an die jeweiligen Erfordernisse anpassen zu können. Jedes Gen hat Genschalter, die in der Fachsprache als Promoter und Enhancer bezeichnet werden. Von außen kommende Signale erzeugen eine Stimulation von Körperzellen, die u. a. dazu führen, dass im Inneren der Zelle Signalstoffe (so genannte Transkriptionsfaktoren) aktiviert werden, die an Genschalter binden, wodurch die Aktivität der nachgeschalteten Gene erhöht oder erniedrigt werden kann. Die Fähigkeit des Körpers, die Aktivität seiner Gene an die momentane Situation bzw. an die jeweiligen Umweltbedingungen anzupassen, wird als Genregulation bezeichnet. Zwischenmenschliche Erfahrungen und psychische Prozesse werden vom Gehirn in biologische Signale, z.B. in die Ausschüttung von Nervenbotenstoffen, umgewandelt. Botenstoffe des Gehirns sind in der Lage, sowohl im Gehirn selbst als auch im Körper zahlreiche Gene zu regulieren. Obwohl diese Zusammenhänge bereits seit einiger Zeit grundsätzlich bekannt sind, konnte eine deutsch-amerikanische Forschergruppe um Angelika Bierhaus und Clemens Kirschbaum kürzlich den ultimativen Nachweis dafür erbringen, dass psychosozialer Stress direkt Transkriptionsfaktoren aktivieren und die Genaktivität regulieren kann.

4. WIE GENE AUF STRESS REAGIEREN

DER »HÄRTETEST« IM TRIERER STRESSLABOR

Vor einiger Zeit konnten sich in Trier gesunde junge Leute in einem Labor der Universität freiwillig zu einem interessanten Selbstversuch melden. Dort wurden die Probanden von Clemens Kirschbaum, Dirk Hellhammer und deren Mitarbeitern empfangen – alles exzellente Wissenschaftler, die seit Jahren den Geheimnissen der Stressreaktion auf der Spur sind. Kirschbaum und Hellhammer hatten eine Testsituation vorbereitet, die sich für die jungen Leute als weniger amüsant erwies, als sie erwartet hatten. Es wurde ihnen mitgeteilt, dass sie in einem Nebenzimmer zehn Minuten Zeit hätten, sich auf einen anschließenden Auftritt in einem Raum vorzubereiten, bei dem sie fünf Minuten vor einer dreiköpfigen Kommission frei über sich selbst sprechen sollten, als würden sie sich um eine Stelle bewerben. Den Probanden wurde gesagt, dass sie ihren fünfminütigen Vortrag stehend, vor einem eingeschalteten Mikrofon und bei laufender Kamera zu halten hätten. Die dreiköpfige Kommission werde nicht nur auf den Vortrag, sondern auch auf die dabei gezeigte Körpersprache achten. Nachdem sie ihren fünfminütigen Auftritt hinter sich gebracht hatten, war der Fall noch nicht erledigt. Die Probanden wurden nun von der Kommission aufgefordert, weitere fünf Minuten lang so schnell wie möglich von der Zahl 1.022 in 13er-Schritten nach unten zu zählen (also immer 13 abzuziehen). Jedes Mal, wenn ihnen dabei ein Fehler unterlief, mussten sie mit der Aufgabe nochmals bei 1.022 beginnen.

»DER PATE« UNTER DEN STRESSGENEN:
CRH (CORTICOTROPIN-RELEASING-HORMON)

Wie zu vermuten und von den Versuchsleitern auch beabsichtigt, kamen die meisten Probandinnen und Probanden beim Trierer Stresstest erheblich ins Schwitzen. Woran die beiden Stressforscher Kirschbaum und Hellhammer interessiert waren, war jedoch weniger der Angstschweiß ihrer unter Druck gesetzten, freiwillig angetretenen »Versuchskaninchen«, sondern vielmehr ein Hormon mit dem Namen Cortisol. Cortisol ist eine Substanz, die vom Körper nur dann in vermehrter Menge produziert wird, wenn im Gehirn ein Gen mit dem Namen CRH-Gen (Corticotropin-Releasing-Hormon) angeschaltet wird. Tatsächlich zeigten die Probanden bereits innerhalb der zehnminütigen Vorbereitungszeit einen Anstieg der Cortisolkonzentration im Blut, der sich während der Vortragsphase nochmals massiv steigerte. Die rein psychische Anspannungssituation hatte also das CRH-Gen in Gang gesetzt. Nervenzellen des Gehirns, die das CRH-Gen anschalten und damit das Hormon CRH produzieren können, sitzen in einer der tieferen Hirnregionen, im so genannten Hyopthalamus. CRH wird nicht nur beim Menschen produziert, sondern bei allen Wirbeltieren (sie alle haben im Gehirn ebenfalls einen Hypothalamus). Aus Beobachtungen an Tieren weiß man, dass auch bei ihnen innerhalb kürzester Zeit (innerhalb von Minuten) das CRH-Gen angeschaltet wird, wenn sie sich in Gefahr fühlen.

Die Aktivierung des CRH-Gens setzt dann eine Kettenreaktion in Gang: Das gebildete CRH wird im Gehirn in ein unter dem Hypothalamus gelegenes Nachbargebiet mit dem Namen Hypophyse oder Hirnanhangsdrüse weitergeleitet. Dort wird durch CRH ein zweites Gen mit dem Namen POMC-Gen angedreht (POMC steht für Proopiomelanocortin). Ein Produkt des POMC-Gens ist das Hormon ACTH (Adrenocorticotropes Hormon), das in den Blutkreislauf freigesetzt wird, sich im Körper verteilt und in der Nebenniere die Bildung von Cortisol veranlasst. Die Aktivierung des CRH-Gens zieht also eine dominoartige Kette von Folgereaktionen nach sich. Der gesamte Vorgang, von der Wahrnehmung der äußeren

Stresssituation über die Aufregulation des CRH-Gens bis zum Beginn des Cortisolanstiegs, dauert nur wenige Minuten.

STRESSGENE, PARTNERSCHAFT UND SEXUALITÄT

Die Aktivierung des CRH-Gens ist ein Paradebeispiel dafür, wie zwischenmenschliche Beziehungen konkreten Einfluss auf unsere Gene haben. Die Wirkung des Hormons CRH beschränkt sich jedoch nicht darauf, das POMC-Gen anzustoßen und mit dem dadurch gebildeten ACTH die Konzentrationen des Hormons Cortisol in die Höhe zu treiben. CRH hat auch zahlreiche weitere Effekte, insbesondere auf das Nervensystem, den Kreislauf sowie den Stoffwechsel. An freiwillige Versuchspersonen verabreichtes, künstlich hergestelltes CRH erzeugt einen Zustand innerer Unruhe und Angst. Es stellt den Appetit ab. Es erhöht den Blutdruck und kann jene rötlichen Hautflecken im Gesicht sowie am Hals hervorrufen, die bei Personen im Stress oft zu beobachten sind. Vom Auftreten dieser Flecken, die medizinisch als *»flush«* bezeichnet werden, hatte auch die im Kapitel 2 erwähnte Patientin berichtet, die jeweils am Sonntagnachmittag Panikzustände erlitt, sobald sie an die angespannte Arbeitssituation am darauf folgenden Montag dachte. Hätte diese Patientin sich nicht psychotherapeutische Hilfe geholt, dann hätten sich weitere Symptome eingestellt, die durch CRH hervorgerufen werden, wenn Stressbelastungen längere Zeit anhalten.

Zu diesen krank machenden Folgen einer anhaltenden Aktivierung des CRH-Gens gehören unter anderem auch Auswirkungen auf Partnerschaft und Sexualität. Eine stressbedingte Aufregulation der »Achse« CRH – ACTH – Cortisol führt sowohl beim Mann als auch bei der Frau zu einer Verminderung der Produktion von Sexualhormonen. Wie Peter Nilsson von der schwedischen Universität Lund herausfand, ist psychische Stressbelastung bei Männern mit erniedrigten Konzentrationen des männlichen Sexualhormons Testosteron gekoppelt. Beim Mann können sich daraus Störungen des sexuellen Antriebs und der Zeugungsfähigkeit, bei der

Frau ein Ausbleiben des Zyklus und eine Störung der Empfängnisfähigkeit ergeben. Untersuchungen einer Arbeitsgruppe um Richard Neugebauer an der Columbia University in New York haben außerdem bewiesen, dass Stress bei schwangeren Müttern auch das Risiko einer Frühgeburt erhöht.

»DER PATE« (CRH) UND SEINE »FAMILIE«: WEITERE STRESSGENE

Sicher, CRH ist eines der wichtigsten Stressgene. Es ist jedoch bei weitem nicht das einzige Gen, das durch zwischenmenschlichen Stress in Gang gesetzt wird. Wird eine äußere Situation vom Großhirn und seinem Kompagnon, dem limbischen System, als Gefahren- oder Alarmsituation bewertet, dann senden diese beiden Hirnregionen ihre Alarmsignale nicht nur an den Hypothalamus (dort wird das CRH-Gen gestartet), sondern auch an den untersten Teil des Gehirns, den so genannten Hirnstamm. Dort sitzen unter anderem Nervenzellen, welche die Frequenz der Atmung, die Pulsfrequenz und den Blutdruck kontrollieren. Auch einer der wichtigsten Nerven für die Regulation von Herz, Magen und Darm, der Vagusnerv, nimmt hier im Stammhirn seinen Ausgang. Im Stammhirn eintreffende Alarmsignale führen zur Ausschüttung der Nervenbotenstoffe Adrenalin und Noradrenalin, die Herzfrequenz, Puls und Kreislauf hochtreiben. Mit dieser Ausschüttung einher geht eine Aktivierung von Genen, die für die Produktion dieser Botenstoffe sorgen. Zu den bei Stress im Hirnstamm aktivierten Genen zählen z.B. die beiden Gene mit dem Namen cfos und Tyrosin-Hydroxylase.

FALLSCHIRMSPRÜNGE FÜR DIE STRESSFORSCHUNG

Stressforscher zeigten immer wieder einigen Einfallsreichtum, um Situationen zu finden, in denen sie die Auswirkungen von Stress beim Menschen wissenschaftlich untersuchen konnten. Manfred Schedlowski aus

Essen, ebenfalls einer der Spitzenleute aus der Gemeinde der Stressforscher, kam auf die Idee, Personen zu untersuchen, die das Fallschirmspringen lernen wollten. Vor ihrem ersten Sprung hatte er die Kandidaten an Messsysteme angeschlossen, mit denen er vor, während und nach dem ersten Sprung verschiedene Blutwerte analysieren konnte. Bereits einige Minuten vor dem Sprung, somit unter dem alleinigen Einfluss der psychischen Wahrnehmung des bevorstehenden Ereignisses, gingen die Konzentrationen von Adrenalin, Noradrenalin und Cortisol steil nach oben. Entsprechend zeigten sich ebenfalls bereits vor dem Sprung Anstiege bei der Atemfrequenz, beim Puls und beim Blutdruck, was als Folge der Freisetzung von Adrenalin und Noradrenalin zu verstehen ist.

GESUNDHEITLICHE KONSEQUENZEN DER AKTIVIERUNG VON STRESSGENEN

Zwischenmenschliche Belastungssituationen (wie bei den Probanden aus Trier) oder pure seelische Anspannung (wie bei den Fallschirmspringern) haben also die Aktivierung von Genen und somit zahlreiche biologische Effekte zur Folge. Wenn wir die Auswirkungen zusammenfassen, die alleine durch CRH, Cortisol, Adrenalin und Noradrenalin verursacht werden, finden wir alle Beschwerden wieder, welche die erwähnte Patientin schilderte, die wegen der Zuspitzung ihrer Situation am Arbeitsplatz gesundheitliche Beschwerden entwickelte.

Falls die Belastungssituation rasch vorübergeht, bilden sich meist auch die genetischen und die anderen körperlichen Veränderungen wieder zurück (Ausnahmen, bei denen ein einziges kurzes Ereignis bleibende Folgen haben kann, sind Traumaerfahrungen, auf die wir später noch eingehen). Bleiben Belastungen jedoch bestehen oder treten immer wieder auf, ohne dass das Problem für den betreffenden Menschen zu lösen ist, so können die körperlichen Folgen schwer wiegend sein oder sich zu Krankheiten entwickeln. Hierzu gibt es zahlreiche durch wissenschaftliche Untersuchungen objektiv belegte Beispiele. Die Alarmbotenstoffe Adrenalin und Noradrenalin können zur Entwicklung eines dauerhaften Bluthochdrucks beitragen. Zusammen mit einem erhöhten Cholesterinwert, der durch Stress ebenfalls begünstigt wird, kann Bluthochdruck arteriosklerotische Herz- und Kreislauferkrankungen begünstigen.

Wie wissenschaftliche Untersuchungen einer Arbeitsgruppe um Annika Rosengren an der Universität Göteborg in Schweden zeigten, verkürzen Stresserlebnisse die Lebenserwartung signifikant. Sehr interessant und bedeutsam ist die Beobachtung dieser schwedischen Forschergruppe, dass gute zwischenmenschliche Beziehungen vor den negativen Auswirkungen von Stresserlebnissen auf die Lebenserwartung schützen können (dazu passt, dass Hans Selye, einer der Urväter der Stressforschung, auf die Frage, was man gegen Stress tun könne, zu sagen pflegte: »Erwirb die Liebe Deines Nächsten!«).

STRESSGENE UND DAS KÖRPEREIGENE ABWEHRSYSTEM (IMMUNSYSTEM)

Das Stresshormon Cortisol hat nachhaltige Auswirkungen auf die körpereigene Abwehr, die als »Immunsystem« bezeichnet wird. Cortisol ist, wie schon erwähnt, das Folgeprodukt des zentralen Stressfaktors CRH, des daraufhin aktivierten POMC-Gens und seines Produktes ACTH. Cortisol selbst wirkt nun seinerseits auf eine sehr große Zahl weiterer Gene, die es entweder andreht oder hemmt. In den Zellen des körpereigenen Abwehrsystems (Immunsystems) hat es vor allem eine blockierende Wirkung auf eine ganze Reihe von Genen. Zahlreiche Immunbotenstoffe (z.B. die so genannten Interleukine und der so genannte Tumornekrose-Faktor) können von den zum Immunsystem gehörenden Zellen nicht mehr in der erforderlichen Menge hergestellt werden, wenn erhöhte Cortisolkonzentrationen die zuständigen Gene blockieren. Aufgrund einer Verminderung der Genaktivität von wichtigen Immunbotenstoffen (unter anderem Interleukin-1 und Interleukin-8) ist bei seelisch belasteten Personen z. B. auch die Wundheilung deutlich verzögert. Die Einflüsse von seelischen Belastungen beziehungsweise Stress auf die Gene des Immunsystems sind so umfassend, dass hier in den letzten 20 Jahren ein großes eigenes Forschungsgebiet entstanden ist, das als »Psycho-Neuro-Immunologie« bezeichnet wird.

STRESS UND DIE ANFÄLLIGKEIT FÜR VIRUSINFEKTIONEN

Die allgemeine Schwächung des Immunsystems durch Cortisol erklärt die wissenschaftlich gesicherte Beobachtung, dass Stress Infektionen begünstigt, insbesondere Erkältungsinfektionen sowie Infektionen mit Herpes und einigen weiteren Erregern. Viren, die Erkältungsinfektionen auslösen, können mit größerer Wahrscheinlichkeit bei Personen erfolgreich »landen«, die sich unter seelischem Stress befinden. Eine englische Forschergruppe um Sheldon Cohen stellte fest, dass Schnupfenviren (so genannte Rhinoviren und das Respiratory Syncytial-Virus) bei belasteten Personen deutlich häufiger zu einer tatsächlichen Erkältung führen als bei unbelasteten Menschen. Eine andere Arbeitsgruppe, die von den berühmten Stressforschern Ronald Glaser und Janice Kiecolt-Glaser an der Ohio State University geführt wird, fand bei Studenten, die sich in massivem Examensstress befanden, eine deutliche Reaktivierung eines Virus namens EBV (Abkürzung für Epstein-Barr-Virus; dieses Virus, das viele Menschen mit sich herumtragen, ist ungefährlich, solange es sich in ruhendem Zustand befindet; in aktivem Zustand kann es die Lymphdrüsen infizieren).

Streß erhöht jedoch nicht nur die Anfälligkeit für bestimmte Erreger, sondern behindert den Körper auch, sich mit ihnen auseinander zu setzen. Wenn eine Infektion erst einmal eingetreten ist, dann können Betroffene, die unter Stressbelastung stehen, nicht »richtig« krank werden, denn das erhöhte Cortisol unterdrückt nicht nur die Bildung von Immunbotenstoffen, sondern auch die Fieberreaktion und andere wichtige, für die Ausheilung notwendige Reaktionen des Abwehrsystems.

STRESS UND KRANKHEITEN DES IMMUNSYSTEMS

Untersuchungen sprechen dafür, dass auch solche Krankheiten, die selbst nicht durch Stress verursacht werden, in ihrem *Verlauf* ungünstig beeinflusst werden, wenn die Kranken unter Stress stehen. Dies betrifft vor allem chronische Erkrankungen, bei denen entzündliche Vorgänge eine Rolle spielen oder das Abwehrsystem (Immunsystem) des Körpers beteiligt ist.

Wie wissenschaftliche Untersuchungen ergaben, können seelische Belastungen beziehungsweise Stress einen negativen Einfluss auf den Verlauf solcher Krankheiten haben, darunter z.b. Multiple Sklerose, rheumatoide Arthritis, Hautkrankheiten wie Schuppenflechte (Psoriasis), Herzkrankheiten inklusive Herzinfarkt, Zuckerkrankheit (Diabetes), Asthma, aber auch bestimmte Tumorerkrankungen wie Brustkrebs. Wohlgemerkt: Diese Erkrankungen werden – jedenfalls nach heutiger Kenntnis – nicht durch Stress *verursacht!* Stress hat jedoch einen Einfluss auf ihren *Verlauf*, also auf die Fähigkeit des Körpers, sich mit der Erkrankung auseinander zu setzen. Auf die Herzkrankheit und die Tumorerkrankungen werden wir an anderer Stelle nochmals ausführlich zurückkommen.

WENN STRESS DAS GEHIRN SCHÄDIGT

Die Aktivierung von Genen durch belastende zwischenmenschliche Erfahrungen oder Stress bleibt auch für das Gehirn selbst nicht ohne Folgen. Dies hat mehrere Gründe. Der erste Grund ist wiederum das bereits erwähnte Cortisol. Über längere Zeit erhöhte Cortisol-Werte, wie sie beim Menschen unter seelischer Belastung auftreten, können den Nervenzellen des Gehirns an entscheidenden Stellen erheblichen Schaden zufügen. Vor allem, wenn die erhöhten Konzentrationen von Cortisol zusammen mit einem Nervenbotenstoff namens Glutamat auftreten, kann dies zum Untergang von Nervenzellen führen.

Der amerikanische Stressforscher Robert Sapolsky von der Stanford

University verbrachte Jahre seines Lebens damit, in Afrika die Folgen von Beziehungsstress bei Menschenaffen zu erforschen. Eines seiner wichtigsten Ergebnisse war, dass die durch Konflikte und belastende Beziehungen innerhalb ihrer Horde am stärksten gestressten Tiere nach einiger Zeit deutliche Beeinträchtigungen des Gehirns zeigten, und zwar vor allem an einer Hirnstruktur namens Hippocampus, die für das Gedächtnis eine besonders wichtige Rolle spielt. Inzwischen ist klar, dass dies nicht nur für Menschenaffen, sondern auch für den Menschen gilt. Eine Arbeitsgruppe um den kanadischen Forscher Michael Meaney fand heraus, dass erhöhte Konzentrationen des Stresshormons Cortisol beim Menschen nicht nur in direkter Beziehung zu späteren Gedächtnisstörungen, sondern auch zur Substanzminderung eben jenes Hirnareals (des Hippocampus) stehen, das für das Gedächtnis eine entscheidende Bedeutung hat.

Die Schädigung von Hirnstrukturen durch belastende Erlebnisse und Stress ist jedoch nicht nur durch die Folgen der Aktivierung des CRH-Gens und des dadurch erhöhten Cortisols zu erklären. Während Stress einerseits eine Reihe von Genen »andreht« (unsere bisherigen Beispiele hierfür waren CRH, cfos und Tyrosin-Hydroxylase), so werden andere wichtige Gene gleichzeitig »abgedreht« beziehungsweise in ihrer Aktivität herabreguliert. Zu den wichtigen Entdeckungen der Hirnforschung der letzten Jahre gehörte die Beobachtung, dass Nervenzellen so genannte Nervenwachstumsfaktoren produzieren, mit denen sie sich gegenseitig »bei Laune« oder – besser gesagt – am Leben halten. Diese Nervenwachstumsfaktoren werden, wie andere Proteine auch, dann produziert, wenn ihre Gene in den zuständigen Nervenzellen aktiviert, das heißt abgelesen, kopiert und zur Produktion eingesetzt werden.

Seelischer Stress führt dazu, dass das Gen eines sehr wichtigen Nervenwachstumsfaktors namens BDNF abgeschaltet wird (BDNF ist die Abkürzung für *Brain Derived Neurotrophic Factor*). Die Herabregulation dieses Gens durch Stress ist vor allem in der bereits erwähnten, für das Gedächtnis besonders wichtigen Hirnregion des Hippocampus besonders stark ausgeprägt. Dort, wo die Herabregulation des BDNF-Gens durch Stress am stärksten ist, sind auch daraus folgende Beschädigungen von

Hirnstrukturen am deutlichsten. Welche Rolle seelische Belastungen übrigens auch für die Gehirnalterung spielen, zeigte sich daran, dass mentaler Stress ein bestimmtes Protein (das so genannte Tau-Protein) in einer Alzheimer-typischen Weise zu verändern vermag.

DIE BIOLOGISCHEN FOLGEN VON EXTREMERFAHRUNGEN UNTER STRESS

Vor dem Hintergrund dieser ganz neuen, erst in den letzten Jahren gewonnenen wissenschaftlichen Erkenntnisse werden nun plötzlich einige hochinteressante ältere Berichte verständlich, die zu ihrer Zeit noch Verwunderung und Ungläubigkeit hervorgerufen hatten. Im Jahre 1976 berichtete der norwegische Arzt Finn Askevold, dass er bei einer großen Zahl von Seeleuten, die sich während des Zweiten Weltkriegs auf hoher See während längerer Zeit in Todesgefahr befunden hatten, schwere Gedächtnisstörungen und Verminderungen der Hirnsubstanz beobachtet habe. Ähnliche Beobachtungen machten Ärzte bei Kriegsveteranen des Vietnamkriegs, aber auch bei zahlreichen Personen, die als ehemalige Insassen von Konzentrationslagern besonderen seelischen Qualen ausgesetzt gewesen waren. Die medizinischen Beeinträchtigungen, die sich bei den genannten Personengruppen fanden, wurden in der älteren Fachliteratur als *»War Sailor Syndrome«* beziehungsweise als *»Concentration Camp Syndrome«* bezeichnet. Aufgrund zahlreicher weiterer Untersuchungen gilt es mittlerweile als medizinisch gesichert, dass lang dauernder Stress negative Folgen für die Funktionstüchtigkeit, für die Struktur und für die Alterung des Gehirns hat. Der Grund hierfür ist, dass zwischenmenschliche Belastungen, Überforderung und Stress die Gene von Stresshormonen anschalten, während sie gleichzeitig die Aktivität von Genen hemmen, die Nervenwachstumsfaktoren produzieren.

ZUSAMMENFASSUNG

Angst, Gefahrensituation und der damit einhergehende seelische Stress führen im Gehirn zur Aktivierung einer »Familie« von Stressgenen. Die Produkte dieser Stressgene haben körperliche Reaktionen zur Folge. Die Auswirkungen erstrecken sich, wie in wissenschaftlichen Untersuchungen belegt wurde, unter anderem auf das Herz- und Kreislaufsystem sowie auf das Immunsystem und verschlechtern bei zahlreichen bereits bestehenden körperlichen Erkrankungen den Verlauf. Darüber hinaus haben die Produkte aktivierter Stressgene in nachhaltiger Weise Rückwirkungen auf das Organ, welches die Stressgen-Kette aktiviert: das Gehirn. Hier zeigen zahlreiche Studien, dass Stress- und Belastungserlebnisse eine nachhaltige schädigende Wirkung auf Nervenzell-Strukturen ausüben können.

5. DIE ENTWICKLUNG DER INDIVIDUELLEN STRESSREAKTION: DIE BIOLOGISCHEN FOLGEN BIOGRAFISCHER ERFAHRUNGEN

DIE STRESSREAKTION: EIN TEIL DER GESCHICHTE UND DER INDIVIDUELLEN PERSÖNLICHKEIT DES MENSCHEN

Das Leben wäre mehr als langweilig, wenn äußere Situationen von Menschen nach einem Standardschema verarbeitet würden. Dies gilt auch für die Reaktionen, die Menschen auf belastende Situationen zeigen. Diese Unterschiede sind neueren Untersuchungen zufolge aber nicht »zufällig«. Eine Individualität der Stressreaktion, die ein Mensch in einer aktuell auftretenden, neuen Situation zeigt, wurde auf zwei Ebenen beobachtet: bei der eingangs stattfindenden Bewertung der Situation und bei der darauf folgenden Aktivierung der biologischen Stressantwort. Frühere Erfahrungen haben hier eine doppelte Bedeutung, wie hochinteressante Studien aus neuerer Zeit belegen: Zunächst spielen sie – als Vergleichsgröße – eine Rolle dabei, wie ein Mensch eine neue Situation bewertet. Darüber hinaus hinterlassen frühe Erfahrungen aber auch einen direkten »Abdruck« im biologischen Stressreaktionsmuster. Von diesen Faktoren, die am Ende eine hochgradig individuelle Form der Reaktion eines Menschen auf Belastungen zur Folge haben, soll nachfolgend die Rede sein.

DER WEG VON DER ÄUSSEREN SITUATION INS GEHIRN

Findet sich ein Mensch in einer neuen Situation, dann beginnt das Geschehen mit der Aufnahme von Signalen. »Eintrittspforte« für zwischenmenschliche Erfahrungen sind unsere fünf Sinne. Der über diese fünf »Kanäle« kommende »Input« wird innerhalb von Bruchteilen einer Sekunde zu einem »inneren Bild« zusammengefasst und bewertet. Zusammenfassung und Bewertung werden durch die Großhirnrinde und ein mit ihr in engster Verbindung stehendes Hirnsystem geleistet, welches als »limbisches System« bezeichnet wird und eine Art »Zentrum für emotionale Intelligenz« darstellt.

Es gibt verschiedene Methoden, den Einstrom von Umweltreizen auf das Gehirn wissenschaftlich zu verfolgen. Eine Methode, die uns unter anderem auch Aufschluss über die enorme Geschwindigkeit des Verarbeitungsprozesses gibt, mit dem das Gehirn Eindrücke verarbeitet, besteht in der Auswertung von Signalen, die sich aus der Hirnstromkurve, wie sie mittels eines EEG-Geräts oder mit einem Magnet-Encephalographen (MEG) erstellt wurde, herausfiltern lassen. Wird einer Person zeitgenau ein bestimmter Reiz dargeboten (z.B. ein Ton, ein Lichtsignal, ein Berührungsreiz oder ein bedeutungstragendes Wort beziehungsweise Bild auf einem Bildschirm), so lassen sich aus der Hirnstromkurve Signale errechnen und sichtbar machen, die in der Fachsprache als EP (evozierte Potenziale) oder als EKP (ereigniskorrelierte Potenziale) bezeichnet werden. EPs beziehungsweise EKPs sind somit Signale, die die intellektuellen oder emotionalen Wahrnehmungs- und Verarbeitungsprozesse des Gehirns widerspiegeln. Die Verarbeitung von Wahrnehmungen durch das Gehirn beginnt wenige Millisekunden nach Darbietung eines Reizes (1 Millisekunde = 1 tausendstel Sekunde). Nach etwa 400 bis spätestens 600 Millisekunden ist der Prozess der vorläufigen Bewertung eines neuen Signals beendet.

DER VORGANG DER »BEWERTUNG« EINER ÄUSSEREN SITUATION

Im Alltag ist die Zusammenfassung und Bewertung von neuen Signalen, neuen Situationen und zwischenmenschlichen Ereignissen ein fortlaufender Prozess, den das Gehirn permanent leistet. Die Bewertung kann nach sehr vielen, sehr unterschiedlichen Maßstäben erfolgen und hängt in hohem Maße auch von den bereits bestehenden Motivationen und Absichten des Einzelnen ab. In der Regel laufen die meisten der von uns im Alltag geleisteten Verarbeitungen von neuen Signalen wenig spektakulär ab, das heißt, sie führen in der Regel zu keinen stärkeren Körperreaktionen. Eine massive, im Extremfall mit gesundheitlichen Folgen verbundene Reaktion des Organismus ergibt sich nur, wenn die Bewertung einer neuen Situation durch Großhirnrinde und limbisches System zu dem Ergebnis geführt hat, dass eine Gefahren- oder Alarmsituation vorliegt.

Eine Übereinstimmung darüber, was Gefahr ist und was nicht, wird sich von Mensch zu Mensch nur dort ergeben, wo extrem gefährliche oder gar lebensbedrohliche Umstände vorliegen. Anders als in der Frühphase der Stressforschung angenommen, fallen in der Realität des Alltags die meisten Bewertungen darüber, ob eine zwischenmenschliche oder sonstige Situation bedrohlich ist oder nicht, von Mensch zu Mensch jedoch sehr unterschiedlich aus. Der Grund für die erheblichen Unterschiede ist, dass die Bewertung einer neuen Situation von den individuellen Vorerfahrungen des Einzelnen abhängt, die dort abgespeichert sind, wo auch die Bewertung einer aktuellen neuen Situation stattfindet: im Großhirn und im limbischen System.

DER BEWERTUNGSMASSSTAB: IN NERVENZELL-NETZWERKEN GESPEICHERTE BEZIEHUNGSERFAHRUNGEN

Die Bewertung neuer Situationen durch das Gehirn erfolgt durch einen in Sekundenbruchteilen vollzogenen Abgleich der aktuellen Lage mit abgespeicherten Erinnerungen an ähnliche Situationen. Eine Bewertung als Gefahr ergibt sich dann, wenn die aktuelle Situation eine Erinnerung an eine frühere Situation wachruft, in der ungute Erfahrungen gemacht wurden. Als gefährlich werden Situationen eingeschätzt, die früheren Situationen gleichen, welche z.B. vom Betroffenen selbst oder von bedeutsamen Bezugspersonen nicht zu bewältigen waren oder bei denen der Betroffene keine Hilfe von anderen erhielt; oder bei der bedeutsame Bezugspersonen deutlich gemacht haben, dass sie dem Betroffenen eine Bewältigung nicht zutrauen.

Erläuterung zur Abbildung:

Aus der Außenwelt über die fünf Sinne eingehende Signale werden von der Großhirnrinde zu einem »inneren Bild« der Welt »komponiert«. Aktuelle Situationen werden vom Limbischen System bzw. vom »Zentrum für emotionale Intelligenz« mit gespeicherten Erfahrungen aus früherer Zeit verglichen und bewertet.

Zum »Zentrum für emotionale Intelligenz« (in der Abbildung gepunktet) gehören die Amygdala, der Hippocampus und der Gyrus cinguli. Amygdala und Hippocampus befinden sich in der rechten und linken Seitenhälfte (Schläfenregion) des Gehirns (in der Abbildung zu sehen ist nur die rechte Seite). Der rechte und linke Gyrus cinguli befinden sich nahe dem Mittelscheitel (in der Abbildung ist der rechte Gyrus cinguli zu sehen).

Falls die subjektive Bewertung einer aktuellen Situation durch das »Zentrum für emotionale Intelligenz« (in der Abbildung gepunktet) eine Gefahrensituation ergibt, werden über Nervenbahnen zwei Alarmzentren des Gehirns aktiviert: Zum einen wird der Hypothalamus aktiviert, wo bei psychischem Stress und Angst das Stressgen CRH angeschaltet wird, gefolgt von einer Aktivierung der Hypophyse (Hirnanhangsdrüse), die daraufhin den Botenstoff ACTH ausschüttet. Sobald ACTH über den Blutkreislauf die Nebenniere erreicht hat (in der Abbildung nicht zu sehen), kommt es dort zur Freisetzung des Stresshormons Cortisol.

Das zweite vom »Zentrum für emotionale Intelligenz« aktivierte Alarmsystem befindet sich im Hirnstamm, wo insbesondere im Locus coeruleus Gene aktiviert und Noradrenalin freigesetzt wird, wodurch es zu einer Alarmierung von Herz und Kreislauf kommt.

Das Gehirn, sein »Bewertungssystem« und seine »Alarmzentren«

Ansicht der rechten Gehirnhälfte (von der Schnittfläche aus gesehen) nach Schnitt durch das Gehirn entlang des Mittelscheitels von vorne (links) nach hinten (rechts)

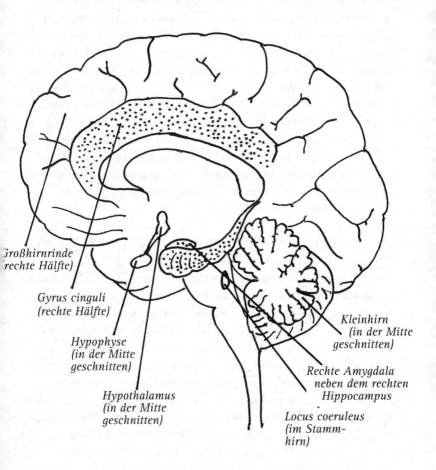

Großhirnrinde (rechte Hälfte)

Gyrus cinguli (rechte Hälfte)

Hypophyse (in der Mitte geschnitten)

Hypothalamus (in der Mitte geschnitten)

Kleinhirn (in der Mitte geschnitten)

Rechte Amygdala neben dem rechten Hippocampus

Locus coeruleus (im Stammhirn)

Individuelle Vorerfahrungen sind, wie schon erwähnt, in Nervenzell-Netzwerken des Großhirns und des limbischen Systems abgespeichert. Je nach individueller Beziehungserfahrung repräsentieren diese Speicher eine Mischung aus persönlichen Vorerfahrungen, die teils gelungene Problemlösungen beschreiben, teils aber auch Niederlagen, Erlebnisse von Hilflosigkeit, Einsamkeit und Schmerz. Unangenehme und angstbesetzte, so genannte »aversive« Erfahrungen werden besonders intensiv eingeprägt und sind in einer speziellen Region des limbischen Systems, dem so genannten Mandelkern (in der Fachsprache: Amygdala) gespeichert. Hier gespeicherte Erfahrungen beeinflussen die Bewertung einer neuen Situation in besonderer Weise.

Positive oder schmerzliche Vorerfahrungen lösen sich nicht »in Luft« auf, sondern addieren sich zu gespeicherten Gedächtnisinhalten in Nervenzell-Netzwerken. Sie können einen Menschen z.B. zuversichtlich und vertrauensvoll oder ängstlich werden und zur Resignation neigen lassen. Die so entstandenen Interpretations- und Handlungsmuster sind ein wichtiger Faktor, wenn neue Situationen zu bewerten sind.

ANTIZIPATION: DIE »VORAUSEILENDE« BEWERTUNG EINER SITUATION

Vermutlich hätte sich die Menschheit bereits vor längerer Zeit aus der Evolution verabschiedet, wenn das Gehirn erst dann mit der Bewertung einer neuen, aktuellen Situation beginnen würde, wenn die Situation, zusammen mit ihren Auswirkungen, schon eingetreten ist. Viele Situationen überstehen wir nur dank einer Fähigkeit, noch nicht eingetretene Gefahrensituationen anhand von Hinweisen zu erkennen, das zu Erwartende in der Vorstellung vorwegzunehmen und Risiken beziehungsweise Erfolgsaussichten – wiederum anhand unserer Vorerfahrungen – abzuschätzen, dies alles *bevor* die Situation selbst konkret ist. Diese Fähigkeit zur so genannten »Antizipation« verdanken wir einer spezifischen Region der Stirnhirnrinde (»frontaler Cortex«). Die Befähigung zur Antizipation hat zur Folge, dass auch die Stressreaktion vorauseilen kann, wie wir es im Falle der Fallschirmspringer beobachtet haben, deren Stressgene bereits vor dem Absprung »angeworfen« wurden. Menschen mit einer Schädigung des frontalen Cortex versagen bei der Aufgabe, die Regeln zu erkennen, nach denen sich riskante Unternehmungen vorhersehen und einschätzen lassen. In Situationen, wo nur die Vorboten einer Gefahr zu erkennen sind, sind sie vor Angst und Stress geschützt. Ist die akute Gefahr dann aber eingetreten, kann dies nachteilige (zum Teil tödliche) Folgen haben.

WENN DAS BEWUSSTSEIN »VERSAGT«: DIE BEWERTUNG EINER SITUATION DURCH UNBEWUSSTE GEDÄCHTNISINHALTE

Irgendwann – lange vor Sigmund Freud – muss die Evolution den Eindruck gewonnen haben, dass die *bewusste* Wahrnehmung des Menschen alleine nicht ausreicht, um ihn vor Unbill zu schützen. So entwickelte sich eine geniale neurobiologische Begabung, die uns in die Lage versetzt, neue Situationen auch dann mit früheren Vorerfahrungen abgleichen und damit erfahrungsgestützt bewerten zu können, wenn die maßgeblichen Vorerfahrungen von uns nicht mehr *bewusst* erinnert werden. Dieses Phänomen, das uns allen als »Intuition« oder »Ahnung« bekannt ist, wurde in einigen genialen Untersuchungen durch den amerikanischen Arzt und Hirnforscher Antonio Damasio untersucht. Damasio zeigte dies unter anderem am Beispiel eines jungen Mannes mit einer vollständigen, krankheitsbedingten Schädigung des so genannten Hippocampus. Manchmal bieten solche Erkrankungen, so tragisch sie sind, die Chance, eine wertvolle Einsicht zu gewinnen.

Aufgrund einer beidseitigen Schädigung der Hirnregion des Hippocampus war der Patient unfähig, irgendetwas von dem, was er aktuell erlebte, *bewusst* zu erinnern (von diesem Gedächtnisverlust ausgenommen war lediglich die Lebensphase *vor* seiner Hippocampus-Erkrankung). Eine neu in Damasios Klinik eingetretene, dem Patienten bisher nicht bekannte Mitarbeiterin sollte diesen Patienten für einige Zeit absichtlich unfreundlich behandeln, was sie nach bestem Vermögen auch tat. Obwohl der Patient auch nach Wochen der »Bekanntschaft« die Mitarbeiterin bei jeder erneuten Begegnung nicht wiedererkannte und nicht sagen konnte, wer sie sei, mied er den Kontakt mit ihr und äußerte auf Befragen, er möge diese Person (die er, wie er versicherte, nicht kenne!) nicht. Aufgrund der Hippocampus-Schädigung war bei diesem Mann keine *bewusste* Erinnerung an die realen, unangenehmen Erfahrungen mit der Mitarbeiterin möglich, die ihn absichtlich schlecht behandelt hatte. Dessen ungeachtet war er nach einiger Zeit in der Lage, aufgrund der mit ihr gemachten Erfahrungen *intuitiv* eine richtige Bewertung vorzunehmen. Der Patient hatte die Erfahrungen mit dieser Frau im Mandelkern (Amygdala) abgespeichert, der nicht der Kontrolle des Bewusstseins unterliegt, sich aber liebend gern alles »merkt«, was unangenehm und gefährlich ist. Der Patient war aufgrund dessen auch ohne bewusste Erinnerung in der Lage, die »Gefahrensituation« (in diesem Falle die Begegnung mit der Mitarbeiterin) intuitiv richtig zu bewerten.

Die Erfahrung lehrt, dass solche »Intuitionen« auch im Alltag gesunder Menschen eine wichtige Rolle spielen. Dieses Phänomen zeigte sich auch bei der in Kapitel 2 erwähnten Patientin, der vor ihrer Untersuchung bei mir nicht bewusst gewesen war, dass ihre regelmäßig am Sonntagnachmittag aufgetretenen Beschwerden eine intuitive Reaktion auf die ihr bevorstehenden Belastungen am darauf folgenden Montag waren.

WAS NACH DER BEWERTUNG EINER SITUATION PASSIERT: DIE ROLLE DES MANDELKERNS (AMYGDALA)

Kommen die Nervenzell-Netzwerke der Großhirnrinde und des limbischen Systems aufgrund des Vergleichs mit ähnlichen früheren Erfahrungen zu dem Ergebnis, dass eine aktuelle Gefahrensituation vorliegt, dann veranlassen Großhirnrinde und limbisches System die Ausrufung eines Alarmzustandes. Die »führende Rolle« spielt dabei der Mandelkern (Amygdala), wo emotionale Vorerfahrungen gespeichert sind. Nervenzellen der Amygdala setzen bei Wahrnehmung einer Gefahr an ihren Synapsen große Mengen des erregenden Nervenbotenstoffes Glutamat frei. Nun passiert das, was bereits im Kapitel 4 über die Stressreaktion geschildert wurde: Mit dem Botenstoff Glutamat alarmiert der Mandelkern den Hypothalamus (wo daraufhin das Gen zur Bildung des Stressfaktors CRH aktiviert wird) sowie Alarmzentren des in der Tiefe des Gehirns liegenden Hirnstamms. Im Hirnstamm setzen Nervenzellen daraufhin an ihren Synapsen umgehend Noradrenalin frei und aktivieren das Gen Tyrosin-Hydroxylase (dessen Produkt zur Bildung des Nervenbotenstoffes Noradrenalin beiträgt). Der Neurotransmitter (Botenstoff) Noradrenalin aktiviert Puls, Kreislauf, Blutdruck und Atmung. Die Wirkungen, die in einer solchen Situation von Noradrenalin ausgehen, lassen sich durch so genannte Betablocker-Medikamente dämpfen, weshalb diese Substanz von Vortragsrednern, Fallschirmspringern und gelegentlich auch von Prüflingen gezielt eingenommen wird (von einer Einnahme ohne Rücksprache mit dem Arzt sei jedoch entschieden abgeraten).

DIE PRÄGUNG DER STRESSREAKTION: ERFAHRUNGEN UND GENE, WELCHE DIE ZUKÜNFTIGE ANGSTBEREITSCHAFT BEEINFLUSSEN

Die nach Auftreten einer Gefahrensituation erfolgende Aktivierung von Nervenzellen innerhalb von Großhirn und limbischem System beschränkt sich jedoch nicht nur auf die Freisetzung des Erregungsbotenstoffs Glutamat. Im Moment der Ausrufung des Alarmzustandes setzt im Großhirn und im limbischen System eine massive Aktivierung von Genen ein. Die zuerst aktivierten Gene gehören zur Gruppe der Sofortreaktions-Gene (»immediate early genes«), deren Genprodukte nach dem Schneeballsystem innerhalb der Zelle dann weitere Gene aktivieren. Einige der etwas kuriosen Namen der »immediate early genes«, die im limbischen System durch psychischen Stress aktiviert werden, lauten cfos, zif268, cjun usw.

Nervenzellen, die während einer Gefahrensituation aktiviert wurden und in sich bestimmte Gene anschalten, tun etwas für ihre Selbsterhaltung. Die Proteine, die im Rahmen der Aktivierung von Genen hergestellt werden, dienen Nervenzellen als Wachstumsfaktoren und verstärken die Kontaktstellen (Synapsen), mit denen die Nervenzellen untereinander vernetzt sind. Nervenzell-Netzwerke in der Großhirnrinde und im limbischen System, die an der Erkennung und Ausrufung einer Alarmsituation mitgewirkt haben, werden – als Folge ihrer Tätigkeit – stabilisiert. Diese Selbstverstärkung kann auf Dauer bedeutsame Folgen haben: Wenn sich alarmierende Erfahrungen oder Niederlagen im Leben eines Menschen häufen, werden die darauf spezialisierten Nervenzell-Netzwerke die Oberhand gegenüber anderen Netzwerken bekommen, deren Spezialität darin besteht, die Chancen und Bewältigungsmöglichkeiten einer Situation zu erkennen. Einschneidende oder oft wiederholte Vorerfahrungen von Gefahr, Niederlage, Angst und Flucht verändern neuronale Netzwerke also in der Weise, dass bei der Interpretation künftiger neuer Situationen Interpretationen die Oberhand haben, die wiederum in die gleiche Richtung gehen. Eine solche Entwicklung aufzuhalten oder rückgängig zu machen ist eine der wichtigen Aufgaben von Psychotherapie.

DIE »INDIVIDUELLE« REAKTION DES CRH-GENS

Die große Unterschiedlichkeit individueller Vorerfahrungen hat zur Folge, dass die Reaktion der neurobiologischen Stresssysteme von Person zu Person sehr verschieden ausfällt. Individuelle Vorerfahrungen haben daher individuelle Stressreaktionen zur Folge. Wie Untersuchungen, die Mathias Berger vor Jahren am Münchner Max-Planck-Institut für Psychiatrie durchführte, ergaben, unterscheiden sich Personen, die ein vergleichbares Ausmaß an Stressintensität erleben, in ihren nachfolgenden körperlichen Stressreaktionen erheblich voneinander. Große Unterschiede zwischen Personen, die über ein vergleichbares Maß an Stresserleben berichteten, zeigten sich vor allem in der Aktivierung des CRH-Gens mit der daran gekoppelten Aktivierung des POMC-Gens (Proopiomelanocortin), der Freisetzung von ACTH (Adrenocorticotropes Hormon) und schließlich von Cortisol. Untersuchungen des bereits erwähnten, inzwischen an der Universität Düsseldorf tätigen Stressforschers Clemens Kirschbaum an Zwillingen haben die Annahme, dass die Unterschiede der individuellen Stressantwort auf vererbten Genfaktoren beruhen, nicht bestätigt. Das Ausmaß der individuellen CRH-Antwort auf Stress scheint, nach den Ergebnissen Kirschbaums, nicht vererbt zu sein, was die Bedeutung der individuellen Prägung des Stresssystems durch ebenso individuelle Vorerfahrungen unterstreicht.

DIE EXPERIMENTE VON MICHAEL MEANEY:
FRÜHKINDLICHE ZUWENDUNG UND SPÄTERE STRESSBIOLOGIE

Da sich belastende Untersuchungen von Stressreaktionen bei Kindern selbstverständlich verbieten, hat man wichtige Erkenntnisse zur Frage nach den Gründen für die unterschiedliche Empfindlichkeit der Stressreaktion durch Beobachtungen an Tieren gewonnen. Der kanadische Stressforscher Michael Meaney hat eine Serie von Aufsehen erregenden Untersuchungen durchgeführt, die aufgrund ihrer Bedeutung in den renommiertesten internationalen Zeitschriften publiziert wurden. Michael Meaneys Arbeitsgruppe konnte zeigen, dass das Ausmaß mütterlicher Zuwendung nach der Geburt eine entscheidende Rolle dafür spielt, wie das CRH-Gen lange Zeit später bei den ausgewachsenen Tieren unter Stress reagieren wird. Die Intensität mütterlicher Zuwendung, die sich beim Tier durch bestimmte Pflegerituale wie Lecken der Jungen usw. ausdrückt, wurde bei diesen Untersuchungen mit objektiven Beobachtungsverfahren gemessen. Ein hohes Ausmaß von liebevoller Zuwendung nach der Geburt hatte eine nachhaltige Prägung des biologischen Stresssystems der Nachkommen zur Folge.

Es zeigte sich, dass bei liebevoll »bemutterten« Jungtieren das Stressgen CRH später, im *ausgewachsenen* Zustand, unter standardisierten Stressbedingungen deutlich weniger stark aktiviert wurde als bei Tieren, die als Neugeborene nur wenig Zuwendung erhalten hatten. Eine ebenso wichtige Beobachtung war: Ein hohes Maß an Zuwendung hatte bei den Jungtieren zugleich eine signifikant stärkere Aktivierung eines Gens zur Folge, das den Nervenwachstumsfaktor BDNF (*Brain-Derived Neurotrophic Factor*) produziert. In ihrem späteren Verhalten zeigten sich die Tiere mit viel Zuwendung nach der Geburt weit weniger ängstlich. Lernaufgaben wurden von ihnen deutlich besser bewältigt als von den Vergleichstieren. Die Zahl der Verschaltungen (Synapsen) zwischen den Nervenzellen des Gehirns war bei den »bemutterten« Tieren gegenüber den Vergleichstieren erhöht.

SICHERE BINDUNGEN DES KINDES:
STRESSDÄMPFER MIT LANGZEITFOLGEN

Wie zahlreiche Beobachtungen zeigen, ist die Anwesenheit und Fürsorge der Mutter oder einer anderen konstanten Bezugsperson für die CRH-Stressachse des Säuglings das beste »Beruhigungsmittel« (als »Stressachse« bezeichnet man das System von Hpothalamus, Hypophyse und Nebennierenrinde, welches das CRH anschaltet und zur Produktion des Stresshormons Cortisol führt). Die Trennung von der Mutter nach der Geburt stellt für Jungtiere einen außerordentlich starken biologischen Stressor dar, der zu einer anhaltenden Sensibilisierung des Stresssystems führt. Stressforscher von der Stanford University fanden bei Menschenaffen, die sie früh nach der Geburt von ihren Artgenossen isoliert hatten, in einer Nachuntersuchung nach drei Jahren eine – im Vergleich zu normal aufgezogenen Jungen – massiv erhöhte Reaktion der CRH-gesteuerten Stressachse, wenn die Tiere unter Stress standen. Nicht nur die biologischen Stresswerte waren gesteigert, die Tiere verhielten sich auch allgemein ängstlicher.

Frühe Erfahrungen des Kindes, insbesondere die Bindung zur Mutter, haben also biologische Langzeitfolgen: Sie regulieren beziehungsweise justieren die Empfindlichkeit des neurobiologischen Stresssystems bis in die Erwachsenenzeit. Die Rolle der Mutter kann auch durch eine andere, konstante und liebevolle Bezugsperson eingenommen werden.

Wie Untersuchungen von Stressforschern an den Universitäten Minneapolis und Madison bei Kindern zeigten, hat die Sicherheit der Bindung des Kindes zur Mutter einen entscheidenden Einfluss auf kindliche Stressgene. Kleinkinder mit einer beeinträchtigten Bindung zur Mutter hatten – im Vergleich zu Kindern mit sicherer Bindung – in Stresssituationen deutlich erhöhte Konzentrationen des Stresshormons Cortisol (zur objektiven Beurteilung von beeinträchtigter und sicherer Bindung wurden international anerkannte Tests verwendet, bei denen das Verhalten des Kindes in einer standardisierten Testsituation ausgewertet wird).

STRESS WÄHREND DER GEBURT

Die Vorprägung des neurobiologischen Apparats scheint bereits vor der Geburt zu beginnen. Die US-amerikanischen Kinderärzte Douglas Ramsay und Michael Lewis führten bei Säuglingen mit sehr schwierigem Geburtsverlauf vier und sechs Monate nach der Geburt Nachuntersuchungen des Stresssystems durch und verglichen die Stressreaktionen mit Säuglingen, die eine leichte Geburt hinter sich hatten. Sie untersuchten dazu die ACTH-und Cortisolkonzentrationen der Säuglinge im Anschluss an Stress, ausgelöst durch zwei Injektionen, die vier beziehungsweise sechs Monate nach der Geburt ohnehin durchgeführt werden mussten. Säuglinge, deren Geburt sehr schwierig und damit vermutlich mit größerem Stress verbunden war, zeigten als Reaktion auf die (ohnehin notwendige) Injektion sowohl nach vier als auch nach sechs Monaten eine signifikant stärkere Reaktion ihrer CRH-Stressachse als die Säuglinge mit problemloser Geburt (die Schwierigkeit der Geburt war mit dem weltweit üblichen Apgar-Punkteschema objektiv bewertet worden).

MÜTTERLICHER STRESS UND DAS KIND

Die Bedeutung des Schutzes und der Unterstützung, die Mütter während der Schwangerschaft brauchen, wird durch Untersuchungen unterstrichen, welche die Auswirkungen von mütterlichem Stress auf das neurobiologische Stresssystem des Kindes aufzeigten. Von verschiedenen wissenschaftlichen Arbeitsgruppen wurden Beobachtungen an schwangeren Tieren, unter anderem auch an Rhesusaffen-Müttern, durchgeführt. Im Primatenzentrum der University of Wisconsin wurden Affenmütter während ihrer Schwangerschaft psychischem Stress ausgesetzt. (Ich halte die kritische Frage, ob Versuche dieser Art vertretbar sind, für berechtigt, möchte aber trotzdem auf die Ergebnisse eingehen, da sie eine wichtige Botschaft für uns haben.) Den schwangeren Affenmüttern wurde insofern Stress zugefügt, als man sie mehrfach für kurze Zeit von ihren Artgenossen trennte und in einen dunklen Raum brachte, wo sie einige Male mit Geräuschen aus einem Lautsprecher erschreckt wurden. Auch wenn man solche Untersuchungen für problematisch halten muss, so hatten sie doch eine für die Gesundheitsvorsorge schwangerer Frauen und ihrer Kinder äußerst wichtige Erkenntnis zur Folge: Mütterlicher Stress während der Schwangerschaft hat beim Nachwuchs später in Belastungssituationen eine bleibend erhöhte Auslenkung der CRH-Stressreaktion zur Folge. Wie ist dies zu erklären? Die Föten könnten einen Teil der Stressreize, denen die Mutter ausgesetzt war, selbst mitbekommen haben, da Ungeborene bereits im Mutterleib hören (übrigens auch tasten und sogar schmecken) können. Eine andere Möglichkeit der Erklärung ist, dass mütterliche Stresshormone während der Schwangerschaft direkt den kindlichen Organismus beeinflusst haben.

Zu einem ganz ähnlichen Ergebnis kamen Jeremy Copland und Charles Nemeroff, die in einem Primatenzentrum in New York bei Menschenaffen ebenfalls Effekte auf das kindliche Stresssystem untersuchten. Dabei wurden die Affenmütter allerdings erst nach der Geburt gestresst. Auch hier war das Ergebnis, dass die Jungtiere gestresster Mütter später regelmäßig eine Erhöhung ihrer eigenen biologischen Stressreaktion zeigten, wenn sie (die ehemaligen Jungtiere) im ausgewachsenen Zustand unter Stress gesetzt wurden. Als Ursache für den Zusammenhang zwischen mütterlichem Stress und kindlichem Stresssystem wird angesehen, dass sich die nach der Geburt gestressten Mütter aufgrund der Stresserfahrung im Kontakt zu ihren Jungen anders verhalten. Das wesentliche Faktum bleibt jedoch, dass mütterlicher Stress die biologischen Stresssysteme des Kindes beeinflusst.

SCHÜTZENDE ZWISCHENMENSCHLICHE BINDUNGEN: SCHÜTZEN FRAUEN BESSER?

Dass zwischenmenschliche Bindungen die biologischen Stresssysteme schützen, gilt nicht nur für das Kind, sondern auch im späteren Leben. Bindungen und soziale Unterstützung haben sich in zahlreichen Studien als einer der wichtigsten Schutzfaktoren gegenüber extremen Ausschlägen der biologischen Stressreaktionen erwiesen. Wenn soziale Unterstützung hilfreich sein soll, so muss sie allerdings, wie sich in einem kuriosen Experiment der bereits erwähnten Trierer Stressforscher zeigte, von der »richtigen« Person kommen. Das Ergebnis dieses Versuches muss den Männern zu denken geben: Erwachsene Männer und Frauen wurden dem bereits beschriebenen Trierer Stresstest unterworfen (zehn Minuten Vorbereitung, dann fünf Minuten freier Vortrag vor einer Kommission, dann fünf Minuten Kopfrechenaufgabe). Jede Teilnehmerin und jeder Teilnehmer musste den Test allerdings zweimal (an zwei verschiedenen Tagen) machen: einmal alleine und einmal unter Mithilfe des (Ehe-)Partners beziehungsweise der (Ehe-)Partnerin, der beziehungsweise die während der zehnminütigen Vorbereitungszeit anwesend sein und Unterstützung geben durfte. Wenn ich bei Vorlesungen an der Universität das Bild mit den Ergebnissen dieser Untersuchung an die Wand projiziere, bricht bei meinen Studentinnen (je nach vorhandenem Humor auch bei den Studenten) jedes Mal große Heiterkeit aus. Bei den *männlichen* Testteilnehmern waren die Anstiege der Cortisol-Stresswerte während des Tests deutlich gedämpft, wenn sie während der Vorbereitungszeit ihre Partnerinnen bei sich haben konnten. Bei den *weiblichen* Testteilnehmerinnen lag der stressmindernde Effekt auf die Cortisol-Werte, wenn ihre Partner während der Vorbereitungszeit zur »Unterstützung« anwesend sein durften, bei null. Im Gegenteil, die Anwesenheit ihrer männlichen Partner erhöhte den Stress der Frauen!

ZUSAMMENFASSUNG

Die biologische Reaktion auf Belastungen (Stress) ist von Person zu Person unterschiedlich. Entscheidend für die seelische und körperliche Reaktion auf eine äußere Situation ist – von Extremsituationen abgesehen – nicht die »objektive« Lage, sondern die subjektive *Bewertung* durch die Seele und durch das Gehirn. Die Bewertung aktueller, neuer Situationen erfolgt durch die Großhirnrinde und das mit ihr verbundene limbische System (das eine Art »Zentrum für emotionale Intelligenz« darstellt). Wie die Bewertung ausfällt, hängt von Vorerfahrungen ab, die das Individuum in ähnlichen Situationen gemacht hat, die in Nervenzell-Netzwerken gespeichert sind und mit denen das Gehirn die aktuelle Situation abgleicht. Aufgrund der Unterschiede individueller Biografien fällt dieser Abgleich, auch wenn eine aktuelle Situation »objektiv« identisch ist, von Person zu Person verschieden aus.

Wird eine aktuelle äußere Situation aufgrund von Vorerfahrungen in ähnlichen früheren Situationen von der Großhirnrinde und dem limbischen System als alarmierend eingeschätzt, so werden unter »Federführung« des Mandelkerns (der Amygdala), der zum limbischen System gehört, die Alarmzentren des Gehirns (Hypothalamus und Hirnstamm) aktiviert, die ihrerseits massive Körperreaktionen in Gang setzen. Da äußere Situationen jedoch, wie bereits ausgeführt, individuell verschieden bewertet werden, fällt auch das Ausmaß der Aktivierung von Alarmsystemen durch den Mandelkern (Amygdala) von Person zu Person sehr unterschiedlich aus – auch dann, wenn die äußere Situation »objektiv« die gleiche ist. Wie wissenschaftliche Studien zeigten, hinterlassen früh nach der Geburt gemachte Erfahrungen von sicherer Bindung zu Bezugspersonen im biologischen Stresssystem einen Schutz, sodass die biologische Stressreaktion auf später im Leben auftretende Belastungsereignisse »im Rahmen« bleibt. Umgekehrt haben frühe Erfahrungen von Stress eine erhöhte Empfindlichkeit (»Sensibilisierung«) des biologischen Stresssystems zur Folge. Sichere Bindungen schützen jedoch nicht nur das Kind vor Stress. Soziale Unterstützung und zwischenmenschliche Beziehungen bleiben das ganze Leben hindurch der entscheidende Schutzfaktor gegenüber übersteigerten und potenziell gesundheitsgefährdenden Folgen der Stressreaktionen.

6. SYNAPSEN, NERVENZELL-NETZWERKE, LEBENSSTILE UND ZWISCHEN- MENSCHLICHE BEZIEHUNGEN

WOMIT DAS GEHIRN ERLEBNISSE SPEICHERT UND VERARBEITET

Die »Grundausstattung« des menschlichen Gehirns besteht nach neuesten Schätzungen aus über 20 Milliarden (das heißt über 20 x 10^9) Nervenzellen. Davon stehen über zehn Milliarden Nervenzellen der mit ihren Windungen über die Hirnoberfläche ausgebreiteten Hirnrinde (Cortex) und dem mit ihr eng verbundenen limbischen System zur Verfügung. In der Hirnrinde haben die »höheren« Wahrnehmungs- und Steuerungsfunktionen ihren Sitz, hier sind innere Muster über den faktischen Teil der äußeren Welt niedergelegt, hier ist unsere intellektuelle Intelligenz beheimatet.

In direkter Nachbarschaft und mit der Hirnrinde aufs Engste »verkabelt« ist das so genannte limbische System, das als »Zentrum für emotionale Intelligenz« emotional bedeutsame Signale registriert und aussendet. Das limbische System steht in intensivem Kontakt mit tiefer liegenden Hirnteilen (insbesondere mit Hirnstamm und Hypothalamus), von denen es »online« Informationen über das innere Körperbefinden erhält. Durch Verbindung von Nachrichten über das innere Körperbefinden mit den von der Hirnrinde kommenden Auskünften über die äußere Welt erzeugt das limbische System emotionale Befindlichkeiten, Gefühle, Motive und Antriebe.

Ein Teilorgan des limbischen Systems ist der Mandelkern (Amygdala), der Erinnerungsspuren darüber abspeichert, ob Ereignisse oder Situationen für den eigenen Organismus angenehm oder schädlich beziehungsweise unangenehm (aversiv) waren. Mit seinem »Wissen« und seiner Fähigkeit, bei Bedarf tiefer gelegene Hirnzentren zu alarmieren, beteiligt sich der Mandelkern entscheidend an der Bewertung neuer Situationen und Ereignisse. Ebenfalls zum limbischen System gehört ein Hirnteil, der sich erst in den letzten Jahren als der vielleicht wichtigste Hirnteil unseres Menschseins herausgestellt hat: der Gyrus cinguli. Der Gyrus cinguli (deutsch: »Gürtelwindung«) läuft paarweise, rechts und links tief in der von vorn nach hinten laufenden Teilungsfurche des Gehirns. Er erwies sich aufgrund neuerer Untersuchungen als Sitz des Selbstgefühls, des Mitgefühls mit anderen Menschen und als Ort der Lebens-Grundstimmung.

DIE ERSTE GRUNDREGEL DER HIRNTÄTIGKEIT: ERZEUGUNG VON VORSTELLUNGEN DURCH DIE VERBINDUNG VON NERVENZELLEN

Das Gehirn lässt Denken und Fühlen, Wahrnehmen und Beurteilen, Planen und Handeln durch eine Arbeitsweise geschehen, die auf einer einheitlichen Grundregel beruht: Alle mentalen Operationen werden durch die *Verbindung* von Nervenzellen (oder von Nervenzell-Gruppen) ermöglicht. Vollzogen werden diese Verbindungen durch Fortsätze, die jede Nervenzelle in ihr näheres und in ihr weiteres Umfeld schickt, um mit kleinen Verzweigungen am Ende dieser Fortsätze kleine Kontaktzonen, so genannte »Synapsen«, mit der Oberfläche anderer Nervenzellen zu bilden. Jede Nervenzelle ist mit bis zu 10000 solcher Synapsen mit anderen Nervenzellen »verbunden«, »verschaltet« oder »verknüpft«. Synapsen dienen dem Austausch von Nervenbotenstoffen (»Neurotransmitter«).

Einzelsignale, die von einem der fünf Sinne aufgenommen werden, führen im Gehirn zur gemeinsamen Aktivierung und damit zur *Verbindung* von nahe beieinander liegenden Nervenzellen. So entstehen kleine Nervenzell-Verbände, die einfache Wahrnehmungen in die subjektive Vorstellung bringen können. Solange sich die Wahrnehmung innerhalb einer Sinnesmodalität (z.B. nur im Bereich des Hörens) bewegt, sprechen wir von »unimodaler Wahrnehmung«. Durch die *Verbindung* von Nervenzell-Verbänden aus unterschiedlichen Sinnesmodalitäten zu einfachen Nervenzell-Netzwerken erzeugt das Gehirn »multimodale« Vorstellungen eines Objektes. Werden mehrere Nervenzell-Netzwerke, die jeweils ein Objekt repräsentieren, untereinander synaptisch verschaltet, dann kann die Wahrnehmung mehrerer Objekte, das heißt die Vorstellung einer Situation, entstehen. Werden nun auch Nervenzell-Netzwerke, die Situationen repräsentieren, »supramodal« miteinander verschaltet, dann werden subjektive Vorstellungen von Prozessen möglich, in weiteren Ebenen schließlich auch abstrakte Vorstellungen, z.b. von Kausalität, und andere abstrakte mentale Operationen.

WIE VERBINDUNGEN VON NERVENZELLEN WAHRNEHMUNGEN UND VORSTELLUNGEN ERZEUGEN

Wahrnehmungen und Vorstellungen beruhen also auf synaptischen Verschaltungen von Nervenzellen zu Netzwerken. Einer bestimmten subjektiven Wahrnehmung oder Vorstellung entspricht jeweils ein spezifisch ausgebildetes Verschaltungsmuster zwischen Nervenzellen. Die Voraussetzung dafür, dass wir zwischen unterschiedlichen Wahrnehmungen gedanklich einen Zusammenhang (eine Assoziation) herstellen können, ist die Verschaltung von dazugehörenden Nervenzell-Netzwerken.

Vorstellungen über Zusammenhänge (Assoziationen) werden im menschlichen Gehirn in drei Dimensionen erzeugt: Zum einen werden Elemente der äußeren Welt untereinander gedanklich in Verbindung gesetzt, also assoziiert. Diesen Assoziationen entsprechen Netzwerk-Verschaltungen, die ein inneres Bild der äußeren Welt speichern und in die subjektive Vorstellung heben können. Ein solches »inneres Bild« wird auch als »Repräsentation« bezeichnet.

In einer zweiten Dimension werden Wahrnehmungen aus dem eigenen Organismus zu einem »Körperschema« zusammengefügt (assoziiert). Somit wird, was Nichtfachleute zunächst vielleicht überraschen mag, auch der eigene Körper im Gehirn durch ein selbst erzeugtes »inneres Bild« »repräsentiert«.

Von besonderer Bedeutung sind Verknüpfungen in der dritten Dimension: Hier werden Wahrnehmungen unseres körperlichen Selbstbefindens mit Objekten oder Situationen der äußeren Welt in Beziehung gesetzt (assoziiert). Verknüpfungen zwischen unserem Körpererleben und den Objekten der äußeren Welt sind Antonio Damasio zufolge psychosomatisch besonders bedeutsam. Diese Zusammenführung von Signalen aus der Körper-Innensphäre und der Welt der äußeren Situationen erfolgt im Gyrus cinguli des limbischen Systems, dem bereits erwähnten Sitz des »Selbstgefühls«. Hier gespeicherte Assoziationen (Verbindungen) zwischen äußeren Situationen und inneren Körperzuständen erklären, warum bei manchen Menschen bestimmte äußere Situationen eine schlagartige Veränderung des körperlichen Befindens zur Folge haben können.

DIE ZWEITE GRUNDREGEL DER HIRNTÄTIGKEIT: ERZEUGUNG VON VORSTELLUNGEN DURCH GLEICHZEITIGKEIT

So genial und zugleich einfach das Konzept ist, Wahrnehmungen und Vorstellungen durch miteinander verknüpfte Nervenzell-Netzwerke entstehen zu lassen, so wenig würde dies ausreichen, um mit der Welt in eine geordnete Beziehung zu treten. Da auf Nervenzellebene unendlich viele Netzwerke mit unendlich vielen anderen Netzwerken verknüpft sind, würden sie, gemeinsam »unter Strom« gesetzt, nur ein chaotisches Wirrwarr beziehungsweise ein unspezifisches »Rauschen« in die subjektive Wahrnehmung heben (und das auch noch auf allen fünf Sinneskanälen, also wahrlich keine angenehme »Vorstellung«).

Das Ganze kann nur »funktionieren«, wenn begrenzte Vorstellungs- und Wahrnehmungsinhalte *selektiv* aktiviert werden. Dies bedeutet eine begrenzte, *selektive* Aktivierung der dazugehörigen Nervenzell-Netzwerke, deren Funktionszustand für die Dauer der Aktivierung gegenüber dem »Hintergrund« der unendlich vielen anderen Netzwerke herausgehoben sein muss. Und so geschieht es auch: Die an einer momentanen Wahrnehmung oder Vorstellung beteiligten Nervenzell-Netzwerke befinden sich – im Moment der gemeinsamen Aktion – in einer *zeitgleichen*

Erläuterung zur Abbildung:

Die Abbildung zeigt zwei nebeneinander liegende Nervenzellen der Großhirnrinde. Zu sehen ist der Zell-Leib mit dem Zellkern (in ihm liegt der DNS-Faden des Erbgutes). Beide Nervenzellen zeigen zahlreiche Ausläufer, die sich wie Bäumchen verzweigen. Die fein verzweigten Fortsätze (»Dendriten«) kontaktieren andere, benachbarte Nervenzellen (die Abbildung zeigt nur einige wenige Kontakte zwischen den beiden dargestellten Zellen). Ein langer Hauptausläufer der Nervenzelle (in der Abbildung nach unten abgehend) wird als »Axon« bezeichnet. Die Kontaktstellen zwischen den Ausläufern einer Nervenzelle und der Oberfläche einer anderen Nervenzelle werden als Synapsen bezeichnet. Eine Nervenzelle kann mit bis zu 10.000 Synapsen mit anderen Nervenzellen verbunden sein. Die enge synaptische »Verschaltung« von Nervenzellen führt zur Ausbildung von »Netzwerken«, in denen Informationen (z.B. Erinnerungen bestimmter Erfahrungen aus zwischenmenschlichen Beziehungen) gespeichert sind.

Synapsen sind die Orte, an denen Nervenzellen Botenstoffe (Neurotransmitter) austauschen. Synapsen, die viel Informationen miteinander austauschen, regen in den beiden beteiligten Nervenzellen die Aktivität von bestimmten Genen an. Viel benutzte Synapsen verstärken ihre Struktur, nicht benutzte Synapsen werden aufgelöst. Auf diese Weise können häufige oder intensive Erfahrungen zur Verstärkung von Nervenzell-Netzwerken führen, in denen diese Erfahrungen gespeichert sind. Dies kann zur Folge haben, dass positive Reaktionen trainiert werden, andererseits besteht aber auch die Möglichkeit, dass Traumaerfahrungen oder Angstreaktionen in Nervenzell-Netzwerke »eingeschrieben« werden. Synaptische Aktivität, die sich aus anregenden Erfahrungen ergibt, führt in Nervenzellen zur Aktivierung von Nervenwachstums-Genen (z.B. werden die Gene von BDNF, CNTF, NGF aktiviert). Synaptische Aktivität, die sich aus Alarmerfahrungen ergibt, kann zur übermäßigen Freisetzung von nervenschädigenden Botenstoffen (z.B. von Glutamat) führen.

Nervenzellen (»Neuronen«), Synapsen und Netzwerke

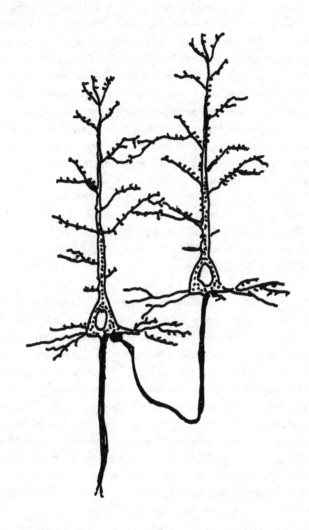

(simultanen), phasengleichen (synchronen), rhythmischen bioelektrischen Aktivität, zu der sie sich über ihre Verbindungen anregen. Die Frequenz dieser bioelektrischen Aktivität liegt bei etwa 40 Hertz (40 Schwingungen pro Sekunde). Synchronisation, also Gleichzeitigkeit und Phasengleichheit der Aktivität, sind somit das »Bindemittel und Ordnungsmerkmal« der Gehirntätigkeit, wie es der Frankfurter Hirnforscher Wolf Singer ausdrückte, der an der bahnbrechenden Entdeckung dieses Mechanismus führend beteiligt war. Nach einem kurzen Moment des simultanen, gemeinsamen »Schwingens« verlässt das eine oder andere Teil-Netzwerk den aktiven Verband, während einzelne neue Teil-Netzwerke hineinkommen und sich dem bioelektrischen Rhythmus des Verbandes anschließen. So entsteht ein kontinuierlicher, sich zugleich laufend wandelnder Denk- beziehungsweise Wahrnehmungsstrom.

AUSWIRKUNGEN DER FUNKTION AUF DIE STRUKTUR DER VERNETZUNG: STABILISIERUNG VON SYNAPSEN DURCH IHRE BENUTZUNG

Nervenzellen, die durch Synapsen miteinander verbunden sind und die nun durch ein eintreffendes Signal gemeinsam und gleichzeitig bioelektrisch aktiviert werden, verstärken ihre synaptische Verknüpfung. Das Gleiche passiert mit Netzwerken: Netzwerke, die bioelektrisch gemeinsam »feuern«, verstärken das interne synaptische Verknüpfungssystem. Amerikanische Neurobiologen nennen dies *»cells that fire together wire together«* (»Zellen, die zusammen feuern, verkabeln sich stärker miteinander«). Alle Synapsen, an denen Signale ausgetauscht werden, werden strukturell stabilisiert. Dies hat folgenden Grund: Die biolelektrische Aktivierung einer Synapse hat zur Folge, dass eine der beiden Nervenzellen in den »synaptischen Spalt« der verbindenden Synapse Botenstoffe (Neurotransmitter) ausschüttet. Dies führt zu einer biochemischen Stimulierung der beiden beteiligten Nervenzellen, mit dem Ergebnis, dass in beiden Zellen einige Gene aktiviert werden (welche Gene dies im Einzelnen sind, werden wir etwas später sehen). Diese Gene produzieren Proteine, welche die Synapse strukturell verstärken. Synapsen, die feuern, werden nicht nur strukturell verstärkt, sie übermitteln aufgrund ihrer Verstärkung bei künftigem Gebrauch auch stärkere Signale (dieses letztgenannte Phänomen wird als *»Long Term Potentiation«*, abgekürzt LTP, bezeichnet).

Im Rahmen von Wahrnehmungen oder von Tätigkeiten benutzte Synapsen werden also stabilisiert oder verstärkt. Synapsen, deren Gebrauch zurückgeht, können ganz verloren gehen. Amerikanische Neurobiologen haben dies als *»Use it or lose it«*-Regel bezeichnet (»mache Gebrauch von ihr – also von der Synapse – oder verliere sie«). Dies bedeutet, dass die Nervenzell-Netzwerke, die häufig ausgeübte Wahrnehmungen, Denkvorgänge oder Tätigkeiten repräsentieren, an Strukturstabilität gewinnen, während wenig »trainierte« gedankliche Operationen oder Tätigkeiten dazu führen, dass »ihre« Netzwerke geschwächt werden oder sich gänzlich auflösen. Dass Synapsen, die unter Benutzung stehen, stabilisiert und verstärkt werden, unbenutzte Synapsen sich dagegen auflösen, hatte in den 40er-Jahren bereits der Psychologe und Hirnforscher Donald Hebb vermutet. Seine Hypothesen wurden durch Forschungsergebnisse der letzten Jahre bestätigt. Die grundlegende Fähigkeit des Gehirns, durch sein Tätigwerden seine synaptischen Verschaltungen zu verändern und damit seine eigene Feinstruktur umzubauen, wird als »synaptische Plastizität« bezeichnet.

DIE NEUROBIOLOGISCHEN FOLGEN ABWECHSLUNGSREICHER UND REIZARMER UMWELTEN

Auch Wahrnehmungs- und Verhaltensmuster aus dem Bereich zwischenmenschlicher Beziehungen werden in Nervenzell-Netzwerken gespeichert. Denkweisen, Interpretationsstile und der Umgang mit verschiedenen Situationen werden in Netzwerken codiert und abgespeichert. Bisherige Erlebnisse und Erfahrungen prägen neuronale Netzwerke, die zugleich Muster für die Bewertung oder Bewältigung künftiger Situationen werden. Neuronale Netzwerke codieren also auch zwischenmenschliche Beziehungsmuster.

Die Bildung von Nervenzell-Netzwerken unter dem Einfluss der Gestaltung von Beziehungen beginnt mit der Geburt. Eine Reihe von Aufsehen erregenden Studien hat die massiven Auswirkungen belegt, die Anregungen und Erfahrungen auf die Hirnstrukturen des Kindes haben können. Bevor wir weiter unten zu Beobachtungen kommen, die beim Menschen gemacht wurden, seien einige eindrucksvolle Untersuchungen bei Tieren erwähnt.

Zahlreiche Forscher haben die Auswirkungen von Lebensbedingungen auf das Gehirn unter anderem dadurch studiert, dass sie genetisch identische Tiere nach Abschluss der Säuglingzeit für den Rest des Lebens in zwei Gruppen aufgeteilt haben. Beide Gruppen erhielten eine identische Ernährung, wurden auch hinsichtlich Wärme und Licht gleich gehalten und befanden sich in Käfigen gleicher Größe. Die Tiere der einen Gruppe wurden jedoch in Käfigen gehalten, die eine Vielzahl von anregenden und abwechslungsreichen »Spielzeugen« und Beschäftigungsmöglichkeiten enthielten (eine solche Umgebung wird in der Fachsprache als *»enriched environment«*, also als »abwechslungsreiche Umwelt« bezeichnet). Demgegenüber hatten die Tiere der anderen Gruppe in ihren Käfigen keinerlei Ausstattung dieser Art (*»impoverished environment«*, das heißt »reizarme Umwelt«). Wurden nach dem Tod die Gehirne der Tiere untersucht, so traten einige sehr markante Unterschiede zutage.

Die in abwechslungsreicher Umgebung gehaltenen Tiere zeigten erstens eine größere Dicke und ein höheres Gewicht der Hirnrinde; zweitens eine größere Zahl von Nervenzellen; drittens ein höheres Maß von Verzweigungen der Nervenzell-Fortsätze; viertens eine höhere Dichte an Synapsen; außerdem erbrachten die Tiere mit abwechslungsreicher Umgebung fünftens deutlich bessere Testwerte bei Aufgaben, in denen Intelligenz gefordert war (z.B. beim Herausfinden aus einem Labyrinth und Ähnlichem). Positive Effekte einer abwechslungsreichen und anregenden Umgebung auf die Hirnstruktur ließen sich nicht nur bei jüngeren, sondern auch bei ausgewachsenen Tieren zeigen.

Eine Serie wissenschaftlicher Untersuchungen aus jüngerer Zeit, die kürzlich von Constance Scharff von der Rockefeller University zusammengefasst wurden, zeigen einen zusätzlichen, völlig neuen Befund: Training, geistige Aktivität und Lernübungen können bei Tieren wie auch beim Menschen eine *Vermehrung von Nervenzellen* in der Hirnrinde bewirken, welche die Folge von Zellteilung ist. Dadurch geriet eine seit langem bestehende Lehrbuchmeinung ins Wanken, die irrtümlicherweise davon ausging, dass sich Nervenzellen anders als alle anderen Zellen des Körpers nicht vermehren können. In geringem Umfang können sie dies offenbar doch, vor allem, wenn anregungsreiche Bedingungen herrschen und das Gehirn Lernvorgänge bewältigt. Alle diese Beobachtungen bestätigen das Prinzip des »*use it or lose it*«. Anregende Umweltbedingungen und Aktivität vermehren die Zahl von Nervenzellen und Synapsen.

ANREGENDE UMWELTBEDINGUNGEN AKTIVIEREN GENE VON NERVENWACHSTUMSFAKTOREN

Mit Untersuchungen unter abwechslungsreichen (*enriched environments*) und reizarmen Umgebungsbedingungen (*impoverished environments*) konnten in jüngster Zeit Gene identifiziert werden, die in Nervenzellen durch eine abwechslungsreiche Umgebung aktiviert werden. Wie eine Arbeitsgruppe um Claire Rampon von der Universität Princeton herausfand, werden durch die Umsetzung eines Tieres aus einer reizarmen in eine anregungsreiche Umgebung im Gehirn innerhalb weniger Stunden über 15 Gene aktiviert, wobei durch die Versuchsbedingungen sichergestellt war, dass deren Aktivierung ausschließlich durch die neue Umgebung (und nicht durch andere Faktoren) induziert wurde. Es handelt sich dabei um Gene, deren Produkte bedeutende Auswirkungen auf das Nervenwachstum, auf die Bildung von Synapsen und auf die Herstellung von Botenstoffen haben. Für Leser, die es genau wissen wollen, hier die zum Teil kuriosen Namen einiger Gene, die in Nervenzellen durch geistige Aktivität »angeschaltet« werden: *Nerve growth factor* (NGF), *Brain-derived* neurotrophic factor (BDNF), *Ciliary neurotrophic factor* (CTNF), *Nerve growth factor-induced gene* (NGFI), zif268, rafB oder C/EBPß (unvollständige Aufzählung).

UMWELT UND NERVENZELL-NETZWERKE BEIM MENSCHLICHEN SÄUGLING

Welche Rolle spielen abwechslungsreiche und reizarme Umwelten beim menschlichen Säugling? Beim Menschen ist die Interaktion zwischen Säugling und Umwelt ein weit anspruchsvolleres und gegenüber verschiedenen Störungen weitaus empfindlicheres Geschehen als bei Tieren. Die Lebenstüchtigkeit des menschlichen Säuglings liegt aufgrund seiner im Vergleich größeren Unreife bei Geburt deutlich unter jener neugeborener Tiere. Für eine gelingende Verbindung zur Umwelt benötigt der menschliche Säugling daher in größerem Umfang als Tiere ein Individuum, das zwischen Säugling und Umwelt »vermittelt« (in der Regel die Mutter oder eine andere konstante, liebevolle Bezugsperson). Die Mutter ist der wesentliche Teil der »Umwelt« des Säuglings. Eine »anregungsreiche Umwelt« ergibt sich für den Säugling daher zunächst vor allem durch die Beziehung, welche die Mutter mit ihm gestaltet.

Wie finden Signale aus der Umwelt Zugang zum kindlichen Gehirn, und welche Auswirkungen ergeben sich dadurch auf die Nervenzell-Netzwerke des Säuglings? Was sind die neurobiologischen Voraussetzungen, mit denen der Säugling nach der Geburt in seine »Umwelt«, das heißt in die Beziehung mit seiner Mutter, eintritt? Die neurobiologische »Grundausstattung« an Nervenzellen ist zum Zeitpunkt der Geburt fast vollständig vorhanden. Der Aufbau an Verschaltungen durch Synapsen beginnt im zweiten und dritten Drittel der Schwangerschaft.

Untersuchungen zeigen in den letzten Schwangerschaftsmonaten eine explosionsartige Vermehrung von Synapsen im Gehirn des Föten, die sich nach der Geburt noch fortsetzt und erst am Ende des ersten Lebensjahres abgeschlossen ist. Dies ist sozusagen der genetisch festgelegte Vorschuss der Natur, der allerdings verloren gehen kann, wenn er nicht durch adäquate Reizzufuhr stabilisiert wird. Was sich danach an synaptischen Verschaltungen zusätzlich bildet, hängt von anregenden Umweltbedingungen und von der persönlichen Entwicklung des Individuums ab.

AKTIVE NERVENZELL-NETZWERKE ZUM ZEITPUNKT DER GEBURT

Bereits im Mutterleib hat der Säugling begonnen, sensomotorische Abläufe einzuüben und die Körpergeräusche sowie die Stimme seiner Mutter zu hören, wenn auch etwas anders als nach der Geburt. Für diese und einige andere Wahrnehmungen aus der Zeit im Mutterleib sind beim Säugling bereits Netzwerke angelegt. Dies erklärt, warum der Säugling bereits wenige Stunden nach der Geburt die mütterliche Stimme von anderen Stimmen unterscheiden kann. Dass das Gehirn des Säuglings bei der Geburt kein »unbeschriebenes Blatt« mehr ist, zeigen Untersuchungen der synaptischen Hirnaktivität, die sich mit modernen bildgebenden Verfahren schonend und ohne Eingriffe in den Körper des Säuglings durchführen lassen (die dabei angewandte Untersuchungstechnik nennt sich »Positronen-Emissions-Tomographie«, abgekürzt PET): Im Gehirn des neugeborenen Säuglings sind bereits Nervenzell-Netzwerke aktiv, in denen unzählige Synapsen »feuern«. Die Netzwerke beschränken sich zum Zeitpunkt der Geburt jedoch vor allem auf jene Areale der Großhirnrinde, die Tast- und Berührungsempfindungen sowie Bewegungsmuster der Muskulatur repräsentieren.

DIE BEDEUTUNG EINER »ANGEMESSENEN« REIZZUFUHR FÜR DEN SÄUGLING

Wie sehen die Signale aus, die für den Säugling nach der Geburt jene »anregungsreiche Umwelt« ausmachen, die sich in Tierversuchen als neurobiologisch förderlich erwiesen hat? Welcher Art sollten Anregungen sein, damit sich der Säugling seelisch, geistig und neurobiologisch entwickeln kann? Wie sieht eine passende, nicht zu schwache und nicht zu intensive »Reizzufuhr« aus? Wird das neurobiologische System unter Stress gesetzt, durch Reize überflutet oder überfordert, so können sich auch beim Säugling die negativen Folgen der Stressreaktion ergeben, die in vorangegangenen Kapiteln dargestellt wurde und bei welcher Cortisol und Glutamat Nervenzellen und Synapsen zerstören. Nur eine *angemessene* Reizzufuhr für den Säugling lässt erwarten, dass die dadurch einbezogenen aktiven Nervenzellen und Synapsen in ihrer Funktionstüchtigkeit verstärkt werden. Eine Kontaktaufnahme zwischen Säugling und Umwelt gelingt daher ausschließlich über eine Signalzufuhr, die in ihrer Art und ihrer Dosis auf die Aufnahmefähigkeit des Säuglings genau abgestimmt ist.

SIGNALE FÜR DIE »SPIEGEL-NERVENZELLEN« DES KINDES: DIE KOMMUNIKATION ZWISCHEN MUTTER UND SÄUGLING

In der Regel hat die Mutter ein intuitives »Gefühl« für passende Signale und für den kommunikativen Austausch mit ihrem Kind. Dies hat Wissenschaftler nicht daran gehindert, sich die Kommunikation zwischen Säugling und Mutter einmal genauer anzusehen. Eine ganze Reihe von brillanten Beobachtern, unter ihnen das deutsche Forscherehepaar Mechthild und Hanus Papousek sowie der amerikanische Säuglingsforscher Daniel N. Stern, hat auf diese Weise einige der »geheimen« Gesetzmäßigkeiten aufgedeckt, denen der Signalaustausch zwischen Mutter und Säugling folgt.

Der Kontakt zwischen Mutter und Säugling besteht aus einem abwechselnd hin- und zurückwandernden, also kreisförmigen Austausch von Signalen (in der Fachsprache als *»cycles of interaction«* bezeichnet). Der Signalaustausch folgt einem Rhythmus, den der Säugling entsprechend seiner Aufnahmefähigkeit vorgibt und nach dem sich die Mutter intuitiv richtet. Rhythmisch zwischen Säugling und Mutter hin- und zurückgesandt werden dabei stimmliche, durch Hautkontakt vermittelte und mimische Signale des Gesichtsausdrucks.

Für das Gelingen des Signalaustausches, des wechselseitigen Verstehens und Aufeinander-Eingehens zwischen Mutter und Säugling spielt ein besonderes, erst kürzlich entdecktes Nervenzell-System des Gehirns eine entscheidende Rolle: Das Gehirn besitzt Nervenzell-Netzwerke, die darauf spezialisiert sind, bei anderen Menschen wahrgenommene Signale so abzuspeichern, dass sie selbst nacherlebt und reproduziert werden können. Die Nervenzellen dieses von Giacomo Rizzolatti entdeckten Systems werden als »Spiegel-Nervenzellen« (*»mirror neurons«*) bezeichnet. Dass der Säugling mütterliche Signale »spiegelt«, z.B. versucht, bestimmte Gesichtsausdrücke oder Laute zu imitieren, war aus der beobachtenden Säuglingsforschung schon längere Zeit bekannt. Die Entdeckungen Rizzolattis scheinen die erstaunliche, kurz nach der Geburt einsetzende Fähigkeit des Säuglings, empfangene Signale aufzunehmen und durch Imitation zurückzuspiegeln, nun aber auch neurobiologisch erklären zu können.

Spiegel-Neurone sind vermutlich die neurobiologische Grundlage für das lange bekannte »Lernen am Modell«. Den Säugling versetzen die Spiegel-Neurone in die Lage, ihm von der Mutter zugespielte Signale zurückzuspielen. Dies betrifft ganz besonders mimische Signale des Gesichtsausdrucks wie z.B. das Lächeln oder bestimmte einfache Lautbildungen. Nach den Erkenntnissen der modernen Säuglingsforschung ist dieses wechselseitige, spiegelnde Hin- und Zurückspielen von einfachsten Signalen (Blicken, Gesichtsausdrücken, Lauten, Berührungen) das entscheidende »Geheimnis« der frühen Mutter-Kind-Kommunikation.

DIE MÜTTERLICHE BZW. ELTERLICHE INTUITION: DAS SPÄTE ERBE EIGENER SÄUGLINGSERFAHRUNGEN

Die intuitive Fähigkeit der Mutter bzw. der Eltern, mit dem Säugling in emotionalen Kontakt zu treten und dabei den Signalaustausch und die Kommunikation der Aufnahmefähigkeit des Säuglings anzupassen, wird, wie neuere Untersuchungen zeigen, keineswegs als »Muttertrieb« vererbt. Die Intuition der Mutter bzw. der Eltern stammt aus Gedächtnisspuren, abgespeichert in Nervenzell-Netzwerken, die bei der Mutter in ihrer eigenen Säuglingszeit angelegt wurden. Darlene Francis von der McGill University in Kanada publizierte kürzlich in der renommierten Zeitschrift *Science* eine Untersuchung, der zufolge sich Mütter, denen ihrerseits als Säuglinge mütterliche Zuwendung fehlte, später als Mütter weniger intuitiv um die Pflege ihres Nachwuchses zu kümmern vermochten.

Bisher ist unklar, ob diese Zusammenhänge in Beziehung zu einer glücklicherweise nur sehr selten auftretenden Erkrankung stehen, die Frauen nach der Geburt völlig unverschuldet ereilen kann: die Wochenbett-Depression. Von dieser Erkrankung, betroffene Wöchnerinnen empfinden gegenüber ihrem Kind und sich selbst eine plötzliche Hilflosigkeit und emotionale Leere. Diese Erkrankung bedeutet für die erkrankte Frau eine schwere seelische Belastung, die meist mit quälenden Schuldgefühlen und Selbstvorwürfen einhergeht. An einer Wochenbett-Depression erkrankte Mütter bedürfen intensiver Unterstützung, Hilfe und Entlastung. Da die Erkrankung sehr ernst verlaufen kann, empfiehlt sich unbedingt, einen Psychotherapeuten oder Psychiater einzuschalten.

EIN GEN, DAS DIE BINDUNG ZWISCHEN SÄUGLING UND FAMILIE SICHERT

Die persönliche Zuwendung eines Erwachsenen zum Säugling setzt faszinierende biologische Mechanismen in Gang, die dafür sorgen, dass die Bindung zwischen Säugling und Betreuungsperson weiter stabilisiert wird: Erst in jüngster Zeit wurde entdeckt, dass der persönliche Kontakt mit einem Säugling beim Erwachsenen in der Hirnanhangsdrüse (Hypophyse) ein Gen aktiviert, welches das Hormon Oxytocin herstellt. Da die Medizin Oxytocin lange Zeit nur bei Müttern im Verlauf der Geburt untersucht hatte, wusste man über dieses Hormon bis vor kurzem nur, dass es bei der Frau nach der Geburt den Milchfluss beschleunigt und die gedehnte Gebärmutter wieder verkleinert (zu diesem Zweck wird dieses körpereigene Hormon übrigens auch künstlich hergestellt und nach der Geburt als Medikament verabreicht).

Wie sich inzwischen zur allgemeinen Überraschung herausgestellt hat, wird die Produktion von Oxytocin auch bei Vätern (!) nach der Geburt ihres Kindes angeschaltet. Daraufhin hat man im Rahmen größerer Untersuchungen festgestellt, dass das Gen für Oxytocin immer dann angeschaltet wird, wenn Menschen stark emotional »besetzte« Bindungen eingehen, z.b. sich verlieben (bei Tieren »funktioniert« es übrigens ebenso). Der Effekt von Oxytocin ist, dass Verhaltensweisen verstärkt werden, welche die Bindung sichern. Insofern ist es »sinnvoll«, dass dieser geniale neurobiologische Mechanismus die Bindungsbereitschaft, die Zuwendung und damit auch den notwendigen Signalaustausch zwischen Mutter, Vater und Säugling unterstützt.

WIE DAS GEHIRN DES SÄUGLINGS SIGNALE »VERSTEHEN« LERNT

Wie »versteht« der Säugling Signale und Reize, die er aus seiner »anregungsreichen Umwelt«, insbesondere aus seiner Interaktion mit der Mutter, aufnimmt? Der Säugling baut zunächst einfache Wahrnehmungsmuster auf, begleitet von der Entstehung entsprechender Nervenzell-Netzwerke, um zu registrieren und zu repräsentieren, was an akustischen, optischen, berührungs- und bewegungsbezogenen Signalen an ihn herangetragen wird. Diese äußere Welt, die vom Säugling – unter Aufbau seiner Netzwerke – zunehmend wahrgenommen werden kann, würde jedoch eine abgetrennte Außenwelt »für sich« bleiben, würde sie der Säugling – wiederum begleitet durch entsprechende Verknüpfungen von Netzwerken – nicht auf etwas beziehen, was mit ihm selbst zu tun hat. Doch welcher Art ist die Wahrnehmung des Säuglings von sich selbst? Signale beziehungsweise Wahrnehmungen aus seinem eigenen Körper sind für den Säugling zunächst – ob aversiv oder angenehm – völlig unspezifisch. Er »weiß« nicht, dass er Hunger hat, nass liegt oder ob er sich Körperkontakt mit der Mutter wünscht, er verspürt in allen drei Fällen ein intensives Missempfinden (das ihm aus der »Sammelstelle« für Körpersignale, dem Hypothalamus, gemeldet wird), worauf er seine Alarmsysteme aktiviert und schreit. Nervenzell-Netzwerke, die ihm ein »Verständnis« ermöglichen würden, sind nach der Geburt noch nicht angelegt.

Die »Aufgabe« des Säuglings, Signale von innen (aus dem Körper) und von außen (aus der Umwelt) langsam verstehen zu lernen, löst sich keineswegs »von alleine«. Wie das Gehirn dieses Problem löst, ergab sich erst in den letzten Jahren aus einer Zusammenführung sehr vieler wissenschaftlicher Einzeluntersuchungen, so wie es unter anderem Antonio Damasio, einer der Top-Neurologen weltweit, aber auch Säuglingsforscher wie Daniel Stern in brillanten Beiträgen getan haben. Die »Lösung« der Aufgabe erfolgt für das Gehirn dadurch, dass die aus dem eigenen Körpermilieu kommenden Signale im Gehirn des Säuglings mit Signalen und Handlungen der Mutter bzw. der Bezugsperson verknüpft werden. *Deren* Reaktionen verleihen, wenn sie angemessen und für den Säugling problemlösend sind, den unspezifischen Empfindungen des Säuglings sozusagen rückwirkend eine »Bedeutung«. Erst die der jeweiligen Situation angepassten Reaktionen der Mutter stellen die Empfindungen des Säuglings in einen Verständniszusammenhang. Dieser Zusammenhang wird vom Säugling in Nervenzell-Netzwerken repräsentiert, welche die Signale, die zeitgleich von »innen« (vom Körper) und »außen« (von der Mutter) eingehen, verknüpfen.

Der Sitz dieser Verknüpfung befindet sich, wie durch Antonio Damasio gezeigt wurde, im so genannten Gyrus cinguli (»Gürtelwindung«), einer symmetrisch vorhandenen Hirnwindung, die tief in der Hirnteilungsfurche von vorne nach hinten verläuft. Der Gyrus cinguli hat sich neuesten Untersuchungen zur Folge als die zentrale emotionale »Schaltstelle« zwischen äußerer Umwelt (einschließlich zwischenmenschlicher Kontakte) und innerer Welt des eigenen Körpers erwiesen. Wie sich in einer Reihe von neueren, beeindruckenden Untersuchungen zeigte, »feuern« hier angesiedelte neuronale Netze (das heißt, sie werden aktiv), wenn wir Mitgefühl empfinden, z.B. beim Miterleben von Gefühlen einer anderen Person.

Hier befinden sich Nervenzell-Netze für »Bindung pur« beziehungsweise »Beziehung pur«. Der Gyrus cinguli scheint der Sitz unseres Selbst – und Selbstwertgefühls zu sein.

Interessanterweise zeigt sich bei Untersuchungen mit bildgebenden Verfahren (z.B. mit der Positronen-Emissions-Tomographie, abgekürzt PET), dass die Nervenzell-Aktivität im Gyrus cinguli verändert ist, wenn schwere Störungen der Stimmung und des allgemeinen Lebensgefühls eingetreten sind, z.B. bei schwerer Depression (diese Veränderungen normalisieren sich nach Ausheilung der Depression durch Psychotherapie).

WENN DIE ANREGUNGSREICHE UMGEBUNG DES SÄUGLINGS FEHLT

Dass zwischenmenschliche Beziehungen für die Entwicklung des Kindes und seines Gehirns von entscheidender Bedeutung und keine verzichtbare »Folklore« sind, zeigen Beispiele von Kindern, die längere Zeit keine Bezugsperson zur Verfügung hatten, welche ihnen eine »anregungsreiche Umwelt« hätte bieten können. Immer wieder einmal sind neugeborene Kinder z.B. davon betroffen, dass ihre Mütter ohne jegliches eigenes Verschulden an einer Wochenbett-Depression erkrankt sind. Die Lage für Mutter und Kind gestaltet sich dann sehr schwierig, weil seelische Erkrankungen traurigerweise auch heute noch vielerorts negativ etikettiert werden. Aus diesen Gründen bekommen viele Mütter mit Wochenbett-Depression, aber auch deren Kinder, nicht die sofortige, umfassende Unterstützung und Hilfe, die sie dringend und schnell benötigen würden. Fehlende Hilfe für Mutter und Kind bedingt, dass manchen Kindern keine Ersatzperson zur Verfügung steht, die den vorübergehenden Ausfall der Mutter durchaus ausgleichen könnte.

In einigen Untersuchungen widmeten sich Ärzte solchen Kindern, deren Mütter eine Wochenbett-Depression erlitten hatten und bei denen kein Ersatz durch eine andere Pflegeperson gelang. Mehrfach zeigten diese Kinder einerseits neuropsychologische Entwicklungsstörungen, insbesondere im Bereich der Motorik, andererseits seelische beziehungsweise emotionale Beeinträchtigungen, vor allem ein erhöhtes Risiko, später selbst eine Depression zu erleiden. Die Effekte reichten bis in die Nervenzellebene hinein: Kinder ohne eine feste, pflegende Bezugsperson in den ersten Lebensmonaten zeigten Auffälligkeiten in der Hirnstromkurve (EEG), wobei eine Messgröße betroffen war (die so genannte »*coherence*«), die sich auf die synaptische Verschaltung bezieht und auf Veränderungen in neuronalen Netzwerken schließen lässt. Die bei diesen Kindern vorhandenen seelischen und neuropsychologischen Probleme lassen sich, wie Untersuchungen belegen, sehr gut durch verschiedene Formen von Therapie (Musik- und Bewegungstherapie) und Kinder-Psychotherapie behandeln.

WARUM KINDER KEIN ELEND ERLEIDEN DÜRFEN

Weitaus schwerere Störungen als die jener Kinder, deren Mütter im Wochenbett eine schwere Erkrankung erlitten, finden sich bei Kindern, die durch soziale Not oder familiäre Missstände einer massiven Vernachlässigung, Verwahrlosung oder gar Misshandlungen ausgesetzt sind. Hier zeigen sich nach neueren Untersuchungen oft schwere Beeinträchtigungen der Lernfähigkeit, des Sozialverhaltens, schließlich auch hier Veränderungen der Hirnstromkurve (EEG). Zu dem ergaben mehrere Untersuchungen aber auch darüber hinausgehende neurobiologische Auffälligkeiten bis hin zu einer Verminderung des Gehirnvolumens. Die Sicherung einer konstanten, fürsorglichen und liebevollen Betreuung für Kinder ist daher nicht nur ein humanes und soziales Erfordernis, sondern auch eine Voraussetzung für eine ungestörte neurobiologische Entwicklung des Kindes.

ZUSAMMENFASSUNG
Die Entwicklung von Fühlen, Denken und Handeln verläuft parallel mit der Entstehung von Nervenzell-Netzwerken des Gehirns; diese entstehen durch Verschaltungen, mit denen die über 20 Milliarden Nervenzellen des Gehirns verknüpft sind. Die Verschaltungen erfol-

gen über kleine Kontaktzonen auf der Oberfläche von Nervenzellen, die Synapsen genannt werden. Hier tauschen Nervenzellen untereinander Botenstoffe (Neurotransmitter) aus, wenn eines der Netzwerke, dem sie angehören, aktiv wird.

Fühlen, Denken und Handeln einerseits sowie Nervenzell-Netzwerke andererseits stehen in wechselseitiger Abhängigkeit: Seelische und geistige *Aktivität*, die sich aus der Interaktion des Individuums mit seiner Umwelt ergibt, aktiviert diejenigen Nervenzell-Netzwerke, in denen das zu dieser Aktivität gehörende Wahrnehmungs- oder Handlungsmuster gespeichert ist. Die *aktive Benutzung* von Nervenzell-Netzwerken aktiviert in den beteiligten Nervenzellen Gene (insbesondere Nervenwachstums-Gene), die zur Stabilisierung und zum Ausbau von viel benutzten Netzwerken und zur *Vermehrung ihrer synaptischen Verschaltungen* führen. Umgekehrt ist es das in Netzwerken gespeicherte »innere Bild« der Welt in all ihren Aspekten, das es möglich macht, dass aktivierte Netzwerke Erinnerungen, Vorstellungen, Gedanken und Gefühle in unsere subjektive Wahrnehmung heben.

Den permanenten Aufbau und Umbau von Nervenzell-Verschaltungen des Gehirns in Abhängigkeit dessen, was wir erleben und tun, bezeichnet man als »erfahrungsabhängige Plastizität« des Gehirns. Mechanismen der erfahrungsabhängigen Plastizität setzen bereits während der Schwangerschaft ein und spielen in den ersten Jahren nach der Geburt eine gewaltige Rolle, nicht nur für die emotionale und intellektuelle, sondern – damit untrennbar verbunden – auch für die neurobiologische Entwicklung des Kindes. Mehrere neurobiologisch »installierte« Systeme, beispielsweise die Spiegel-Neurone oder die Aktivierung des »Bindungshormons« Oxytocin, zeigen, dass nicht nur unser seelisches Empfinden, sondern auch die Neurobiologie unseres Gehirns ein auf zwischenmenschliche Bindungen eingestelltes und von Bindungen abhängiges System ist.

7. SUBJEKTIVE ERLEBNISMUSTER IM NETZWERK SEELE: PERSÖNLICHKEITS-»TYPEN« IM ALLTAG

NERVENZELL-NETZWERKE KÖNNEN NICHT FÜHLEN: DIE EIGENE WELT DER SEELE

Obwohl unser Denken und Fühlen nicht in unserem subjektiven Erleben erscheinen könnte, wenn es nicht von Netzwerken unserer Nervenzellen ins Erleben hineingehoben würde, haben unsere Gefühle und Gedanken ihre völlig eigene Welt. Die Realität eines Dramas, das Publikum und Schauspieler während einer Shakespeare-Aufführung erleben, erzeugt eine Welt, die zutiefst abhängig und doch in nichts vergleichbar ist mit der Welt der Theaterverwaltung, der Techniker, Bühnenarbeiter, Beleuchter, der Maskenbildner und der Reinigungskräfte, deren perfekt eingespielte Infrastruktur der Aufführung erst die Bühne bereitet. Obwohl unsere Gefühle und Gedanken in einem viel engeren Verhältnis zu den Netzwerken unseres Gehirns stehen als die Akteure eines Theaterstücks zu ihrer Mannschaft hinter der Bühne, macht das Beispiel deutlich, dass die Psyche (Seele) in eine völlig andere Welt blickt als ihre neurobiologische Rückseite.

Da sie einer eigenen Welt angehören, lassen sich Muster des Erlebens und Verhaltens, die sich in der Psyche einer Person bilden, mit neurobiologischen Begriffen nur zu einem Teil beschreiben. Um im Beispiel zu bleiben: Für den Bühnenarbeiter mag ein Stück von Samuel Beckett dadurch »charakterisiert« sein, dass er dazu acht Stühle bereitstellen muss, während das für ihn »Typische« bei einem Stück von Bertolt Brecht die Bereitstellung eines Messers sein könnte. Damit mag er vielleicht sogar »etwas« vom Wesentlichen erfasst haben (und seine Freunde am Stammtisch werden das vielleicht sogar kurios und interessant finden). Was für den Zuschauer in den beiden Stücken passiert, gehört jedoch zu einer anderen, zweiten Welt, obwohl das vom Zuschauer und vom Bühnenarbeiter miterlebte Ereignis ein und dasselbe war.

In der neurobiologischen Forschung ist es ähnlich. Was ein Mensch fühlt, wird sich niemals mit neurobiologischen Mitteln beschreiben lassen (die Neurobiologie wird nur herausfinden, welche biologischen »Utensilien« vorhanden sein müssen). Was ein Mensch fühlt, lässt sich – außerhalb dieses Menschen – nur durch das Mitgefühl eines anderen Menschen beschreiben. Auch für das Mitgefühl stellt die Neurobiologie mit den Spiegel-Nervenzellen die Ausstattung bereit. Nervenzellen und ihre Neurotransmitter können aber nicht selbst fühlen. Wir werden also seelische »Typen«, obwohl sie mit neurobiologischen Strukturen in Zusammenhang stehen, nicht alleine mit Mustern in Nervenzell-Netzwerken, sondern nur mit unserer subjektiven Wahrnehmung – wenn auch möglichst »objektiv« – anschaulich machen können.

AUS DEM »THEATERSTUHL« BETRACHTET: EINE KLEINE BILDERAUSSTELLUNG DER »TYPEN DES ALLTAGS«

Es könnte den einen oder anderen Leser vielleicht interessieren, vielleicht auch amüsieren, sich für einige Momente einmal in den Theaterstuhl zu setzen (um im obigen Gleichnis des Theaters zu bleiben) und sich einige »Typen« anzusehen, von denen jeder von uns etwas in sich hat. Alles, was bei anderen Menschen zu beobachten ist, kann man – wenn auch in anderer »Dosierung« – immer auch ein Stück weit bei sich selbst beobachten. Dies bedeutet, wie der überragende schweizerische Psychiater Eugen Bleuler (1856–1939) betont hat, dass wir die Möglichkeit haben, bei einem anderen Menschen auch die ungewöhnlichsten Gefühle oder Verhaltensweisen letztlich zu verstehen, wenn wir uns darum bemühen. Nachfolgend geht es aber nicht um die Darstellung von extremen Pathologien, sondern um eine kleine Bilderausstellung der »Typen« des Alltags, ihres Selbstbildes, ihrer typischen Vorlieben und Probleme sowie um die Erfahrungen, die andere mit ihnen machen. Es handelt sich dabei lediglich um eine kleine Auswahl von Typen. Wie gesagt, wir alle haben, mehr oder weniger, von jedem etwas auch in uns.

»DER BESONDERE«

Wenn N. (hier wäre ebenso eine Dame vorstellbar) morgens seine Abteilung betrat, dann stellten die inneren Aufmerksamkeitsfühler seiner Mitarbeiter die Ohren auf wie eine Hundestaffel beim Erscheinen des Trainers. Seine Mitarbeiterbesprechungen waren so sehr *sein* Auftritt – niemand konnte Dinge so brillant auf den Punkt bringen wie er –, dass für die Mitarbeiter die Aufgaben der Abteilung und die Befindlichkeiten des Meisters irgendwie nicht mehr auseinander zu halten waren. Interessanterweise ging es seiner Familie mit ihm nicht anders.

Er hatte eine feste Vorstellung davon, wer er war. Sich an seiner Seite sonnen zu dürfen, war eine Gnade (das hatte schon bei seinen Kameraden so funktioniert, als er noch in der Schule war). Sein Verhängnis war der Auftritt eines Betriebsprüfers, der in seinem Bericht über N.s Abteilung einige – eigentlich nicht besonders gravierende – Mängel aufdeckte. N.s Wut darüber aber war unbändig, er vermutete einen persönlichen Angriff des Prüfers auf ihn und versuchte, den Prüfer innerhalb der Firma zur Strecke zu bringen. Ganz anders als von N. erwartet, nahm N.s Firmenleitung den von N. gegen den Prüfer entfesselten Krieg jedoch zum Anlass, N. seiner Position zu entheben.

N. geriet in eine tiefe persönliche Krise und dachte kurzfristig sogar an einen Selbstmord. Sich in eine Psychotherapie zu begeben würde jemandem wie N. selbst im tiefsten Unglück nie einfallen, so etwas hat man schließlich nicht nötig. Dass er sich dennoch in Psychotherapie begab, lag an seiner Frau. Nachdem sein Zustand inzwischen seit Wochen unerträglich war, drohte sie ihm mit Trennung, wenn er sich nicht helfen lasse. Interessanterweise stellte sich in der Psychotherapie heraus, dass er schwere Kränkungen wie diejenige, die ihm jetzt durch seine unverhoffte dienstliche Entmachtung widerfahren waren, in seiner Kindheit regelmäßig durch seinen Vater erfahren hatte. Er entdeckte, dass sein späteres Auftreten den unbewussten Zweck verfolgte, sich vor derartigen Demütigungen zu schützen. Eine so genannte narzisstische Komponente wie bei N. tragen wir – mehr oder weniger – alle in uns.

»DIE BEZAUBERNDE«

Wenn H. (es könnte sich auch um einen Mann handeln) auf einer Einladung erschien, dann ging sozusagen die Sonne auf. H. war eine ausdrucksstarke Persönlichkeit mit Ausstrahlung und einer Körpersprache, die andere zu Langweilern werden ließ. Sie war amüsant, zum Vergnügen der anderen oft witzig-anzüglich, wobei die Einfältigeren sich wegen eines von ihr zugeworfenen Blickes manchmal falsche Hoffnungen machten. Wenn solche »Langweiler« ihr Anträge machten, konnte sie zur Rasierklinge werden. Manchmal nahm sie sich »liebe« Partner für den »Hausgebrauch«. Eigenartigerweise blieb sie emotional aber meist nur in solchen Beziehungen »hängen«, in denen sie nach Herzenskräften zu leiden hatte.

Bei Partnern, die »etwas Besonderes« hatten, konnte sie einfach nicht Nein sagen, auch wenn sie bei ihnen, wie sie Freundinnen regelmäßig berichtete, eigentlich nie richtig glücklich werden konnte. Freundinnen, die H. schon länger und etwas intimer kannten, wussten (obwohl sie das bei ihr nicht offen anzusprechen wagten), dass H. »in schwachen Momenten« eine unendliche Angst hatte, das zu sein, was sie an anderen so hasste: langweilig. Irgendwie empfand sich H. wie ein täglich neu zu schöpfendes Kunstwerk, das zu sein sie sich auch erhebliche persönliche Mühe kosten ließ.

Die Krise ihres Lebens erlebte H., als sie sich in einen Mann verliebte, der einen besonderen Zauber ausstrahlte, sich ihr aber jedes Mal, nachdem sie einige märchenhafte Stunden miteinander verbracht hatten, für Wochen entzog und sie zurückstieß, wenn sie Kontakt suchte. Ihrem eigentlichen Freund, den sie für den »Hausgebrauch« hatte, konnte sie ihren Kummer verständlicherweise nicht vortragen. Schließlich wurde sie krank und begab sich in eine Psychotherapie. Hier kam unter anderem ihr Vater zu Sprache, ein fantasievoller, geistreicher Mann, den sie liebte, der aber die Familie verließ, als sie 14 Jahre alt war. Der Verlust des Vaters, an den sie zeitlebens oft dachte, hatte in ihr eine nie gestillte Sehnsucht, aber auch eine bleibende innere Unsicherheit bezüglich der Gestaltung von

Beziehungen mit Männern hinterlassen. Mit Hilfe der Psychotherapie konnte sie ihre Beziehungsprobleme mit Männern lösen. Eine so genannte histrionische Komponente, wie sie bei H. besonders ausgeprägt war, ist – wenn auch in geringer Ausprägung – vielen Menschen zu Eigen.

»DER GUTE«

Ein Mann wie D. (es könnte genauso eine »Sie« sein) gehört zu den nicht gerade häufigen Menschen, die uns nie ernsthaft Ärger machen. Das sagt jedenfalls D.s jetzige Partnerin, und das wird vermutlich auch seine Familie einmal sagen. Das Angenehme an D. ist seine Fürsorglichkeit und Verlässlichkeit. D. legt großen Wert auf Partnerschaft sowie auf Freundschaften – er tut für die, die er mag, fast alles. Zwar reagiert er öfters leicht gekränkt oder eifersüchtig, lässt sich aber auch leicht wieder besänftigen. D.s Partnerin kann sich auf seine Treue verlassen, ist von seiner Anhänglichkeit und seiner gelegentlichen Eifersucht aber immer wieder einmal etwas genervt. Eigenartig ist, dass D. dann, wenn einmal nichts zu tun ist, wenn am Wochenende die Sonne scheint und andere sich entspannen, oft ratlos ist und mit sich nichts anzufangen weiß.

Mit der Zeit hat D.s Zuverlässigkeit bei der Partnerin das Gefühl entstehen lassen, »der läuft mir nicht weg«; das ließ sie manchmal, aber nur insgeheim, denken, man könne ihm ruhig auch einmal etwas zumuten (sie würde das aber nie zugeben!). Freunden wurde im persönlichen Kontakt mit D. deutlich, dass er auf seine Partnerin auch dann nichts Schlechtes kommen ließ, wenn sie ihn auf kleine Kränkungen ansprachen, die sich seine Partnerin in letzter Zeit – auch vor anderen – ihm gegenüber geleistet hatte. Obwohl D. von Beginn der Beziehung an immer wieder ein ängstliches Gefühl hatte, seine Partnerin könne ihn vielleicht nicht lieben, wäre er nie auf die Idee gekommen, dass sie ihn verlassen könnte. Als er eines Tages einen Seitensprung seiner Partnerin bemerkte, war dies für ihn unfassbar, eine Welt brach für ihn zusammen.

Er bekam schwerste Schlafstörungen und suchte psychotherapeutischen Rat. Im Verlauf der Sitzungen erfuhr der Psychotherapeut, dass D. eine schwer belastete Mutter hatte, der er als Kind über Jahre beigestanden hatte, immer wieder von der Sorge geplagt, sie könne sterben. Weil er auf sie allerlei Rücksicht nehmen musste, konnte er nie ein richtiger Junge sein (ja, er verachtete als Kind die Wildheit anderer Kinder). Es wurde klar, dass diese Erfahrung einen Hintergrund für seine spätere Beziehungsgestaltung bildete. Während der Behandlung lernte er, eigene Interessen entschiedener zu vertreten. Er entschloss sich, sich von seiner Partnerin zu trennen, und ging eine neue Beziehung ein. Etwas von D.'s Problem, nämlich eine depressive Komponente, tragen wir alle in uns.

»DIE VERZWEIFELTE KÄMPFERIN«

B. ist eine junge Frau (auch ein Mann könnte in ihrer Lage sein), die bei Leuten, mit denen sie in Kontakt kam, eigentlich immer rasch auf Sympathie stieß, weil sie eine wunderbare Gabe hatte, sich für etwas Neues – auch für Menschen – zu begeistern. So wie sie konnten sich nur wenige auf etwas Neues einlassen oder für eine gute Sache engagieren. Neue Bekannte hatten bei ihr überraschend schnell das Gefühl, »auf einer Wellenlänge« zu sein. Wie aus heiterem Himmel traten bei ihr jedoch regelmäßig innere Zustände von nicht auszuhaltender Spannung auf, ein Gefühl, »es« irgendwie nicht mehr aushalten zu können und Abstand zu brauchen. Diese plötzlichen Stimmungsumschwünge waren für sie selbst unerklärlich (und für die anderen umso unverständlicher).

B. sehnte sich nach Nähe. Doch die eigenartige Tendenz, etwas Entstandenes abbrechen zu müssen, führte dazu, dass sie keine feste Freundschaft hatte. Der Einzige, den sie mittlerweile länger kannte, mit dem sie aber keine Beziehung im engeren Sinne verband, war ein junger Mann mit Drogenproblemen, der – wie sie – früh aus seiner Familie ausgebrochen war. Er war der Einzige, der Einblick in eine Seite von B.s Leben hatte, von der ihre Familie, ihre Kollegen und die sonstigen Bekannten nichts wussten: B., die alleine wohnte, erlebte zu Hause regelmäßig seltsame innere

Zustände, während derer sie sich immer wieder an den Armen die Haut aufritzte. Ebenso seltsam war, dass sie, vor allem wenn sie etwas mehr gegessen hatte, das Gegessene in der Toilette anschließend wieder erbrach.

Der Grund für B.s Aufnahme in die Klinik war nicht das Aufritzen der Haut (dies war immer »nur« oberflächlich gewesen), sondern ein regelrechter Selbstmordversuch mit Tabletten, ausgelöst durch den Tod ihres drogenabhängigen Bekannten, der an einer Überdosis gestorben war. Nachdem der Aufnahmearzt der Klinik-Notaufnahme ihr die Tabletten aus dem Magen gepumpt hatte, fielen ihm bei der Untersuchung seiner Patientin die langen Schnittnarben an den Armen auf, von denen einige noch frischeren Datums waren. B. griff das Angebot auf, sich in einer psychotherapeutischen Klinik behandeln zu lassen, und unterzog sich anschließend einer mehrjährigen Psychotherapie. Sie war als Kind von einem Angehörigen ihrer Familie missbraucht worden. B. litt an einer so genannten Borderline-Störung.

»SIGNOR CONTROLLETTI«

A. (in diesem Beispiel sei er ein Mann) hat das Glück, eine Frau gefunden zu haben, die gelernt hat, Eigenschaften ihres Mannes, die den Rest der Welt zur Verzweiflung bringen, mit liebevoller Nachsicht oder Humor zu ertragen. Unachtsamkeiten und Verletzungen der Hausordnung hat A. in all den Jahren so unnachsichtig verfolgt, dass die Beziehung zu den vier anderen Mietparteien des Hauses auf dem Gefrierpunkt angekommen ist. Was A. mit seinen Mitmietern täglich durchmacht, ist allerdings auch für ihn die Hölle. Wenn abends der Kinderwagen der Obermieter schon wieder im Hausflur steht (»so etwas ist doch das Letzte!«), sind die Nacht und der kommende Tag für ihn gelaufen.

Ihm ist immer wieder unverständlich, wie leichtfertig andere handeln, wo er selbst sich doch jede Entscheidung so schwer macht. Mit der schwierigsten Entscheidung seines Lebens, nämlich ob er heiraten sollte oder nicht, hatte er sich innerlich so lange gequält, dass ihm seine Frau damals beinahe mit einem anderen weggelaufen wäre, hätte er – im buchstäblich letzten Moment – nicht doch noch »zugegriffen« und ihr einen Antrag gemacht. Seine Arbeitskollegen haben gelernt, dass es das Beste ist, Abstand zu halten, um ihm mit seinen Ordnungsvorstellungen nicht in die Quere zu kommen.

Das Verhängnis war, dass ihm wegen der Raumnot an seiner Arbeitsstelle eine Kollegin mit ins Zimmer gesetzt wurde, die leider nicht daran dachte, ihre Arbeit nach seinen akribischen Vorstellungen zu richten. Es machte ihn krank, wenn diese Frau Telefonate führte und die Frechheit besaß, dabei – während der Dienstzeit! – zu scherzen und zu lachen. Es kam zum Krieg im Dienstzimmer. Und A. wurde darüber wirklich krank. Er hatte das Glück, bei einer Psychotherapeutin zu »landen«, die – wie seine Frau – die Gabe hatte, auf die Schwierigkeiten, mit denen er sich selbst das Leben zur Hölle machte, mit Sympathie und Wärme einzugehen. Manchmal war es A. selbst nicht ganz geheuer, wie er unter dem Einfluss dieser Frau zu einem Menschen wurde, der – das war ihm seit Jahren nicht mehr »passiert« – in sich Gefühle einer spitzbübischen Lebensfreude entdeckte, die ihm als Kind durch eine äußerst strenge und strafende Erziehung nachhaltig ausgetrieben worden war. Das bei A. vorherrschende Problem einer so genannten anankastischen Persönlichkeit findet sich – in geringer Ausprägung – bei vielen Menschen.

ZUSAMMENFASSUNG

Beziehungserfahrungen organisieren nicht nur Nervenzell-Netzwerke, sie prägen auch das subjektive Fühlen und Denken eines Menschen. Obwohl beides miteinander in engstem Zusammenhang steht, handelt es sich doch um zwei völlig unterschiedliche Welten und – um es mit einem inzwischen geflügelten Wort zu sagen – »das ist auch gut so«. Die Psyche (Seele) blickt in eine völlig andere Welt als ihre neurobiologische Rückseite. Die Zusammenhänge zwischen diesen Welten zu ergründen wird ein faszinierendes Projekt bleiben.

Wir werden die neurobiologischen Voraussetzungen und Korrelate des Seelenlebens zwar zunehmend besser analysieren. Die Erlebniswelt der Psyche lässt sich jedoch nur durch die Begegnung zwischen zwei Menschen erschließen.

8. UMWELT UND NEUROBIOLOGIE AM BEISPIEL EINER ERKRANKUNG: DIE DEPRESSION

DIE DEPRESSION: EINE VERBREITETE, SEHR »MENSCHLICHE« ERKRANKUNG

Nicht bei jeder Form, sich seelisch schlecht zu fühlen, handelt es sich um eine Depression. Jedoch sind depressive Gefühle, also die Verminderung oder der Verlust der Lebenskraft, keinem Menschen fremd. Auch Künstler wie der Maler und Bildhauer Michelangelo, die Musiker Schumann, Rachmaninow und Horowitz oder der Dichter Balzac wurden durch die Depression zeitweise aus der Bahn geworfen. Daher können sich die meisten Menschen unter den verschiedenen Formen seelischen Leidens am ehesten in das hineinfühlen, was man eine Depression nennt. Wir spüren zu Recht, dass der Einbruch in einen depressiven Zustand etwas ist, was im Prinzip einem jeden Menschen widerfahren könnte, wenn genügend Umstände zusammenkommen.

Tatsächlich zeigt sich dort, wo man die Gesamtbevölkerung einer Region in große Untersuchungen einbezogen hat, dass über 15 Prozent der Bevölkerung, also etwa jeder Siebte, mindestens einmal im Leben eine schwere Depression erlebt. Bezieht man die leichteren depressiven Zustände mit ein, dann sind sogar über 30 Prozent der Bevölkerung einmal im Leben von einer Depression betroffen. Am häufigsten erleiden Menschen zwischen dem 20. und 30. Lebensjahr sowie Personen um das 50. Lebensjahr herum eine Depression, wie Jules Angst von der Universität Zürich, einer der international führenden Depressionsforscher, in seinen Untersuchungen herausfand.

Die Depression ist das Paradebeispiel einer seelischen Gesundheitsstörung, bei der Lebenserfahrungen nicht nur das seelische Befinden, sondern in massiver Weise auch die Aktivität von Genen »verstellen« und körperliche Abläufe verändern. Ulrich Hegerl von der Universität München, einer der deutschen Top-Experten, hat Recht, wenn er die Depression aufgrund von jährlich über 11 000 Suiziden alleine in Deutschland als die »Volkskrankheit Nr. 1« bezeichnet. Hinzu kommt die erhöhte Zahl von Sterbefällen durch die Depression bei Herzkranken und bei Krebspatienten (darauf wird noch an späterer Stelle einzugehen sein).

FEHLENDE KENNTNISSE ÜBER DIE DEPRESSIVE ERKRANKUNG

Obwohl also sehr viele von uns irgendwann im Leben mit der einen oder anderen Form einer Depression zu tun haben, hat das Verständnis bei den meisten, die mit einem depressiven Menschen zu tun haben, doch seine Grenzen. Es dauert nicht lange, bis wir eine mehr oder weniger ärgerliche Ungeduld spüren, wenn jemand aus einer jammernden, niedergedrückten oder verzweifelten Stimmung nicht rasch wieder herauskommt. Einer der Gründe für diese Ungeduld ist, dass wir zu Recht spüren, dass bei diesem Menschen etwas eingetreten ist, was ihn verändert und unzugänglich gemacht hat für die kleinen Häppchen von Aufmunterung, mit denen wir uns Tag für Tag gegenseitig bei Laune halten.

Beim Umgang mit einem depressiv erkrankten Menschen treten dann häufig zwei Dinge ein, welche die Sache eher noch schlimmer machen. Bei der »Du hast doch gar nichts«-Variante werden Angehörige oder Kollegen oft zu begnadeten Hobby-Psychologen und diagnostizieren »Einbildung«, vielleicht mit dem wertvollen Rat, sich »nicht so hängen« zu lassen. Bei der »Wenn das so weitergeht, musst du zum Psychiater«-Variante wird dem Betroffenen deutlich gemacht, dass Ausgrenzung, Stigmatisierung und Entwertung drohen, falls es sich wirklich um eine Gesundheitsstörung handeln sollte.

Tatsächlich sollte bei jeder Depression der Rat oder die Hilfe eines Psychotherapeuten oder Psychiaters in Anspruch genommen werden, aber nicht im Sinne einer Bestrafung. Die beiden oben genannten Varianten des falschen Umgangs mit einem depressiv Erkrankten sind nicht nur keine Lösung: Sie verschlimmern die Problemsituation, in der sich der

Betroffene bereits ohnehin befindet, denn sie werten ihn ab. Das Gefühl der eigenen Wertlosigkeit ist der Ausgangspunkt und der Kern der Depression.

Wie wir noch sehen werden, hat der Verlust des Selbstwertgefühls am Beginn einer Depression meist verborgene Ursachen, die auf zum Teil weiter zurückliegenden zwischenmenschlichen Beziehungen beruhen. Das Gefühl, nichts mehr wert zu sein, bedeutet maximalen Stress. Die Auswirkungen der Depression beziehen in großem Umfang den Körper und seine Gene mit ein. Wie diese Körperreaktionen aussehen und welche Gene als Folge der Depression aktiviert werden, davon wird noch die Rede sein.

UNTERSCHIEDLICHE FORMEN DEPRESSIVEN KRANKSEINS

Die Depression kann in unterschiedlichen Formen auftreten. In den meisten Fällen bezeichnet man mit »Depression« jene tief greifende Veränderung der Stimmung und der Lebenskraft, die als so genannte »Phase« (englisch: »*episode*«) auftritt, das heißt zu einem bestimmten Zeitpunkt beginnt und sich dann, meist nach Wochen oder gar Monaten, wieder zurückzieht. Bei manchen Menschen zeigt die Depression aber kein Kommen und Gehen, sondern besteht in einer Art durchgehend beeinträchtigtem Lebensgefühl, was als »Dysthymie« bezeichnet wird.

Die phasisch auftretende Depression beginnt mit einer langsam zunehmenden inneren Unruhe und dem Gefühl, bestimmten vom Leben gestellten Anforderungen nicht mehr gerecht werden zu können. Lebensfreude, Unternehmungslust und Appetit gehen drastisch zurück und weichen einem qualvollem Lebensgefühl des Nichtgenügens, der eigenen Schuld oder der inneren Leere. Die Konzentrationsfähigkeit und das Gedächtnis können beim Auftreten einer Depression so stark nachlassen, dass manche Betroffene befürchten, an Alzheimer erkrankt zu sein. Sehr typisch für den Beginn einer Depression sind Schlafstörungen, fast immer in Form von sehr frühem morgendlichen Erwachen. Die Betroffenen liegen dann mit sorgenvollen, oft auch ängstlichen und sich im Kreis drehenden Gedanken wach. Es kommt zu einer erheblich verringerten Leistungsfähigkeit. Die Schlafstörungen bleiben trotz chronischer Müdigkeit fortbestehen.

Bei der »leichten« und »mittelgradigen« Depression bleibt das Leiden – mit unterschiedlicher Ausprägung – in etwa in dem soeben geschilderten Bereich. Bei der »schweren« Depression ist das Denken vollständig auf subjektive Überzeugungen der eigenen Schuld und Wertlosigkeit eingeengt, in den Betroffenen herrscht jetzt meist ein maximales Gefühl der rastlosen Unruhe, emotionalen Starre und inneren Leere vor. Auch leichte Tätigkeiten des Alltags können vom Kranken jetzt kaum noch erledigt werden. In ihrer Qual sind viele der so Betroffenen – in einer von ihnen kaum noch steuerbaren Weise – mit aufkommenden Gedanken beschäftigt, sich umbringen zu müssen, oft in dem vermeintlichen Glauben, ihrer Umwelt nicht zur Last fallen zu dürfen.

Die Depression kann auch in ungewohnten, besonderen Formen auftreten: Seltene, so genannte »atypische« Formen der Depression gehen nicht mit weniger, sondern mit ungewöhnlich vermehrtem Schlaf einher; in diesen Fällen besteht auch nicht ein Verlust des Appetits, sondern eher eine Zunahme des Hungergefühls. Bei dieser »atypischen« Form besteht die depressive Abschottung von der Umwelt sozusagen in einer Art »Winterschlaf«-Verhalten. Bei den Ärzten gefürchtet ist eine weitere, nur wenige Tage dauernde Form der Depression, die typischerweise völlig abrupt einsetzt und die Stimmung der Betroffenen quasi »abstürzen« lässt (die Fachleute bezeichnen diese Erkrankung, auf die als Erster der Züricher Depressionsexperte Jules Angst aufmerksam wurde, als *Brief Recurrent Depression*). Sie ist wegen ihrer besonders hohen Suizidgefahr sehr ernst zu nehmen.

TRAUER UND DEPRESSION

Gibt es einen Unterschied zwischen »normaler« Trauer und Depression? Die Antwort lautet eindeutig: Ja. Einer der entscheidenden Punkte, welche die Depression von der Trauer unterscheiden, ist das Gefühl von Wertlosigkeit, also der Verlust des Selbstwertgefühls. Dagegen ist manches andere bei Depression und Trauer zum Teil sehr ähnlich. Eine dieser Gemeinsamkeiten von Trauer und Depression besteht darin, dass dem *erstmaligen* Auftreten einer Depression im Leben eines Menschen – wie bei der Trauer – immer ein bedeutsames belastendes Ereignis vorausgeht. Bei Aussagen über Ereignisse, die einer Erkrankung vorausgehen, verlässt sich die Medizin heutzutage, anders als früher, zu Recht nicht mehr auf den »gesunden Menschenverstand«. Allzu oft wurden in der Vergangenheit Gesundheitsstörungen unter Zuhilfenahme des jeweils herrschenden »gesunden« Menschenverstandes mit irgendwelchen Dingen in Zusammenhang gebracht. Es ist noch nicht allzu lange her, dass Krankheiten noch als »Strafe Gottes« angesehen wurden (in einigen Sekten ist man heute noch der Meinung!).

AUSLÖSER DER DEPRESSION

Es war die Mühen vieler fleißiger Mediziner und Psychologen wert, dass in den letzten Jahren durch sorgfältige Studien nachgewiesen werden konnte, dass sich kurz vor dem *erstmaligen* Auftreten einer Depression typische Ereignisse feststellen lassen: Probleme oder Konflikte in der Partnerschaft beziehungsweise Ehe; drohende oder tatsächlich vollzogene Trennung beziehungsweise Scheidung; der Tod eines nahe stehenden Menschen; nicht zuletzt aber auch Konflikte, Überforderungen oder Kränkungen im beruflichen Umfeld. Gemeinsames Merkmal dieser Ereignisse ist, dass sie erstens alle mit zwischenmenschlichen Beziehungen zu tun haben und zweitens bedeuten, dass zwischenmenschliche Bindungen in Gefahr sind oder verloren gingen. Zwischenmenschliche Bindungen sind, wie wir bereits sahen, ein Schutzfaktor gegenüber der Aktivierung von Stressgenen. Der Wegfall dieses Schutzfaktors scheint sich als Auslöser einer Depression zu »eignen«.

Das eigentliche »Geheimnis« der Depression ist mit dem Hinweis auf nachgewiesene belastende Ereignisse als Auslöser keineswegs geklärt. Wichtige Fragen stellen sich vor allem aus zwei Gründen. Der erste Grund ist, dass sich vor einer *erstmalig* aufgetretenen Depression zwar immer schwere Belastungsereignisse der genannten Art finden lassen, dass in der Allgemeinbevölkerung aber bei weitem nicht alle Menschen eine Depression erleiden, denen solche Ereignisse widerfahren. In der Tat: Da Beziehungskrisen, Trennungen und der Tod nahe stehender Personen ja fast jedermann im Leben einmal zustoßen, müsste tatsächlich nahezu die gesamte Bevölkerung irgendwann einmal eine Depression erleiden. Innerhalb der Gesamtbevölkerung durchgeführte Untersuchungen zeigten jedoch, dass weniger als 20 Prozent der Menschen, denen ein sehr schweres Belastungsereignis zustößt, mit einer Depression reagieren.

WENN DIE DEPRESSION SICH »SELBSTSTÄNDIG« MACHT

Ein weiterer Grund, der eine tiefer gehende Betrachtung der Depression nötig macht, ist ein besonders erstaunliches Phänomen, das lange Zeit Rätsel aufgab und in der Medizin vorübergehend zu völlig falschen Annahmen geführt hatte: Etwa die Hälfte aller Personen, die an einer erstmaligen Depression erkranken, erleidet nach einiger Zeit – meist nach etwa zwei bis fünf Jahren – einen weiteren depressiven Einbruch. Bei einem Teil von diesen kommt es im weiteren Verlauf des Lebens, oft erneut im Abstand von etwa zwei bis vier Jahren, sogar noch zu weiteren »depressiven Phasen« beziehungsweise »depressiven Episoden« (so lauten die medizinischen Fachausdrücke).

Das Erstaunliche ist, dass die Schwere der auslösenden Ereignisse bei den Depressionen, die der ersten Depression folgen, rapide abnimmt. Oft findet sich ab der dritten depressiven »Phase« beziehungsweise »Episode«

sogar überhaupt kein »von außen« feststellbares Belastungsereignis mehr. Dieses merkwürdige Phänomen hat dazu geführt, dass man in der Psychiatrie über einige Jahrzehnte hinweg noch bis vor kurzem der Meinung war, es gebe zwei völlig unterschiedliche Arten von Depression: Die eine Art sei durch Belastungen ausgelöst (sie wurde als »reaktive Depression« bezeichnet), die andere Art sei »endogen« (also »von innen kommend«) und auf irgendeine geheimnisvolle Weise sozusagen angeboren.

WENN DIE ERSTE DEPRESSION WEITEREN DEPRESSIONEN DEN WEG »BAHNT«

Die Unterscheidung zwischen »reaktiv« und »endogen« wurde vollständig aufgegeben, nachdem durch Studien Folgendes klar geworden war: Jeder Depression geht bei ihrem *erstmaligen* Auftreten ein schweres Ereignis voraus. Bei einem Teil der Betroffenen macht sich die Depression dann jedoch offenbar »selbstständig«, das heißt, weitere depressive »Phasen« beziehungsweise »Episoden« können auftreten, obwohl vorausgehende Belastungsfaktoren nur geringgradig oder gar nicht mehr vorhanden waren. Der Ursache dieses seltsamen Phänomens konnte man erst auf den Grund kommen, als man entdeckt hatte, dass nicht nur zwischenmenschliche Beziehungserfahrungen, sondern auch die Erfahrung einer Krankheit im Körper ihre Spuren hinterlässt, und zwar insbesondere in Nervenzell-Netzen des Gehirns. Man erkannte, dass eine erstmalig aufgetretene Depression, vor allem dann, wenn sie nicht psychotherapeutisch behandelt wurde, im Körper Spuren nach sich zieht, durch die nachfolgenden Depressionen der Weg »gebahnt« wird. Fachleute sprechen hier von biologischer »Konditionierung«, in der amerikanischen Hirnforschung bezeichnet man das Phänomen als *»Kindling«*.

WER IST ANFÄLLIG FÜR EINE DEPRESSION?

Wenden wir uns zunächst der Frage zu, warum manche Menschen auf Belastungsereignisse des oben genannten Typs mit einer Depression reagieren, andere aber nur mit einer »Belastungsreaktion« ohne Depression. Am Beispiel der Stressreaktion hatten wir gesehen, dass die Auswirkungen äußerer Ereignisse auf den Körper, auch auf die Aktivierung seiner Gene, davon abhängen, wie diese Ereignisse *bewertet* werden. Die Bewertung erfolgt durch Nervenzell-Netzwerke in der Hirnrinde und im limbischen System (dem besagten »Zentrum für emotionale Intelligenz«). Diese Nervenzell-Netzwerke enthalten synaptische Muster (das heißt Muster von Verknüpfungen zwischen Nervenzellen), in denen alle grundlegenden individuellen Vorerfahrungen abgespeichert sind, die dieser Mensch bisher in seinen zwischenmenschlichen Beziehungen und mit sonstigen äußeren Ereignissen gemacht hat. Diese Muster befinden sich in ständiger »Stand-by«-Bereitschaft, sie sind großenteils unbewusst, werden jedoch immer dann automatisch tätig, wenn neue aktuelle Ereignisse bewertet werden müssen.

Die sekundenschnelle, automatische und großenteils unbewusste Bewertung *aktueller Ereignisse* erfolgt also durch einen Abgleich mit den individuellen *Vorerfahrungen* eines Menschen, die in den Nervenzell-Netzwerken von Hirnrinde und limbischem System gespeichert sind. Damit folgt das Gehirn einer inneren »Weisheit« aller lebenden Systeme, nämlich bei der Bewertung neuer Situationen als einzig sinnvollen Bewertungsmaßstab die bisherigen Erfahrungen heranzuziehen, die der Organismus in ähnlichen Situationen bereits gemacht hat.

WIE DIE SEELE SITUATIONEN »BEWERTET«

Wie wir bereits bei der Betrachtung der Stressreaktion sahen, entscheidet das innere Bewertungssystem der Nervenzell-Netzwerke in Hirnrinde und limbischem System, ob eine aktuelle, neue äußere Situation die Aktivierung einer körperlichen Alarmreaktion erfordert oder nicht. Werden neue Situationen aufgrund früherer Erfahrungen so bewertet, dass sie den betreffenden Menschen vermutlich nicht in Gefahr bringen, sondern von ihm beherrschbar sind, so führen sie zu einer gesunden Stimulierung des Gehirns. Beherrschbare neue Situationen fallen für das Gehirn unter die Rubrik »anregungsreiche Umwelt« (»*enriched environment*«). Wie wir bereits sahen, haben solche Situationen in den Nervenzellen die Aktivierung von Genen zur Folge, die unter anderem Wachstumsfaktoren produzieren (Beispiele: »*Nerve growth factor*«: NGF, »*Brain-derived neurotropic factor*«: BDNF, »*Ciliary neurotrophic factor*«: CNTF).

Ganz anders sieht die Situation jedoch dann aus, wenn die Bewertung durch Hirnrinde und limbisches System ergibt, dass eine neue Situation aufgrund früherer Erfahrungen als alarmierend und für den betroffenen Menschen nicht beherrschbar eingeschätzt werden muss. Dann übermittelt das limbische System über Nervenbahnen intensive Alarmsignale an zwei tiefer liegende Zentren des Gehirns: Zum einen kommt es zur Alarmierung des Hypothalamus, in dessen Nervenzellen das Stressgen CRH aktiviert wird (wie bereits in den Kapiteln über Stress erwähnt, ist CRH die Abkürzung für Corticotropin-Releasing-Hormon). Zugleich wird aber auch der Hirnstamm »angefunkt«, wo Nervenzellen Alarmbotenstoffe (unter anderem Noradrenalin) ausschütten und Gene aktivieren (unter anderem das Tyrosin-Hydroxylase-Gen), die für die Produktion dieser Alarmbotenstoffe sorgen.

WELCHE GENE WERDEN IM DEPRESSIVEN ERLEBEN AKTIVIERT?

Da Ereignisse, die typischerweise eine Depression auslösen, ihrer Natur nach Stresserlebnisse sind, stellt sich die Frage: Werden bei der Depression tatsächlich auch biologische Stresssysteme aktiviert? Und falls dies zutrifft: Aufgrund welcher Bewertungen der Seele (beziehungsweise der Hirnrinde und des limbischen Systems) kommt es zu dieser Aktivierung? Vor diesem Hintergrund wird nun deutlich, dass es ein ganz entscheidender Schritt auf dem Weg zum Verständnis der Depression war, als der Psychiater und Hirnforscher Florian Holsboer in einer Serie von bahnbrechenden Untersuchungen in den 80er-Jahren aufdeckte, dass es im Rahmen der Depression tatsächlich zu einer Aktivierung des Stressgens CRH und damit in der Folge bei depressiven Personen zu einer Erhöhung der Konzentration des Stresshormons Cortisol kommt.

Florian Holsboer, der heute zur Weltspitze der Neurobiologen zählt und in München ein Max-Planck-Institut leitet, erbrachte den Nachweis der Stressaktivierung seinerzeit noch indirekt, indem er einen genial konstruierten Funktionstest anwandte (den so genannten Dexamethason-CRH-Test). In späteren Jahren konnte die Aktivierung des CRH-Gens durch direkte Messungen erhöhter CRH-Konzentrationen im Hirnwasser bestätigt werden. Andere Arbeitsgruppen zeigten, dass auch die Alarmzentren des Hirnstamms aktiviert werden, wobei dort im Rahmen der Depression neben dem bereits erwähnten Noradrenalin von Nervenzellen auch ein zweiter Botenstoff, nämlich Acetylcholin, ausgeschüttet wird. Aufgrund dieser Beobachtungen war nun in der Tat klar, dass es sich bei der Depression um eine besondere Form einer »Stresskrankheit« handelt.

WANN FÜHRT STRESS ZUR DEPRESSION UND WANN NICHT?

Da sich vor Beginn einer erstmaligen Depression regelmäßig Belastungsfaktoren des bereits genannten Typs nachweisen lassen, ist nun zwar die Schlussfolgerung zulässig, dass es diese äußeren Faktoren sind, welche die Stressreaktion in Gang gesetzt haben. Damit sind wir aber auch bei der Frage, weshalb Konflikte, Trennungen oder der Verlust eines nahe stehenden Menschen von vielen Menschen ohne Depression bewältigt werden können, von anderen aber nicht.

Neue äußere Situationen, Veränderungen in zwischenmenschlichen Beziehungen und andere Ereignisse führen, wie wir sahen, nur unter einer bestimmten Voraussetzung zu einer Alarmreaktion des Stresssystems: Wenn durch das innere Bewertungssystem der Seele eine Bewertung dahingehend erfolgt ist, dass die äußere Situation für den betreffenden Menschen eine Gefahr darstellt. Bewertungsmaßstab sind dabei die individuellen Vorerfahrungen, die in den Nervenzell-Netzwerken von Hirnrinde und limbischem System abgespeichert sind.

Nehmen wir einmal an, die Nervenzell-Netzwerke eines Menschen hätten Vorerfahrungen von Trennungen, von Verlusten und verzweifelter Hilflosigkeit aus einer früheren Lebensphase abgespeichert, in der dem Betroffenen noch keinerlei Selbsthilfemöglichkeiten zur Verfügung standen, wo der betroffene Mensch also noch in besonders hohem Maße von zwischenmenschlichen Bindungen abhängig war. In diesem Falle würde das Bewertungssystem der Seele beziehungsweise des Gehirns in jeder späteren, neuen Situation mit einer Alarmreaktion reagieren, in der zwischenmenschliche Bindungen in Gefahr zu geraten drohen (selbst wenn es nur den Anschein hat), erst recht aber, wenn sie tatsächlich schon verloren gegangen sind. Liegt bei Personen, die anfällig für eine Depression sind, etwa eine solche Situation vor?

Unterscheiden sich Personen mit einem erhöhten Risiko für eine Depression dadurch von anderen, dass sie – mehr als andere Menschen – Erfahrungen abgespeichert haben, die ihr seelisches beziehungsweise neurobiologisches Bewertungssystem sensibler gemacht haben, sodass kritische Ereignisse leichter zu einer Alarmierung der Stressgene führen? Das Elend früherer Jahrzehnte war, dass über diese Frage im Wesentlichen nur im individuellen Fall eines einzelnen Patienten entschieden, ansonsten aber nur spekuliert werden konnte. Obwohl Spekulationen durchaus intelligent und geistreich sein können, haben sie doch den entscheidenden Nachteil der Ungewissheit. Damit müssen wir uns inzwischen jedoch nicht mehr begnügen.

IN NERVENZELL-NETZWERKEN ABGESPEICHERTE VORERFAHRUNGEN UND IHR ZUSAMMENHANG MIT DEM RISIKO EINER DEPRESSION

Zur Klärung der Frage, ob Personen mit erhöhtem Depressionsrisiko kritische äußere Ereignisse anders bewerten, weil sie besondere Vorerfahrungen abgespeichert haben, bedarf es eines Blickes in die Speicher, in denen Vorerfahrungen »aufbewahrt« sind. Ein solcher Einblick in die Seele beziehungsweise in die Netzwerke von Hirnrinde und limbischem System ist nicht ganz einfach. Zunächst besteht ein Problem darin, dass frühere Erfahrungen unabhängig davon gespeichert werden, ob diese Erfahrungen dem Bewusstsein und damit auch der bewussten Erinnerung zugänglich sind oder nicht (dies wurde, wie bereits erwähnt, unter anderem anhand einer Reihe von eleganten Versuchen durch den amerikanischen Hirnforscher Antonio Damasio nachgewiesen). Dies bedeutet, dass ein Teil der Speicherinhalte zwar wirksam, dem bewussten Gedächtnis des Betroffenen jedoch nicht zugänglich ist. Ein weiteres Problem ist, dass das innere Bewertungssystem auch im Moment seines Tätigwerdens, also bei der Beurteilung einer neuen aktuellen Situation, großenteils automatisch und außerhalb der Kontrolle des Betroffenen operiert. Und doch gelang es, auf zwei Wegen etwas über abgespeicherte Vorerfahrungen von Personen mit Depression zu erfahren.

Die zuverlässigsten Aussagen über individuelle Vorerfahrungen, die bei Personen mit erhöhtem Depressionsrisiko in Nervenzell-Netzwerken gespeichert sind, ergaben sich aus objektiven Untersuchungen über die biografische Vorgeschichte. Tatsächlich zeigte sich, dass Personen, die später an einer Depression erkranken, in den ersten Jahren ihres Lebens überdurchschnittlich häufig von Trennungserfahrungen oder schweren Gefährdungen ihrer maßgeblichen, beschützenden Beziehungen betroffen sind. Insoweit stützen die hierzu vorliegenden objektiven Studien die aus der Praxis kommenden Beobachtungen an Patienten mit Depression, über die Psychotherapeuten bereits seit langem übereinstimmend berichten. Ohne jede Frage werden solche Erfahrungen in synaptischen Verknüpfungsmustern der Hirnrinde und des limbischen Systems codiert und gespeichert.

EIN BLICK IN DIE NERVENZELL-NETZWERKE, DIE BIOGRAFISCHE VORERFAHRUNGEN SPEICHERN

Zusätzlich zur Erforschung der biografischen Vorgeschichte von Patienten mit Depression bedienten sich Samual Slipp und Steven Nissenfeld, zwei Forscher des New York University Medical Center, eines recht genialen Tricks, um die Reaktion des inneren Bewertungssystems bei Personen mit und ohne Depression zu testen (die Methode war einige Jahre zuvor von Lloyd Siverman entwickelt worden). Sie zeigten Testpersonen auf einem Bildschirm Bilder oder Worte zum Thema Trennung und Verlust, allerdings jeweils nur für einen derart kurzen Moment (das heißt, für eine Dauer von weniger als 80 Tausendstel einer Sekunde), dass die Getesteten den Inhalt zwar wahrnehmen, aber nicht sagen konnten, was sie genau gesehen hatten. Diese Methode wird als »subliminale«, das heißt, unterschwellige Stimulation bezeichnet, da das dargebotene Signal das Gehirn zwar erreicht und die neurobiologischen Systeme auch beeinflusst, aber der bewussten Wahrnehmung und Kontrolle entzogen ist (da die Methode hervorragend funktioniert, ist ihr Einsatz in der Werbung verboten).

Samual Slipp und Steven Nissenfeld hatten die pfiffige Idee, mit dieser Methode das innere Bewertungssystem zu überprüfen. Unterschwellig, also unter Ausschaltung der bewussten Kontrolle dargebotene Worte und Bilder zum Thema Trennung und Verlust lösen bei Personen, die eine Depression durchgemacht haben (inzwischen aber wieder völlig gesund sind), in deutlich höherem Maße depressive Gefühle aus als bei Personen ohne Depression. Aus zahlreichen Versuchen in anderem Zusammenhang (z.B. aus Tests mit Personen mit posttraumatischer Stresserkrankung) ist bekannt, dass unterschwellig (subliminal) dargebotene Reize tatsächlich direkt das Bewertungszentrum im limbischen System, insbesondere den Mandelkern (Amygdala), »anfunken«, in dem frühere Vorerfahrungen abgespeichert sind. Aus den erwähnten Beobachtungen an Personen mit Depression lässt sich daher in der Tat der Schluss ziehen, dass in den Nervenzell-Netzwerken von Personen mit erhöhtem Depressionsrisiko zwischenmenschliche Vorerfahrungen abgespeichert sind, die bei neuen, kritischen Ereignissen das Bewertungssystem schneller als bei anderen Personen in Alarm versetzen.

WIE DIE ANGST VOR BINDUNGSVERLUST
DIE PERSÖNLICHKEIT BEEINFLUSST

Der nachhaltige Einfluss durch frühere Erfahrungen von Bindungsverlust zeigt sich bei Personen mit erhöhtem Depressionsrisiko interessanterweise auch im »normalen« Alltagsverhalten. Untersuchungen ergaben, dass Personen, die eine Depression erlitten haben, außerhalb der Depression in ihrem Alltag überdurchschnittlich häufig ein intuitives Verhaltensmuster zeigen, das mehr – deutlich ausgeprägter als bei anderen Personen – auf die Sicherung zwischenmenschlicher Beziehungen abzielt. Dabei handelt es sich keineswegs um problematische oder unsympathische Eigenschaften: Überdurchschnittliche Gewissenhaftigkeit, Wertorientierung, Arbeitseifer und Hilfsbereitschaft im Alltagsverhalten wurden bei Personen mit erhöhtem Depressionsrisiko erstmals von Hubert Tellenbach erkannt, einem herausragenden Psychiater der so genannten »Heidelberger Schule« aus den 70er-Jahren. Zahlreiche statistisch bestens abgesicherte Folgeuntersuchungen, insbesondere durch den Münchner Psychiater Detlef von Zerssen, haben diese Beobachtung abgesichert.

DIE BIOLOGISCHE »BAHNUNG« WIEDERHOLTER DEPRESSIONEN

Zu den Besonderheiten der Depression gehört, dass sie bei etwa der Hälfte der Personen, die sie ein erstes Mal erleiden, wiederholt auftritt (wenn, dann meistens im Abstand von zwei bis fünf Jahren). Auffallend ist dabei die bereits erwähnte Beobachtung, dass bei den depressiven »Phasen« nach der ersten Depression deutlich geringere auslösende Ereignisse ausreichen, um erneut und in vollem Umfang eine Depression hervorzurufen.

Da diese Beobachtung durch objektive Studien abgesichert ist, nimmt man mit Recht an, dass ihr eine Gesetzmäßigkeit zugrunde liegt.

Aus der Verhaltensforschung ist gut bekannt, dass sich Reaktionen auf einen auslösenden Reiz so trainieren lassen, dass die durch den Auslöser veranlasste biologische Reaktion nicht nur immer schneller und »besser« abläuft, sondern dass die biologische Reaktion bei entsprechendem Training auch dann in gleicher Stärke abläuft, wenn die Stärke des auslösenden Signals vermindert wird. Dieses Phänomen wurde in Untersuchungen an Tieren eingehend untersucht und neurobiologisch aufgeklärt. Dabei zeigte sich, dass körperliche Reaktionsketten »gebahnt« werden können. Im zentralen Nervensystem erfolgt dies – wie an früherer Stelle bereits dargelegt – dadurch, dass Nervenzell-Verbindungen (Synapsen), die bei solchen seelisch-körperlichen Reaktionsketten benutzt werden, durch diese Nutzung strukturell stabilisiert und in ihrer Effizienz erhöht werden.

Eine einmal voll »durchgespielte« Depression läuft – leider – beim darauf folgenden Mal »leichter« ab (für den Betroffenen bedeutet sie jedoch die gleiche Qual). Interessant ist die Beobachtung, dass eine *psychotherapeutische* Behandlung bei der ersten Depression das Risiko einer späteren zweiten Depression nachweislich senkt. Psychotherapie scheint also einen positiven Einfluss auf depressionsverursachende Nervenzell-Netzwerke zu nehmen. Die *medikamentöse* Behandlung einer ersten Depression scheint das Risiko, später erneut an einer Depression zu erkranken, dagegen eher zu erhöhen, wie groß angelegte Studien der Arbeitsgruppen um Mark Evans (University of Minnesota), Anne Simons (University of Pittsburgh) und Tracie Shea (University of Chicago) zeigten. Diesem Nachteil versuchen einige Psychiater mit der nicht ganz unproblematischen Empfehlung zu begegnen, eine möglichst lange medikamentöse Behandlung oder gar eine Dauerbehandlung durchzuführen (entweder mit antidepressiv wirkenden Medikamenten oder mit so genannten »Phasenprophylaxe«-Medikamenten). Eine sehr lange oder auf unbegrenzte Zeit laufende Behandlung mit diesen Mitteln wirft für den Patienten jedoch aus einer ganzen Reihe von unterschiedlichen Gründen verschiedene Probleme auf. Wichtig ist an dieser Stelle aber der Hinweis, dass antidepressive Medikamente auf keinen Fall schlagartig, sondern nur äußerst langsam (das heißt über mehrere Wochen oder Monate hinweg langsam »ausschleichend«) abgesetzt werden dürfen, da sich für den Patienten anderenfalls sehr ernste, potenziell gefährliche Auswirkungen ergeben können.

DIE DEPRESSION: MEHR ALS EIN STRESSERLEBNIS

Bei unserer Gesamtbetrachtung der Depression, der wir uns langsam nähern, sollten wir nicht übersehen, dass die Depression zwar alle Elemente einer »Stresskrankheit« enthält, dass sie aber mehr ist als »nur« die Reaktion auf Stress. Sie beinhaltet zwei sehr wesentliche weitere Elemente: Durch den *Absturz des Selbstwertgefühls*, der den Schwerpunkt des depressiven Leidens ausmacht, trifft sie den Kern des Menschen, sie verändert die Beziehung, die der Mensch zu sich selbst hat. Aus dieser tief gehenden Infragestellung der eigenen Person können sich für den in einer Depression befindlichen Menschen Zustände äußerster, nicht mehr erträglicher Qual ergeben.

Auch das Selbstgefühl hat im Laufe seiner Entstehung, also während unserer biografischen Entwicklung, zur Bildung von Nervenzell-Netzwerken geführt. Diese Netzwerke, in denen das Selbstgefühl gleichsam »aufbewahrt« ist, befinden sich im Gyrus cinguli, einer zum limbischen System (also zum »Zentrum für emotionale Intelligenz«) gehörenden Hirnstruktur. Daher kann es nicht verwundern, dass schwere Veränderungen des Selbstgefühls, wie sie in der Depression auftreten, diese Nervenzell-Netze verändern. Dies ließ sich in Untersuchungen mit modernen bildgebenden Untersuchungsverfahren zeigen (eines dieser Verfahren ist die bereits erwähnte »Positronen-Emissions-Tomographie« oder PET). Faszinierenderweise bilden sich die bei der Depression im Gyrus cinguli auftretenden Veränderungen im Rahmen einer psychotherapeutischen Behandlung wieder zurück.

DIE KOMMUNIKATIVE »BOTSCHAFT« DER DEPRESSION

Die Depression verändert jedoch nicht nur das Selbstwertgefühl, also die Beziehung des Menschen zu sich selbst. In ebenso einschneidender Weise verändert sie die Beziehung zur Umwelt, sie hat eine – vom Betroffenen nicht beabsichtigte – kommunikative Funktion. Überlegungen aus neuerer Zeit, wie sie z.b. vom Depressionsforscher Rudolph Nesse von der Ann Arbor Universität in Michigan kürzlich in den renommierten *Archives of General Psychiatry* publiziert wurden, gehen dahin, dass die Depression nicht nur eine »verborgene Botschaft«, sondern auch einen »geheimen Sinn und Zweck« enthält. Die verborgene Botschaft könnte, so Nesse, im Hilfsappell liegen, den die Depression an die Mitmenschen des Betroffenen aussendet. Der geheime »Sinn« und »Zweck« der Depression wird von Rudolph Nesse darin vermutet, dass sie den Betroffenen zum Rückzug aus seinem Alltag zwingt und ihm damit die Möglichkeit gibt, sich aus bisherigen überfordernden und für ihn unerfreulichen Verhältnissen zu verabschieden und einen Neubeginn zu wagen.

DIE BEHANDLUNG DER DEPRESSION

Die Behandlung der Depression gehört sicher zum Wichtigsten, was zu dieser Gesundheitsstörung gesagt werden sollte. Was die Nützlichkeit der Behandlung angeht, so verlässt man sich heute auch hier – mit Recht – nicht mehr nur auf den intuitiven Eindruck des Arztes, sondern sichert sich durch objektive Studien ab. Mehrere Studien zeigen in übereinstimmender Weise, dass bei Depressionen mit *leichter* Ausprägung eine psychotherapeutische Behandlung die beste Wahl darstellt. Medikamentöse Behandlungsformen mit antidepressiven Medikamenten bieten bei der leichtgradigen Depression keinen Vorteil gegenüber der Behandlung mit einem Schein-Medikament (Placebo), beinhalten aber – wie alle Medikamente – ein unterschiedlich gelagertes Nebenwirkungsrisiko. Bei der *schweren* Depression jedoch, deren Zustandsbild eingangs bereits geschildert wurde, würdc die Weglassung einer antidepressiven medikamentösen Behandlung beim heutigen Stand des Wissens ein nahezu unverantwortliches Risiko darstellen. Hier zeigen alle Studien, dass eine Kombination von Medikamenten und Psychotherapie die besten Heilungsergebnisse bringt.

Was die Psychotherapie bei Depression betrifft, so haben mehrere hervorragende, zum Teil vom renommierten amerikanischen NIH (National Institute of Health) unterstützte Studien Folgendes gezeigt: Die erfolgreichste Form der Psychotherapie ist eine aus der Tiefenpsychologie entwickelte gesprächstherapeutische Behandlung, die den Namen »Interpersonelle Psychotherapie« trägt (abgekürzt IPT). Diese Form der Behandlung, die eine Mindestdauer von 25 Therapiesitzungen haben sollte, wurde von den amerikanischen Therapeuten Gerald Klerman und Myrna Weissman entwickelt. Dass sich das aus der Tiefenpsychologie hervorgegangene gesprächstherapeutische Behandlungsverfahren der IPT als eine der wirksamsten Therapien der Depression erwiesen hat, bedeutet nicht, dass nicht auch andere Behandlungsverfahren (Psychoanalyse, Verhaltenstherapie oder Familientherapie) durchaus geeignete Behandlungsformen der Depression darstellen.

ZUSAMMENFASSUNG

Die Depression ist ein komplexe, seelisch-körperliche Erkrankung. Auslöser bei einer erstmaligen Erkrankung sind in der Regel Veränderungen im zwischenmenschlichen Bereich, die beim Erkrankten Gefühle der Angst, Überforderung und Hoffnungslosigkeit auslösen und die oft im Zusammenhang mit befürchteten oder tatsächlichen Trennungen oder Verlusten stehen. Die eingetretenen Veränderungen im Bereich zwischenmenschlicher Beziehungen führen beim depressiv Erkrankten zu einer körperlichen Reaktion einschließlich der Aktivierung von Stressgenen. Für eine besondere Sensibilität bei Personen mit Depression gegenüber belastenden Ereignissen sorgen frühe, durch bedrohte Beziehungen oder Verluste geprägte zwischenmenschliche Beziehungserfahrungen, oft in den ersten Lebensjahren. Frühe Erfahrungen von Verlust, Einsamkeit und Gefährdung beschützender Beziehungen werden in Nervenzell-Netzwerken der Hirnrinde und des limbischen Systems abgespeichert. Da Erfahrungen dieser Art in den ersten Lebensjahren – anders als beim erwachsenen Menschen – eine absolute Alarmsituation bedeuten (und beim Kind auch tatsächlich eine körperliche Alarmreaktion auslösen), werden in späterer Zeit auftretende kritische Ereignisse im zwischenmenschlichen Bereich besonders leicht erneut als alarmierend bewertet. Betroffene Personen reagieren dann mit einer seelischen und körperlichen Alarmreaktion, die in der Depression münden kann. Auch wenn frühe Verlusterfahrungen der eigenen Erinnerung manchmal – aus unterschiedlichen Gründen – nicht mehr zugänglich sind, bleiben sie für das Erleben und Verhalten doch in hohem Maße wirksam.

Einer erstmalig aufgetretenen depressiven Erkrankung gehen, wie Studien zeigen, immer schwere Belastungsereignisse voraus. Bei einem Teil der Patienten führt die erstmalig aufgetretene Depression zu einer »Bahnung« weiterer Depressionen in späterer Zeit. Solche Folge-Depressionen können bereits durch sehr geringgradig erscheinende Belastungsereignisse ausgelöst werden (manchmal scheint ein Auslöseereignis ganz zu fehlen).

Die optimale Behandlung besteht, wie Studien zeigen, bei einer leichten Depression in einer Psychotherapie. Bei schweren depressiven Erkrankungen sollte eine kombinierte medikamentöse und psychotherapeutische Behandlung erfolgen. Studien zeigen, dass eine psychotherapeutische Behandlung im Falle einer erstmals aufgetretenen Depression das Risiko vermindert, später weitere depressive »Phasen« zu erleiden.

9. KÖRPERLICHE RISIKEN VON STRESS UND DEPRESSION: AUSWIRKUNGEN AUF HERZKRANKHEITEN, HERZINFARKT UND HERZTOD

DER VORRANG DER KÖRPERLICHEN DIAGNOSTIK

Bevor wir uns mit den erst jüngst gänzlich erkannten Effekten psychischer Belastungen auf Herz und Kreislauf befassen, sei zunächst klargestellt: Wer an akut auftretenden Schmerzen im Brustkorb leidet, die bislang nicht abgeklärt wurden, sollte sich nicht bei einem Psychotherapeuten, sondern *unverzüglich* bei einem Herzspezialisten untersuchen lassen, um eine koronare Herzerkrankung (abgekürzt KHK), einen Herzinfarkt oder eine andere Gesundheitsstörung abklären zu lassen. Patienten (einschließlich Psychotherapie-Patienten), die sich in meiner Behandlung befinden und mir über neu aufgetrete, bisher noch nicht untersuchte Brustschmerzen berichten, werden von mir unverzüglich zur Behandlung an einen Kardiologen überwiesen.

Bei weitem nicht jeder Schmerz im Brustkorb bedeutet, dass eine koronare Herzerkrankung vorliegt. Dies muss jedoch zunächst durch eine körperliche Untersuchung, das heißt mindestens durch eine Herzstromkurve (EKG) und durch eine Laboruntersuchung des Blutes abgeklärt werden. Häufig sind darüber hinaus auch noch einige weiterführende Untersuchungen nötig. Wenn eine Schmerzattacke tatsächlich durch eine koronare Herzerkrankung oder gar einen Herzinfarkt verursacht ist, dann ist eine *sofortige* Behandlung nicht nur notwendig, sondern häufig auch lebensrettend. Wurde eine koronare Herzerkrankung beziehungsweise ein Infarkt jedoch ausgeschlossen, dann macht es andererseits keinen Sinn, bei einem Wiederauftreten der gleichen Beschwerden die kardiologischen Untersuchungen innerhalb kurzer Zeit immer wieder neu zu wiederholen.

VERBINDUNGEN ZWISCHEN ZENTRALEM NERVENSYSTEM UND HERZ

Wissenschaftliche Untersuchungen, die den Einfluss der Psyche auf Herzkrankheiten dokumentieren und auf die wir noch zu sprechen kommen wollen, werden nur dann verständlich, wenn wir uns die Arbeitsweise des Herzens anschauen. Die lebenswichtige Pumpleistung des Herzens hängt von zwei Faktoren ab, bei denen psychisch-nervale Einflüsse, wie wir noch sehen werden, eine große Bedeutung haben. Der erste Faktor betrifft die ungestörte Durchblutung und damit die uneingeschränkte Energieversorgung des Herzmuskels. Die Blutzufuhr für den Herzmuskel erfolgt durch die so genannten Herzkranzgefäße (»Koronar-Arterien«), das heißt durch Blutadern, die direkt oberhalb des Herzens von der Hauptschlagader (»Aorta«) abzweigen, mit ihrem fein verzweigten Adergeflecht in den gesamten Herzmuskel eindringen und ihn mit Sauerstoff und Energie versorgen.

Die Wände der Koronar-Arterien sind, wie auch alle anderen Arterien des Körpers, mit Muskelfasern und feinen Ausläufern von Nerven durchzogen. Nervale, also durch das Nervensystem bedingte Spannungen (so genannte »Spasmen«) können die Arterien kurzfristig so stark verengen, dass es zu einer Verminderung des Blutstroms kommen kann. Sind die Herzkranzgefäße gesund, dann haben diese nerval bedingten kurzfristigen Verengungen in der Regel keine negativen Folgen (obwohl es durchaus einige seltene Ausnahmen gibt). Gefährlich werden diese nervalen Spannungen aber dann, wenn die Herzkranzgefäße durch Kalk-Auflagerungen (so genannte »arteriosklerotische Plaques«) an den Innenwänden verengt sind, das heißt, wenn eine koronare Herzerkrankung vorliegt. Ursachen der koronaren Herzerkrankung sind dauerhafter Bluthochdruck, Fettstoffwechselstörungen, wiederholte entzündliche Vorgänge, Bewegungsmangel und – vor allem – das Rauchen (auch bei vielen dieser Ursachen spielen seelische Faktoren wiederum eine maßgebliche Rolle, was an dieser Stelle aber außer Betracht bleiben muss).

Der zweite, für die Pumpleistung des Herzens ebenso wichtige Faktor ist der Rhythmus beziehungsweise der Takt, mit dem sich der Herzmuskel

– in der Regel so etwa 60 bis 80 Mal pro Minute – zusammenzieht. Die Kontrolle über den Herzrhythmus unterliegt einem herzeigenen Nervensystem (dem so genannten »Reizleitungssystem«), das seinerseits unter der Oberaufsicht des Gehirns und der Psyche steht. Das Gehirn führt das Nervensystem des Herzens gleichsam an zwei Zügeln: Der eine Zügel besteht aus Nerven des so genannten »sympathischen Nervensystems«, die aus dem Rückenmark der Halswirbelsäule zum Herzen ziehen. Das sympathische Nervensystem kann eine Erhöhung des Pulses veranlassen, wenn Alarmzentren des Gehirns im Hirnstamm aktiv werden. Der zweite Zügel wird durch den so genannten »Vagusnerv« verkörpert, der vom Hirnstamm zum Herzen zieht. Der Vagusnerv, der den Herzschlag vermindern kann, steht – wie die Nerven des Sympathikus – ebenfalls unter dem Kommando der Alarmzentren des Gehirns im Hirnstamm. Auf die Alarmzentren des Gehirns wurde bereits in vorangegangenen Kapiteln ausführlich eingegangen.

DIE BASIS DES WISSENS: GROSSE WISSENSCHAFTLICHE STUDIEN

Neuere Untersuchungen zeigen einen unvermutet starken Zusammenhang zwischen psychischen Faktoren, insbesondere zwischen depressiven Erkrankungen und Herzkrankheiten. Frühere diesbezügliche Einschätzungen beruhten auf wenig gesicherten, zum Teil widersprüchlichen Daten. Untersuchungen aus jüngerer Zeit, bei denen Tausende von Patienten, zum Teil über viele Jahre hinweg, sorgfältig untersucht wurden, ergeben ein klares Bild. Studien über den Einfluss seelischer Faktoren auf körperliche Erkrankungen werden in den USA und bei uns leider nur sehr zurückhaltend gefördert (dies sollte sich ändern). Die meisten Untersuchungen kommen aus Ländern wie Kanada und Großbritannien. Die bedeutendsten Untersuchungen über den Einfluss der Depression auf Herzkrankheiten und den Herztod stammen von der Pionierin der neueren psychosomatischen Herzforschung: Nancy Frasure-Smith, eine zierliche Dame, die sich durch ihre bahnbrechenden Arbeiten selbst bei den »Hardlinern« der Organmedizin großen Respekt verschafft hat. Sie ist mit ihrer Arbeitsgruppe am »Heart Institute« und an der McGill-Universität der Stadt Montreal in Quebec/Kanada tätig. Bereits Mitte der 90er-Jahre und dann nochmals in den Jahren 1999 und 2000 legte sie einige richtungsweisende, in besten wissenschaftlichen Journalen publizierte Untersuchungen vor.

MEHRFACH ERHÖHTES HERZTOD-RISIKO BEI HERZPATIENTEN MIT DEPRESSION

Nancy Frasure-Smith untersuchte mehrere Hundert wegen Herzinfarkt in die Klinik aufgenommene Patienten und verfolgte deren gesundheitlichen Verlauf über mindestens ein Jahr. Wie sie feststellte, litten über 30 Prozent der Herzinfarkt-Patienten zusätzlich zum Infarkt an einer deutlichen Depression. Nancy Frasure-Smith verglich nun im weiteren Verlauf das Sterblichkeitsrisiko der Herzinfarkt-Patienten ohne Depression mit demjenigen von Patienten mit einem Herzinfarkt vergleichbarer Schwere und zusätzlicher Depression. In beiden Untersuchungsserien (das heißt in ihren Studien von 1995/1996 beziehungsweise von 1999/2000) stellte sie übereinstimmend fest, dass Herzpatienten mit Depression ein dreifach (!) erhöhtes Risiko hatten, innerhalb der ersten zwölf beziehungsweise 18 Monate nach einem Herzinfarkt zu sterben. Mehrere andere Arbeitsgruppen fanden in eigenen, unabhängig von Frau Frasure-Smith durchgeführten Studien eine vollständige Bestätigung dieser Zahlen, sowohl was die Häufigkeit der Depression bei Herzinfarkt-Patienten als auch was das erhöhte Sterblichkeitsrisiko angeht. Bei einigen dieser Untersuchungen ergaben sich bei Herzinfarkt-Patienten mit Depression sogar bis zu vierfach erhöhte Sterblichkeitsraten, wiederum verglichen mit Herzinfarkt-Patienten ohne Depression.

Sowohl die Arbeitsgruppe von Nancy Frasure-Smith als auch die anderen Forschergruppen hatten für ihre Studien Herzpatienten herangezogen, die hinsichtlich der Schwere ihrer Herzkrankheit, hinsichtlich des

Vorliegens von Risikofaktoren und hinsichtlich Alter und Geschlecht vergleichbar waren, die sich also nur in Bezug auf das Vorliegen einer Depression unterschieden. Trotzdem blieb zunächst doch ein Zweifel bestehen: Könnte es sich bei den Herzpatienten mit Depression, welche die schlechtere Sterblichkeits-Prognose hatten, nicht vielleicht doch um diejenigen Patienten gehandelt haben, die von vornherein auch die schwerere Herzkrankheit gehabt hatten? Wäre die höhere Sterblichkeit dann doch nicht durch die Depression, sondern durch das schwerere Herzleiden an sich erklärbar? Um der Frage auf den Grund zu gehen, ob die Depression wirklich eine Erkrankung des Herzens bewirken kann, mussten zusätzliche Studien durchgeführt werden. Tatsächlich hat sich eine ganze Reihe von Forschern die Mühe gemacht, größere Personengruppen von zum Teil mehreren Tausend Personen mit gesundem Herzen – und zwar sowohl solche *ohne* als auch solche *mit* Depression – über viele Jahre hinweg zu »verfolgen« und zu überprüfen, in welchem Ausmaß Herzerkrankungen auftraten. Hier zeigten sich einige erstaunliche Ergebnisse.

DIE DEPRESSION ERHÖHT DAS RISIKO EINER HERZERKRANKUNG AUCH BEI ANSONSTEN GESUNDEN

Über einen Zeitraum von 40 Jahren hinweg verfolgten einige Ärzte der renommierten Johns-Hopkins-Universitätsklinik in Baltimore/USA das Schicksal von 1.190 Personen, die als junge Medizinstudenten einen ausführlichen Gesundheits-Check hatten durchführen lassen und seinerzeit als kerngesund befunden worden waren. Bei zwölf Prozent dieser Personengruppe trat im Verlauf der 40 darauf folgenden Jahre irgendwann einmal eine Depression auf. Sowohl bezüglich einer koronaren Herzerkrankung als auch bezüglich eines Herzinfarktes war die Erkrankungshäufigkeit der Untergruppe mit Depression um mehr als das Doppelte erhöht, wobei nur Herzerkrankungen *nach* Auftreten der Depression berücksichtigt worden waren.

Noch deutlicher waren die Ergebnisse der gleichen Forschergruppe aus der Beobachtung von über 1.500 Personen, die zu Beginn der Studie ebenfalls keine Herzerkrankung aufwiesen und die über einen Zeitraum von 13 Jahren verfolgt wurden. Diejenigen unter den beobachteten Personen, bei denen eine schwere Depression (eine so genannte *»major depression«*) aufgetreten war, erlagen im Zeitraum nach dieser Depression viereinhalb Mal häufiger einem Herzinfarkt als die Untergruppe ohne Depression. Ähnliche Ergebnisse zeigten sich in mehreren weiteren Studien: Die Depression erhöht das langfristige Risiko, sowohl hinsichtlich einer koronaren Herzerkrankung als auch bezüglich eines Herzinfarktes, und zwar um mindestens das Zweifache.

ERHÖHTES RISIKO FÜR MÄNNER

Interessant ist, dass die Risikoerhöhung für Männer offenbar um einiges deutlicher ausfällt als für Frauen. Wie seit längerem bekannt ist, offenbaren Männer beim Auftreten einer Depression ihre emotionale Qual deutlich seltener gegenüber Angehörigen oder Ärzten und holen sich aufgrund dessen auch weniger zwischenmenschliche oder soziale Unterstützung, was zu einer Milderung der Depression (oder zu einer Behandlung) führen würde. In den vielen Jahren meiner ärztlichen Tätigkeit ist mir immer wieder aufgefallen, wie sehr Männer eine depressive Stimmung als Makel oder Schande empfinden. Vor allem jene, denen man als Knaben beigebracht hat, »zäh wie Leder«, »flink wie ein Windhund« und »hart wie Kruppstahl« zu sein, ertragen ihre Depression eher bis zum Suizid – oder eben bis zum Herztod –, als dass sie sich offenbaren und helfen lassen würden.

EMOTIONALE PROBLEME UND HERZRISIKO

Zu den seelischen Faktoren, die oft der letzte Auslöser für einen Herzanfall oder Herzinfarkt sind, gehören Situationen, in denen massiver innerer Ärger oder starke Gefühle von Vergeblichkeit und Frustration auftreten. Ärzte der Harvard University aus Boston/USA untersuchten die psychische Situation bei über 1.300 Personen, die zu Beginn der Studie noch keine koronare Herzerkrankung hatten. Diejenigen, bei denen mit einem objektiven Testverfahren ein hohes Maß an dauerhaft anhaltenden Ärgergefühlen (»a high level of anger«) festgestellt wurde, erlitten im Verlauf eines Zeitraums von sieben Jahren über 2,6 Mal häufiger eine Herzattacke und mehr als drei Mal häufiger einen Herzinfarkt.

Eine Forschungsgruppe an der angesehenen schwedischen Karolinska-Universitätsklinik in Stockholm machte sich die Mühe, bei 700 Herzinfarkt-Patienten die letzte Stunde vor dem Infarktereignis einmal etwas näher in Augenschein zu nehmen. Die Auswertung der Daten ergab, dass in der Stunde unmittelbar vor dem Infarkt bei diesen Patienten in äußerst gehäufter Weise akuter und massiver Ärger aufgetreten war. Statistisch gesehen hatte aufgetretener Ärger bei dieser Patientengruppe das Risiko für das Auftreten des Herzinfarktes mehr als neunfach erhöht.

An der Duke Universitätsklinik in North Carolina/USA bat man über 130 Patienten mit bekannter koronarer Herzkrankheit, die für 48 Stunden mit einem tragbaren EKG ausgestattet wurden, in dieser Zeit zu protokollieren, wenn massive negative Emotionen, innere Spannungen oder starke Gefühle von Ärger oder Frustration auftreten. Beim Vergleich der Patientenprotokolle mit den Herzstromkurven (am EKG lässt sich ein Blutmangel des Herzens in Form von so genannten »Ischämiezeichen« ablesen) ergab sich, dass negative Emotionen bei den Patienten das Risiko etwa um das Dreifache erhöhten, in der direkt darauf folgenden Stunde eine Mangelversorgung (»Ischämie«) des Herzmuskels zu erleiden.

Während die Depression nach den vorliegenden Untersuchungen also offenbar der länger dauernde Vorläufer der koronaren Herzkrankheit zu sein scheint, sind akute Gefühle von Ärger, Ausweglosigkeit und Frustration offensichtlich eine Art »letzter Tropfen, der das Fass zum Überlaufen bringt«, das heißt einen Infarkt oder gar den Herztod auslöst. Gefühle von Ärger und Zorn werden vom Gehirn in die körperlichen Vorgänge der Ausschüttung von Noradrenalin und der Aktivierung des Thyrosin-

Hydroxylase-Gens umgewandelt. Noradrenalin verengt die Blutgefäße des Körpers, erhöht dadurch den Blutdruck und damit auch den Widerstand im Kreislauf, gegen den das Herz nun anpumpen muss. Wenn nun bereits seit längerem Verengungen der Herzkranzgefäße bestehen, kann die durch Noradrenalin akut veranlasste, vermehrte Pumparbeit des Herzens dazu führen, dass der verstärkte Blutbedarf des Herzmuskels nicht mehr gedeckt werden kann, sodass es zum Herzinfarkt kommt.

WORAUF BERUHT DAS ERHÖHTE HERZRISIKO BEI DEPRESSION?

Zur statistischen Sicherung des Zusammenhangs zwischen Depression, emotionalen Problemen und Herzerkrankung bleibt die Frage, welche biologischen Effekte die Depression erzeugt, die das Herz in die Knie zwingen. Auch hier haben neuere Studien eine interessante Erkenntnis gebracht: Die Depression macht den Herzpuls »starr«, sie engt die Schwankungsbreite des Pulses ein und zwingt das Herz in eine leicht erhöhte, dabei aber starr festgestellte Herzschlagfrequenz. Dies bedeutet, dass seitens des Herzens weder eine Anpassung an vermehrte Belastungen noch eine Anpassung an Ruhephasen in ausreichender Weise möglich ist.

DIE DEPRESSION ENGT DIE SCHWANKUNGSBREITE DER HERZFREQUENZ EIN

Der Grund für die durch die Depression verursachte verminderte Schwankungsbreite des Pulses ist, dass das Gehirn im Zustand der Depression die beiden bereits oben erwähnten »Zügel« (Sympathikusnerven und Vagusnerv), die den Puls des Herzens kontrollieren, scharf anzieht. Bereits seit längerem war bekannt, dass eine Verminderung der Puls-Schwankungsbreite (in der englischen Fachsprache »Heart-Rate-Variability« oder »HRV« genannt) bei Herzkranken zu den schlimmsten Risikofaktoren und

Vorboten eines bevorstehenden Herzinfarktes und des Herztodes zählt. Die Ursache dieses Phänomens blieb für Herzmediziner jedoch unklar.

Erst vor einigen Jahren wurde nun erkannt, dass es seelischer Stress im Allgemeinen und die Depression im Besonderen sind, die zu dieser für das Herz so gefährlichen Einengung der Puls-Schwankungsbreite führen. Die erstmalige Entdeckung des Zusammenhangs zwischen verminderter Puls-Schwankungsbreite und der Depression geht übrigens auf das Konto eines deutschen Psychiaters, des an der Universität in Ulm lehrenden Wolfgang Kaschka (seine Arbeit findet sich im Literaturverzeichnis unter »Rechlin und Kollegen«).

ERREICHT PSYCHOTHERAPIE BEI DEPRESSIVEN HERZPATIENTEN AUCH DAS HERZ?

Wenn – wie wir nun erkennen – zwischenmenschliche Beziehungserfahrungen vom Gehirn in derart weitreichende körperliche Veränderungen umgewandelt werden können und wenn dies im Falle einer Depression Auswirkungen bis hin zur Herzkrankheit haben kann, dann sollte man umgekehrt hoffen dürfen, dass eine Verbesserung zwischenmenschlicher Beziehungen positive Auswirkungen hat, die in etwa ebenso weit reichen. Dies ist tatsächlich der Fall.

Bei mehr als 20 Untersuchungen, welche die Effekte einer psychotherapeutischen Behandlung bei Personen mit koronarer Herzkrankheit zum Gegenstand hatten, zeigte sich, dass sich mit einer psychotherapeutischen Behandlung, die auf die Verbesserung zwischenmenschlicher Beziehungen zielt, nicht nur eine subjektive Reduktion von Stress erreichen lässt. Vielmehr ergaben Studien der Wirksamkeit von Psychotherapie bei Koronarkranken, dass sich durch psychotherapeutische Behandlung auch die Häufigkeit von Angina-pectoris-Anfällen und darüber hinaus auch die herzbedingte Sterblichkeit bis auf die Hälfte reduzieren lässt. (Hierzu vorliegende Studien wurden vor einiger Zeit in den angesehenen *Archives of Internal Medicine* durch Wolfgang Linden

von der University of British Columbia in Vancouver/Kanada zusammengefasst.)

Besonders interessant ist in diesem Zusammenhang, dass die biologischen Effekte von Psychotherapie – in umgekehrter Richtung – offenbar
den gleichen »Pfad« nehmen wie die Depression: Wie eine Gruppe von
Therapeuten um Robert Carney an der Universitätsklinik in St. Louis/USA
beobachtete, hatte eine mit Koronarkranken durchgeführte Psychotherapie eine Wiederherstellung der oben erwähnten Puls-Schwankungsbreite
zur Folge, die zuvor aufgrund der Depression vorübergehend stark einge-
schränkt gewesen war. Da die reduzierte Puls-Schwankungsbreite offenbar der vermittelnde Faktor ist, mit dem die Depression das Herzrisiko erhöht, bedeutet dieser Befund, dass die Psychotherapie auch in biologischer Hinsicht den »richtigen Punkt« trifft.

TEILWEISE PROBLEMATISCH FÜR DAS HERZ: DEPRESSIONSMEDIKAMENTE

Im Gegensatz zur positiven Wirkung von Psychotherapie bei koronaren
Herzpatienten, die zusätzlich an einer Depression leiden, haben zahlreiche antidepressive Medikamente bei Herzkranken zum Teil außerordentlich problematische Wirkungen. Antidepressiva, die bei schwer depressiven Patienten *ohne* Herzkrankheit manchmal vorübergehend große Er-
leichterung bringen können, dürfen bei depressiven Patienten, die
zugleich an einer Herzkrankheit leiden, teils nur mit großer Vorsicht, teils
gar nicht eingesetzt werden.

Grund für die bei Herzkranken gebotene besondere Vorsicht beim Einsatz von Antidepressiva sind zum einen direkte negative Effekte einiger
antidepressiver Psychopharmaka auf das Herz und den Herzrhythmus,
zum anderen aber auch zum Teil erhebliche ungünstige Wechselwirkungen der antidepressiven Mittel mit verschiedenen Medikamenten, die
Herzpatienten zur Behandlung ihrer Herzkrankheit einnehmen müssen
(das für Herzkranke am ehesten verträgliche antidepressive Medikament

scheint die Substanz Paroxetin zu sein; sie sollte jedoch nur zusammen mit Psychotherapie eingesetzt werden und bedarf außerdem einer ärztlichen Verschreibung).

Umgekehrt können einige Herzmittel wie z.b. Betablocker oder Calcium-Antagonisten manchmal einen verstärkenden, negativen Einfluss auf die Depression haben. Bei Patienten, die an einer koronaren Herzkrankheit und an einer Depression leiden, ist daher immer eine enge und gute Zusammenarbeit zwischen dem kardiologischen und dem psychiatrischen beziehungsweise psychotherapeutischen Spezialisten erforderlich. Abschließend lässt sich sagen, dass die optimale Behandlung eines an einer Depression leidenden Patienten mit koronarer Herzkrankheit immer in einer Kombination aus kardiologischer und psychotherapeutischer Behandlung besteht.

ZUSAMMENFASSUNG

Depressive Erkrankungen erhöhen das Herzrisiko. Bei Gesunden führen nicht behandelte Depressionen auf lange Sicht zu einer Verdoppelung des Risikos, herzkrank zu werden. Bei Personen, die bereits an einer koronaren Herzkrankheit oder an einem Herzinfarkt erkrankt sind, bewirkt eine zusätzlich vorliegende unbehandelte Depression eine etwa dreifache Erhöhung des Risikos, an einem Herztod zu sterben. Der Grund für diese Zusammenhänge ist, dass die Depression die Aktivität von Nerven (Vagus und Sympathikus) verändert, die vom Gehirn ausgehen und das Herz steuern. Die durch die Depression verursachte Änderung der Aktivität dieser Nerven hat eine Einschränkung der Puls-Schwankungsbreite zur Folge, die ihrerseits ein bereits seit längerem bekanntes Risiko für den Herztod darstellt. Herzpatienten sollten, falls Hinweise auf eine Depression oder auf emotionale Belastungen vorliegen, zusätzlich zur Behandlung durch einen Kardiologen auch das Angebot einer psychotherapeutischen Behandlung erhalten.

10. KÖRPERLICHE RISIKEN VON STRESS UND DEPRESSION: IMMUNABWEHR UND TUMORRISIKO

WENN MAN NICHT KRANK WERDEN »DARF«

Welche Macht Gefühle, zwischenmenschliche Beziehungen oder Lebensstile auf das körpereigene Abwehrsystem (auch Immunsystem genannt) und auf dessen Gene haben, kennen die meisten Menschen bereits aus ihrer Alltagserfahrung: Unter dem Druck beruflicher Aufgaben und Ziele stehend, verhält sich ein aufgeschnappter Infekt nicht selten die Woche über ruhig und wirft einen dann aber ausgerechnet am Wochenende mit Fieber, Schwäche und miesem Befinden ins Bett – wo man doch gerade jetzt eigentlich einen Ausflug machen und sich endlich so richtig erholen wollte. Auch der Urlaubsanfang ist für solche Überraschungen manchmal gut. Mütter wundern sich oft, warum sie die ersten Jahre nach der Geburt ihrer Kinder nicht mehr krank wurden, und erkennen, dass sie auch gar nicht hätten krank werden »dürfen«, weil sie in der Familie unersetzlich waren.

Menschen, die jahrelang nicht mehr krank werden »durften« beziehungsweise nicht mehr krank sein »konnten«, sind mir vor allem auf Depressions-Stationen begegnet. Schwer depressiv erkrankte Patienten berichten fast ausnahmslos, dass sie – obwohl häufig von zahlreichen Gesundheitsstörungen geplagt – über mehrere Jahre kein Fieber mehr hatten, das heißt, dass sie nicht mehr »richtig« krank werden »konnten«. Nachdem ich zuvor bereits einige Jahre in der immunologischen Grundlagenforschung über Gene des Immun- und Fiebersystems gearbeitet hatte, interessierte mich, warum manche Personen jahrelang kein Fieber mehr bekommen. Als ich mich aufgrund dieser Beobachtung seinerzeit in der wissenschaftlichen Literatur umsah, erkannte ich, dass ich nicht der Erste war, dem der Zusammenhang zwischen (fehlendem) Fieber und der Depression aufgefallen war.

DIE DEPRESSION UND DAS (FEHLENDE) FIEBER

Der erste Psychiater, der jemals den Nobelpreis für Medizin erhielt, war Julius Wagner von Jauregg aus Wien. Er bekam die Auszeichnung 1927 für seine Entdeckung, dass sich Depressionen durch die aktive Herbeiführung von Fieber bessern ließen (zusammen mit Eric Kandel, der den Nobelpreis des Jahres 2000 erhielt, blieb Wagner von Jauregg bis heute der einzige Psychiater mit dieser Auszeichnung). Rückblickend schrieb Wagner von Jauregg später: »Gleich am Beginn meiner psychiatrischen Laufbahn wurde meine Aufmerksamkeit auf die Frage nach der Wirkung des Fiebers gelenkt, denn am 1. Jänner 1883 trat ich die Stellung eines Assistenten der psychiatrischen Klinik an; am 28. Jänner 1883 erkrankte M. K., eine 46jährige Taglöhnersgattin vom Lande, die sich seit Monaten in einem depressiven Zustand befand, an einem Erysipel (das ist eine bakterielle Infektion der Haut), das mit ziemlich hohem Fieber einherging und zur völligen Heilung der Geistesstörung führte. Sofort beschäftigte mich der Gedanke, dass man dieses Naturexperiment zum Zwecke der Heilung von psychischen Störungen nachahmen sollte.«

Etwa zeitgleich mit Julius Wagner von Jauregg, der an der Universität Wien tätig war, hatte der New Yorker Internist William Coley in den Jahren ab 1893 entdeckt, dass sich manche Tumorerkrankungen heilen ließen, wenn man dem Patienten kleinste Mengen von abgetöteten Bakterien (»Coley's Toxin«) gab und dadurch Fieber auslöste. Der griechische Philosoph Parmenides von Elea (540–480 vor Christus), der in Unteritalien lebte, schien mit seiner Aussage also nicht ganz Unrecht gehabt zu haben: »Gebt mir die Macht, Fieber zu erzeugen, und ich heile Euch alle Krankheiten.«

112

DIE WAFFEN DES ABWEHRSYSTEMS:
IMMUNZELLEN UND IMMUNBOTENSTOFFE

Fieber ist nur eine von mehreren Waffen, die das körpereigene Abwehr-beziehungsweise Immunsystem zu Verfügung hat, um den Körper vor eindringenden Erregern (Bakterien oder Viren) und vor Tumorerkrankungen zu schützen. Das körpereigene Immunsystem besitzt – ganz ähnlich wie die Seele – die entscheidende Fähigkeit, zwischen »Selbst« und »Nicht-Selbst« zu unterscheiden. Die erste Front, auf die Erreger nach Eindringen in den Körper stoßen, sind Fress- und Alarmzellen, die nicht nur im Blutstrom schwimmen, sondern in sämtlichen Organen und Geweben des Körpers »geparkt« sind (im Blut heißen sie »Monozyten«, in den Organen und Geweben »Makrophagen«). Sobald sie in Kontakt mit Erregern geraten, versuchen sie nicht nur, diese zu binden, in sich aufzunehmen und zu verdauen, sondern beginnen, Immunbotenstoffe (so genannte »Zytokine«) zu produzieren und an die Umgebung abzugeben, mit denen alle anderen Bestandteile des Immunsystems alarmiert werden. Diese Produktion von Immunbotenstoffen beruht auf der Aktivierung von Genen, die durch den Kontakt der Fress- und Alarmzellen mit Erregern in Gang gesetzt wurde (auch hier haben wir ein Beispiel, wie »Umweltfaktoren«, in diesem Falle Viren und Bakterien, körpereigene Gene steuern).

Durch die Wirkung der freigesetzten Immunbotenstoffe (Zytokine) kommt es einerseits zu einer Aktivierung und Vermehrung von Zellen (»B-Zellen«), die Antikörper gegen Eindringlinge herstellen. Zum anderen werden so genannte »T-Zellen« aktiviert, die in Kamikaze-Manier den Nahkampf mit Erregern führen können, und zwar insbesondere mit solchen Erregern, die zuvor durch Antikörper »markiert« wurden. Die Zytokine aktivieren aber auch das Gehirn (insbesondere Nervenzellen im Hypothalamus), worauf der Hypothalamus im Körper die Entwicklung von Fieber veranlasst (Fieber hemmt die Vermehrung von Erregern und lässt Tumorzellen absterben). Auch die Leber und das Knochenmark werden durch Zytokine aktiviert.

Eine ganz besondere Waffe des Immunsystems sind schließlich noch

Einzelkämpferzellen (so genannte »Natural killer cells« oder »NK-Zellen«), die ohne fremde Hilfe in der Lage sind, von Viren infizierte Körperzellen und entartete Tumorzellen zu töten. Aufgrund der verschiedenen Kämpferzellen (Monozyten und Makrophagen, T-Zellen, B-Zellen, NK-Zellen) und aufgrund der von ihnen abgefeuerten Geschosse (Zytokine und Antikörper) erleben Viren und Bakterien nach ihrem Eintritt in den Körper in der Regel eine äußerst unangenehme Überraschung. Das Immunsystem kann mit den beschriebenen Waffen, insbesondere mit den »Natural-Killer-Zellen«, aber auch dann in Aktion treten, wenn sich im Körper Tumorzellen gebildet haben.

WIE DER KÖRPER DAS IMMUNSYSTEM UNTER KONTROLLE HÄLT

Kleinere Attacken durch allgegenwärtige, überall vorhandene Keime wehrt das Immunsystem unseres Körpers meistens so souverän ab, dass wir es selbst in der Regel kaum bemerken. Bei größeren Angriffen kann die Antwort des Immunsystems allerdings so gewaltig ausfallen, dass die Sache nicht nur für die Erreger, sondern auch für den Körper selbst gefährlich wird. Die Komponenten des Abwehrsystems können sich – durch wechselseitige Aktivierung mit Immunbotenstoffen – derart gegenseitig »aufschaukeln«, dass nicht nur die Fieberantwort über das Ziel hinausschießt, sondern – aus zerfallenden Zellen des Immunsystems – auch ein Übermaß an zersetzenden Stoffen (so genannte »Proteasen«) freigesetzt wird.

Überschießende, ungebremste Immunantworten können zu einer Zerstörung des Blutes, zum Versagen von Organen und letztlich zum Tod im so genannten »Schock« führen (dieser Fachbegriff ist hier natürlich notfallmedizinisch und nicht psychisch gemeint). Dies macht deutlich, dass der Körper über eine Möglichkeit verfügen muss, das »Schwungrad« des Immunsystems zu bremsen. Die wirkungsvollste Immunbremse des Körpers ist ein Hormon, das den Lesern der vorangegangenen Kapitel bereits bestens bekannt ist. Dieses Hormon ist in der Lage, die Gene sämtlicher

Immunbotenstoffe (Zytokine) abzudrehen (diese Gene können – wie schon ausgeführt wurde – durch Viren und Bakterien angedreht werden). Bei diesem Hormon zur Abschaltung der Immun- und Entzündungsantwort handelt es sich um das körpereigene Stresshormon Cortisol.

Die wichtigste Kontrolle des Immunsystems übt mit Cortisol also eine Substanz aus, deren Produktion im Gehirn gesteuert wird, und zwar dadurch, dass – wie an anderer Stelle dieses Buches bereits ausführlich dargestellt wurde – Nervenzellen des Hypothalamus das zentrale Stressgen CRH (für Corticotropin-Releasing-Hormon) und damit die körpereigene »Stressachse« andrehen: Durch CRH kommt es – wie bereits ausgeführt – in der benachbarten Hirnanhangsdrüse (Hypophyse) zur Bildung des Hormons ACTH (Adrenocorticotropes Hormon) und als Folge davon in der Nebenniere zur Ausschüttung von Cortisol.

EINE BALANCE ZWISCHEN STRESSSYSTEM UND IMMUNSYSTEM: DER »CIRCADIANE BIORHYTHMUS«

Immunsystem und Stresssystem halten sich im gesunden Körper nicht nur gegenseitig »in Schach«, sie pendeln sich in einem 24-Stunden-Rhythmus gegenseitig aus und erzeugen damit einen »Biorhythmus«: Jeweils morgens zwischen 4.00 Uhr und 6.00 Uhr erreicht die aus der Aktivierung der Stressachse resultierende Cortisolproduktion ihren Gipfel, nimmt dann langsam ab bis zu einem Zwischentief zwischen 14.00 Uhr und 15.00 Uhr (»Siesta«), bildet gegen 16.00 Uhr einen zweiten kleinen Gipfel und erreicht dann zur Nacht hin ihren Tiefststand. Die Basisaktivität des Immunsystems beim gesunden Menschen verläuft genau gegenläufig: Nicht nur die Zahl der Immunzellen im Blut, auch die Ruheproduktion von Immunbotenstoffen (Zytokinen) und die Körpertemperatur nimmt zur zweiten Tageshälfte hin zu und erreicht gegen Mitternacht einen Höhepunkt.

Die Wirkung der Zytokine auf die Nervenzellen des Gehirns besteht »passenderweise« darin, dass sie Müdigkeit erzeugen und den Tiefschlaf anstoßen. Demgegenüber ist das Stresshormon Cortisol, dessen Produktion bereits am frühen Morgen seinen Höhepunkt erreicht, ein potenter Wachmacher und Aktivator sämtlicher Leistungsfunktionen. Dieser so genannte »circadiane Rhythmus« bedeutet, dass beim gesunden Menschen Gene der von der Seele beziehungsweise vom Gehirn gesteuerten Stressachse jeweils am frühen Morgen und in der ersten Tageshälfte verstärkt aktiviert sind, die Gene des Immunsystems (insbesondere die in den Fress- und Alarmzellen sitzenden Gene für die Bildung der Immunbotenstoffe) hingegen zur zweiten Tageshälfte und zur Nacht hin aktiver werden.

Das Pendelsystem des circadianen Rhythmus zwischen Immunsystem und Cortisol wird durch zwei äußere Faktoren »im Takt« gehalten: zum einen durch die 24-Stunden-Rhythmik der Sonne beziehungsweise des Lichts, zum anderen durch soziale Impulsgeber (vor allem durch zwischenmenschliche Beziehungen). Interessant ist, dass das vom Gehirn gesteuerte Cortisolsystem der Stressachse bereits vor Tagesanbruch aktiv wird, das heißt, das Gehirn ist in der Lage, den Tagesbeginn (wie übrigens auch zahlreiche andere vorhersehbare oder »drohende« Ereignisse) in seinen Reaktionen zu antizipieren, also vorwegzunehmen.

WENN STRESS DAS IMMUNSYSTEM BEHINDERT

Wenn das Gleichgewicht zwischen Stressachse (mit dem Stresshormon Cortisol) und dem Immunsystem aus der Balance gerät, können sich daraus gesundheitliche Folgen ergeben. Unlösbare Probleme im Bereich zwischenmenschlicher Beziehungen, chronischer Stress und depressive Erkrankungen führen im Gehirn zu einer Aktivierung des zentralen Stressgens CRH (für Corticotropin-Releasing-Hormon) und damit zu einer vermehrten Produktion von Cortisol. Dies kann zur Folge haben, dass das Immunsystem behindert wird, wenn es eine Infektion abzuwehren oder eine Verletzung zu überwinden gilt.

Eine Daueraktivierung der Stressachse kann auch dazu führen, dass das Immunsystem bei Aufgaben behindert wird, die es im normalen Ruhezustand, gleichsam »nebenher«, erledigt. Dazu gehört z.b. die Aufgabe, im Körper »schlafende« Viren unter Kontrolle zu halten. Beispiele für solche quasi im »Winterschlaf« ruhende Viren sind Herpesviren (die einen schmerzhaften Ausschlag, meist an den Lippen oder an anderen Stellen der Haut, verursachen können), aber auch andere Viren (z.b. das Zytomegalievirus CMV oder das Epstein-Barr-Virus EBV).

Eine gestörte Balance zwischen Immunsystem und Stressachse kann sich also bereits dann bemerkbar machen, wenn keine akute Erkrankung vorliegt. Erst recht zum Tragen kommen Behinderungen des Immunsystems aber dann, wenn eine akute Infektion mit Erregern (Viren oder Bakterien) vorliegt oder wenn eine Verletzung ausheilen soll. Stressachse und Cortisol müssen dem Immunsystem dann den notwendigen Spielraum lassen und eine weit über die circadiane Rhythmik hinausgehende Aktivierung der Entzündungs- beziehungsweise Immunantwort »erlauben«.

Eine Überaktivierung der Stressachse und eine Erhöhung des körpereigenen Cortisols können dann dazu führen, dass Teile der Immunantwort ausbleiben (insbesondere die Aktivierung von Genen für die Bildung von Immunbotenstoffen und das sich daraus unter anderem ergebende Fieber). Solche »gebremsten« Entzündungs- und Immunantworten des Körpers können verschiedene chronische Gesundheitsstörungen zur Folge haben und sind vermutlich auch eine der Ursachen des Chronischen Müdigkeitssyndroms (*»Chronic fatigue syndrome«* CSF).

BELASTUNGEN, DIE STRESS FÖRDERN UND DAS IMMUNSYSTEM BEHINDERN

Tatsächlich fanden eine ganze Reihe von wissenschaftlichen Arbeitsgruppen, die sich mit den immunologischen Folgen bei seelischem Stress und bei depressiven Erkrankungen befasst haben, heraus, dass psychische Belastungen die Funktionen des Immunsystems und die Aktivität seiner Gene in massiver Weise verändern können. Zu den Pionieren auf diesem als »Psycho-Neuro-Immunologie« bezeichneten Gebiet gehören unter anderem das Forscherpaar Janice und Ronald Kiecolt-Glaser von der amerikanischen Ohio State University sowie die beiden Wissenschaftler Michael Irwin und Chris Gillin aus dem kalifornischen San Diego.

Bei Frauen, die von einer akuten Trennungs- beziehungsweise Scheidungssituation betroffen waren, fanden Janice und Ronald Kiecolt-Glaser im Vergleich zu unbelasteten Frauen gleichen Alters nicht nur eine Verminderung und Funktionshemmung wichtiger Abwehrzellen (insbesondere von T-Zellen und NK-Zellen), sondern auch eine Aktivierung »schlafender« Viren (Herpes- und EBV-Viren). Auch die Wundheilung nach kleinen Verletzungen war bei unter Belastung stehenden Frauen verzögert. Michael Irwin aus San Diego beobachtete das Immunsystem bei Frauen, deren Ehemänner an Krebs erkrankt waren. Wenn sich die Krankheit der Partner dem Ende näherte, erst recht aber nach Eintritt des Todes, kam es bei den betroffenen Frauen zu einer drastischen Abnahme nicht nur der Zahl, sondern auch der Funktionstüchtigkeit ihrer Natural-Killer-Zellen (NK-Zellen), die aufgrund ihrer Fähigkeit, infizierte und bösartige Zellen zu töten, zu den wichtigsten Kämpfern der Körperabwehr zählen.

Welche Effekte zwischenmenschliche Beziehungen auf das Immunsystem haben können, zeigen weitere Beobachtungen: Bei gesunden Personen ohne körperliche oder psychische Erkrankungen, die jedoch an ungewollter Einsamkeit litten, fanden Janice und Ronald Kiecolt-Glaser eine Erhöhung des Stresshormons Cortisol und eine deutlich verminderte Funktion von Abwehrzellen. Das Gleiche war bei Personen zu beobachten, die durch die Pflege eines an Alzheimer erkrankten Angehörigen belastet waren. Hilfe und Unterstützung kann die Effekte rückgängig machen: Bei Personen, die unter Einsamkeit oder familiären Belastungen litten, führte die Teilnahme an einer Gesprächsgruppe mit Entspannungsübungen bereits nach wenigen Wochen zu einer Verbesserung der Funktionstüchtigkeit von Abwehrzellen (T-Zellen und NK-Zellen) und zu einer Verbesserung der Abwehr gegen »schlafende« Viren (Herpes-Viren).

AUSWIRKUNGEN DER DEPRESSION AUF DAS IMMUNSYSTEM

Die stärksten Auswirkungen, die seelische Belastungen und zwischenmenschliche Beziehungen auf körpereigene Gene des Immunsystems haben können, zeigen sich bei der Depression. Zu den bedeutendsten Forschern auf diesem Gebiet gehört der im belgischen Antwerpen arbeitende Psychiater Michael Maes. Er und zahlreiche weitere Arbeitsgruppen fanden übereinstimmend heraus, dass die Depression zu einer Verminderung und Funktionseinschränkung von Abwehrzellen (T-Zellen und NK-Zellen) führt. Auch die Abwehr gegen »schlafende« Viren (Herpes- und CMV-Viren) ist während einer Depression herabgesetzt.

Wie Ronit Weizman aus Tel Aviv in ihren Untersuchungen beobachtet hat, stellt der seelische Stress der Depression mehrere Gene des Immunsystems ab, die für die Produktion von Immunbotenstoffen zuständig sind. Unter diesen durch die Depression »abgedrehten« Genen befindet sich auch der Immunbotenstoff Interleukin-1, der unter anderem auch im Gehirn wirkt und dort eine entscheidende Rolle bei der Auslösung von Fieber spielt. Dies könnte die eingangs erwähnte Beobachtung erklären, warum schwer depressiv Erkrankte aus ihrer Vorgeschichte weniger Fieber berichten.

Die Bebachtungen Ronit Weizmans lassen sich in Beziehung setzen zu der bereits erwähnten, vom Wiener Nobelpreisträger Julius Wagner von Jauregg angewandten »Fiebertherapie« bei Depressiven. Einer der Effekte der Behandlung, bei der Wagner von Jauregg absichtlich Fieber auslöste, besteht darin, dass die in der Depression unterdrückte Produktion des Immunbotenstoffs Interleukin-1 wieder in Gang kommt. Dies zeigte sich, als ich vor einigen Jahren zusammen mit Fritz Hohagen, Dieter Riemann, Ulrich Frommberger und Mathias Berger die Fiebertherapie des Wagner von Jauregg nochmals nachuntersucht habe.

Tatsächlich bessert sich durch diese Fiebertherapie die Depression. Bei einmaliger Anwendung des Verfahrens hält die Wirkung aber nur kurz an. Die Methode ist aufwändig, erfordert eine intensive Überwachung des Patienten und muss zur vollständigen Überwindung einer Depression

119

mehrfach durchgeführt werden; daher eignet sie sich nicht für die Anwendung in normalen Kliniken. In einigen naturheilkundlich oder anthroposophisch orientierten Kliniken wird die Fiebertherapie allerdings auch heute noch – und zwar offenbar mit recht guten Erfolgen – weiter angewendet.

SCHWÄCHUNG DER IMMUNOLOGISCHEN TUMORABWEHR DURCH STRESS UND DEPRESSION

Welche konkreten gesundheitlichen Konsequenzen können sich ergeben, wenn sich Stresshormone wie Cortisol über längere Zeit mit dem Abwehr- und Immunsystem des Körpers ins Gehege kommen und dieses blockieren? Die wichtigste Auswirkung scheint die Fähigkeit des Körpers zu betreffen, Tumorzellen abzutöten, das heißt Tumorerkrankungen abzuwehren. Ein erhöhtes Risiko für bestimmte Tumoren durch die Depression, wie es sich aufgrund wissenschaftlicher Studien tatsächlich belegen lässt (siehe unten), ergibt sich aus folgenden Umständen: Eine der Hauptursachen für eine verminderte Tumorabwehr bei chronischem Stress und bei Depression dürfte in der bis zu 50-prozentigen Verminderung der Anzahl und Funktionstüchtigkeit der Natural-Killer-Zellen (NK-Zellen) liegen, die innerhalb des Immunsystems eine einzigartige Spezialtruppe zur Bekämpfung von Tumorzellen darstellen.

ERHÖHUNG DES LUNGENKREBS-ERKRANKUNGSRISIKOS DURCH UNBEHANDELTE DEPRESSIONEN

Eine Gruppe von Medizinern um Paul Knekt am Nationalen Gesundheitsinstitut in Helsinki hat zwischen 1978 und 1980 über 7000 körperlich gesunde Männer und Frauen untersucht und deren gesundheitlichen Zustand über einen Zeitraum von 14 Jahren weiter beobachtet. Im Rahmen der Eingangsuntersuchung wurde unter anderem gefragt, ob die Untersuchten Raucher waren, zusätzlich aber auch ein international anerkannter Test durchgeführt, um festzustellen, inwieweit die Probanden an einer Depression litten. Nach 14 Jahren Verlaufsbeobachtung zeigte sich, dass das Vorliegen einer unbehandelten Depression eine 3,3fache Erhöhung des Risikos zur Folge hatte, innerhalb der 14 Jahre an Lungenkrebs zu erkranken.

Das Lungenkrebs-Risiko einer Depression lag damit exakt im gleichen Bereich wie das in dieser Studie ebenfalls berechnete Krebsrisiko durch Rauchen, das eine ebenfalls 3,3fache Erhöhung des Lungenkrebs-Risikos nach sich zog. Bei denjenigen Probanden, die eine unbehandelte Depression hatten *und* zusätzlich Raucher waren, war das Tumorrisiko um das knapp 20fache erhöht. Dies bedeutet, dass chronischer Stress und Depressivität nicht nur für sich alleine eine Verminderung der Tumorabwehr verursachen. Stress und Depression setzen die Abwehrkräfte des Körpers offenbar insbesondere dann matt, wenn Krebsauslöser wie z.B. das Rauchen den Körper belasten (das heißt, wenn die körpereigene Abwehr in besonderem Maße gefragt wäre).

UNBEHANDELTE DEPRESSION UND BRUSTKREBS-RISIKO

Auch zum Brustkrebs-Risiko der Frau liegen Untersuchungen vor. Zu einem ganz ähnlichen Befund wie die Leute um Paul Knekt in Helsinki gelangten Ronald Grossarth-Maticek, Hans Eysenck und einige ihrer Kollegen anhand einer 15-jährigen Verlaufsbeobachtung von über 8000 Frauen, deren Ergebnisse sie im Jahre 2000 publizierten: Einen massiven, die Abwehr schwächenden Effekt durch psychosoziale Belastungen und durch Depression fanden die Forscher vor allem dann, wenn bei den Frauen zusätzlich bereits allgemein bekannte Tumorrisiko-Faktoren gegeben waren (Rauchen, Übergewicht, Einnahme bestimmter Hormonpräparate, Alkohol etc.). Lagen solche Tumorrisiken vor, dann ergab sich bei zusätzlich vorliegenden seelischen Belastungen eine weitere, bis zu fünffache Erhöhung des (ohnehin schon erhöhten) Krebsrisikos.

Bei einer ebenfalls im Jahre 2000 publizierten amerikanischen Untersuchung von John Jacobs und Gregory Bovasso wurde die Gesundheit von mehr als 1200 Frauen über einen Zeitraum von 14 Jahren beobachtet. Frauen, die zu Beginn der Beobachtung eine bereits länger dauernde, unbehandelte Depression hatten, waren 15 Jahre später 14-mal häufiger an Brustkrebs erkrankt als Frauen ohne Depression. Die Studie von Jacobs und Bovasso ergab außerdem noch einen weiteren Hinweis. Wie bereits im Kapitel über die Depression ausgeführt, gehört die Gefährdung oder der Verlust einer bedeutsamen zwischenmenschlichen Bindung zu den wichtigsten Auslösern einer Depression. Bei den beobachteten 1200 Frauen zeigte sich, dass ein in den ersten Lebensjahren erlebter Verlust eines Elternteils, unabhängig vom späteren Auftreten einer Depression, einen eigenen Risikofaktor für das Tumor-Erkrankungsrisiko darstellte (durch ihn wurde das Risiko einer späteren Brustkrebs-Erkrankung mehr als verdoppelt).

NICHT EXISTENT: DIE »KREBSPERSÖNLICHKEIT«

An dieser Stelle sei darauf hingewiesen, dass es keine »Krebspersönlichkeit«, also keine Charaktereigenschaften gibt, die zu einem erhöhten Krebsrisiko führen. Die Erkenntnis, dass frühere Annahmen über eine »Krebspersönlichkeit« nicht zutreffen, ist Untersuchungen des Heidelberger Krebsmediziners Reinhold Schwarz zu verdanken. Bedeutsam für die Erkrankungsanfälligkeit ist nicht ein bestimmter Charakter oder eine bestimmte Persönlichkeit, sondern die subjektiv erlebte Belastung, weshalb die *Frankfurter Allgemeine Zeitung* – mit Blick auf einige neuere Studien – am 10. Januar 2001 völlig zu Recht schrieb: »Psychische Belastung begünstigt Entstehung von Brustkrebs – Vorbeugung durch Psychotherapie möglich.«

FÖRDERN ANTIDEPRESSIVE MEDIKAMENTE DAS TUMORRISIKO?

Wie wichtig es wäre, aus den Erkenntnissen über den Zusammenhang von Depression, Schwächung der Immunabwehr und Krebsrisiko Konsequenzen zu ziehen, zeigen Studien über die positiven Effekte psychotherapeutischer Behandlungen. Antidepressive Medikamente stehen demgegenüber aufgrund einiger neuester Erkenntnisse in dem Verdacht, das Tumorrisiko eher noch zu erhöhen. Wie eine renommierte Gruppe von Immunologen um Adamantios Serafeim und John Gordon aus Birmingham anhand von Laborexperimenten mit Tumorzellen beobachtete, schützen einige antidepressive Medikamente Tumorzellen davor, durch den körpereigenen Botenstoff Serotonin getötet zu werden. Diese Wirkung, die allerdings auf einem Laborexperiment und nicht auf Untersuchungen bei Patienten beruhte, zeigte sich für Fluoxetin (Markennamen unter anderem Fluctin® oder Prozac®), für Paroxetin (Seroxat® oder Tagonis®) und für Citalopram (Cipramil® oder Sepram®).

Aus der Studie von Serafeim sollten keine voreiligen Schlussfolgerungen gezogen werden. Der kanadische Pharmakologe Lorne Brandis hatte allerdings bereits 1992 darauf verwiesen, dass verschiedene Studien Hinweise darauf enthalten, dass antidepressive Medikamente einschließlich des »Klassikers« Amitryptilin auf längere Sicht eine Tumor-fördernde Wirkung haben könnten. Nicht so bei Psychotherapie: In der oben erwähnten, von Ronald Grossarth-Maticek durchgeführten Untersuchung zeigte sich, dass Psychotherapie bei psychisch belasteten Frauen zu einer bis zu siebenfachen Verminderung des langfristigen Brustkrebs-Risikos führt.

PSYCHOTHERAPIE: POSITIVE EFFEKTE AUF IMMUNSYSTEM, TUMORRISIKO UND KRANKHEITSVERLAUF

Psychotherapie hat in zahlreichen Studien nachgewiesene positive Effekte auf das Immunsystem und auf das Tumorrisiko. Der Nutzen von Psychotherapie hat sich auch bei bereits eingetretenen Tumorerkrankungen gezeigt, bei denen zusätzlich eine Depression vorlag. Etwa 35 Prozent aller Tumorpatienten leiden, so zeigen es übereinstimmend mehrere Studien, an einer Depression.

Psychotherapie kann Belastungen und Auswirkungen abfangen, die sich bei Tumorkranken durch eine zusätzlich vorliegende Depression ergeben. Dies ist bedeutsam, da depressiv belastete Tumorpatienten länger in der Klinik bleiben, an stärkeren Schmerzen leiden und eine deutlich verkürzte Überlebenszeit haben. Maggie Watson vom renommierten Royal Marsden Krebsforschungszentrum in London teilte im Spitzenjournal *Lancet* kürzlich die Beobachtung aus einer Studie mit, dass eine Psychotherapie bei Tumorpatienten, die an einer Depression erkrankt waren, zu einer Verlängerung der Überlebenszeiten führte; als Vergleich waren nicht psychotherapierte Patienten mit gleicher Erkrankungsschwere herangezogen worden. Angesichts dieser Datenlage ist eine psychologische Unterstützung, wie sie im Rahmen so genannter psycho-onkologischer Dienste bereits in zahlreichen modernen Tumorkliniken praktiziert wird, für die Betroffenen – zusätzlich zur eigentlichen Tumortherapie – eine entscheidende medizinische Hilfe.

DAS BRUSTKREBS-GEN BRCA: WELCHE ROLLE SPIELEN ERBLICHE VERÄNDERUNGEN VON GENEN?

Am Beispiel des Brustkrebses, der häufigsten Tumorerkrankung bei Frauen, wurde vor einigen Jahren sichtbar, wie in regelmäßigen Abständen immer wieder unrichtige Schreckensnachrichten darüber verbreitet werden, Krebserkrankungen seien das unausweichliche Schicksal einer erblichen Vorbestimmung. Im Jahre 1994 wurde bei einigen Patientinnen mit Brustkrebs eine Abweichung im »Text« (in der DNS-Sequenz) eines Gens festgestellt (entdeckt hatte dieses Gen bereits 1990 die Amerikanerin Marie Claire King). Tatsächlich werden solche Abweichungen (Mutationen) im »Text« (also in der DNS-Sequenz) eines Gens – in der Regel mit einem Risiko von 50 Prozent – durch Vererbung weitergegeben. Insoweit war die Annahme, dass es sich bei den untersuchten Patientinnen um eine erblich bedingte Form der Brustkrebs-Erkrankung handeln könnte, durchaus begründet.

Obwohl 1994 völlig unbekannt war, wie viele der insgesamt an Brustkrebs erkrankten Frauen die in einigen wenigen Fällen festgestellte genetische Veränderung aufweisen würden, berichtete seinerzeit die Weltpresse, man habe »die genetische Ursache für Brustkrebs gefunden«. Dadurch entstand der Eindruck, Brustkrebs sei grundsätzlich eine Erbkrankheit. Millionen junger Frauen, deren Mütter Brustkrebs hatten, wurden durch solche Meldungen in Unruhe und in Panik versetzt. Zahlreiche Frauen wollten sich nun plötzlich »prophylaktisch« (also vorsorglich) sogar die Brust amputieren lassen.

Inzwischen ist wissenschaftlich einwandfrei geklärt und allseits unbestritten, dass bei weniger als fünf Prozent (!) aller Brustkrebs-Patientinnen genetische Auffälligkeiten in Genen vorliegen, die eine erbliche Form der Brustkrebs-Erkrankung auslösen können. Die Namen der drei Gene, die eine erbliche Form der Erkrankung begünstigen, lauten BRCA1, BRCA2 und BRCA3 (wobei BRCA als Abkürzung für *»breast cancer«* steht). Über 95 Prozent der an Brustkrebs erkrankten Frauen haben eine *nicht* vererbbare Form der Erkrankung. Leider sind grotesk übertriebene Darstellungen über die Bedeutung von Erkrankungsgenen inzwischen die Regel. Sie belegen jenes Maß an Unwissen über die wirklich bedeutsamen Aspekte der Genetik, von dem eingangs die Rede war.

ZUSAMMENFASSUNG

Seelische Belastungen und Depressionen können eine Beeinträchtigung der Immun-Abwehrkräfte des Körpers zur Folge haben. Dass zwischenmenschliche Beziehungen Einfluss auf die Aktivität von Genen und auf biologische Abläufe haben, hat sich auch für das Immunsystem als zutreffend erwiesen. Stress und Depression verändern die Genaktivität nicht nur bei zahlreichen Immunbotenstoffen (Zytokinen), sondern auch in Zellen des Immunsystems (T-Zellen und Natural-Killer-Zellen), sodass deren Abwehrkraft gegenüber Erregern und gegenüber Tumorzellen entscheidend vermindert ist. Wenn Belastungen durch Stress und Depression nicht beseitigt werden – z.B. durch Psychotherapie –, ergeben sich erhöhte Krankheitsrisiken, auch für bösartige Erkrankungen. Während Hinweise darauf vorliegen, dass antidepressive Medikamente die Tumorabwehr des Körpers eher vermindern, zeigen zahlreiche Studien, dass Psychotherapie beim Vorhandensein einer depressiven Störung nicht nur die Funktionen des Immunsystems stärkt, sondern auch bei Patienten, die bereits an einer Krankheit leiden, den Krankheitsverlauf positiv beeinflussen kann.

11. »BLINDFLUG« VON ARZT UND PATIENT? WAS AN DER BEHANDLUNG MIT PSYCHO-PHARMAKA ZU KRITISIEREN IST

SUBSTANZEN, DIE IM GEHIRN SPUREN HINTERLASSEN

Nicht nur prägende Erlebnisse, auch Substanzen können im Gehirn Gene aktivieren und nachhaltige Spuren hinterlassen – unabhängig davon, ob es sich um Drogen oder Medikamente handelt. Eine verallgemeinernde Polemik gegenüber Psychopharmaka, die das Leben für psychisch schwer erkrankte Patienten – im Vergleich zur Situation vor 50 Jahren – enorm verbessert haben, wäre heute verantwortungslos. Eine pauschalisierende, unverantwortliche Stimmungsmache gegen Psychopharmaka, wie sie von einigen Gruppen betrieben wird, ist abzulehnen.

Eine Kritik gegenüber dem Einsatz dieser Medikamente ist dennoch angezeigt, insbesondere, was die Nichtbeachtung der Tatsache angeht, dass bis zu 40 Prozent der Bevölkerung bei einem großen Teil der Medikamente die empfohlenen Standarddosen nicht vertragen (siehe dazu nächste Seite). Bedenklich ist außerdem, dass Psychopharmaka nicht nur in Fällen verschrieben werden, in denen sie aufgrund der Schwere einer psychischen Erkrankung unverzichtbar sind, sondern auch dann, wenn die Psychotherapie die bessere Behandlung wäre.

Was den Gebrauch von Drogen betrifft, lassen neuere wissenschaftliche Studien keinen Zweifel mehr über deren nachhaltige negative Effekte auf das Gehirn. Dies gilt nicht nur für »harte« Drogen (Opiate und Kokain), sondern ebenso für Substanzen wie Ecstasy (chemische Bezeichnung MDMA) und Haschisch (chemische Bezeichnung THC).

DROGEN: »EINSCHLAGSPUREN« IM GEHIRN

Dass Substanzen, die auf das Gehirn wirken, dort auch Spuren hinterlassen, wurde vor allem für Drogen deutlich gezeigt. Dies soll hier lediglich für zwei der zurzeit relativ viel gebrauchten Substanzen veranschaulicht werden. Untersuchungen zur Wirkung von *Ecstasy*, die Anna Gamma an der Züricher Universität mit modernen bildgebenden Verfahren der Hirnanalyse durchführte, ergaben massive, durch die Substanz verursachte Veränderungen in den Emotionszentren des Gehirns (in der Amygdala/Mandelkern sowie im Gyrus cinguli). Michael Morgan von der Universität Wales fand bei Ecstasy-Konsumenten noch Monate nach Gebrauch anhaltende Schlaf- und Gedächtnisstörungen. Einen besonderen Abdruck im Gehirn hinterlässt Kokain: Neuere Untersuchungen, unter anderem von Janet Neisewander von der Universität Arizona und von Mark Ungless von der Stanford Universität, zeigen: Kokain verändert die Genaktivität nicht nur in den oben genannten Emotionszentren, sondern auch zusätzlich in einer Hirnregion unterhalb der Hirnrinde, die in den letzten Jahren als eine Art »Suchtzentrum« erkannt wurde. Im Falle des im Haschisch enthaltenen THC (Tetrahydrocannabinol) wurde durch mehrere Studien zweifelsfrei nachgewiesen, dass sich bei Personen mit einer verdeckten Veranlagung zur Schizophrenie das Risiko stark erhöht, dass die Erkrankung auch tatsächlich ausbricht. Angesichts dieser Daten, die durch eine kürzlich von Heinz Häfner (ehemaliger Direktor des Zentralinstituts für Seelische Gesundheit in Mannheim) vorgelegte Studie erhärtet wurden, ist der Konsum von Haschisch alles andere als unproblematisch.

PSYCHOPHARMAKA UND ANDERE MEDIKAMENTE: UNVERMEIDBARE UND VERMEIDBARE NEBENWIRKUNGEN

Dass Medikamente mit einer tatsächlichen Wirkung auch Nebenwirkungen haben, ist manchmal unvermeidlich. Das Ausmaß an massiven Nebenwirkungen hat jedoch zusätzliche, *vermeidbare* Ursachen. Nach

Schätzungen seriöser Arzneimittel-Experten sterben in Deutschland zwischen 15000 und 25000 Menschen jährlich an den Nebenwirkungen von Medikamenten. Darauf und auf eine anzunehmende erhebliche Dunkelziffer nicht erkannter Fälle weisen Pharmakologen wie die Professoren Jürgen Frölich von der Medizinischen Hochschule Hannover oder Peter Schönhöfer von der Universität Bremen immer wieder hin.

Diese Situation ist nicht durch die unvermeidbaren Nebenwirkungen von Medikamenten begründet, sondern durch die Nichtbeachtung der erheblichen Unterschiede bei der individuellen Medikamentenverträglichkeit, die genetisch (im Sinne einer Erbanlage) bedingt sind. Obwohl sich die Verträglichkeit eines einzelnen Patienten durch eine einfache diagnostische Untersuchung ermitteln und in den Blutgruppenausweis eintragen ließe (was seitens der Europäischen Union seit Jahren empfohlen wird), erhalten bis zu 40 Prozent der Bevölkerung bei einer großen Zahl von Medikamenten falsche, meist viel zu hohe Dosierungen. Darauf soll im zweiten Teil dieses Kapitels näher eingegangen werden.

PSYCHOPHARMAKA: WO SIE SINNVOLL SIND

Zunächst sei eines vorangestellt: Psychopharmaka können, wenn sie sachkundig und gezielt eingesetzt werden, *in Notfallsituationen* und *bei schweren seelischen Erkrankungen* nicht nur eine wichtige Hilfe sein, sondern sogar Leben retten. In *Notfallsituationen* (z.B. bei extremen Angstzuständen oder bei akuter Selbstmordgefahr) sind Psychopharmaka oft unverzichtbar, vor allem, um nicht aushaltbare Zustände für den Patienten kurzfristig erträglich zu machen und um die Zeit zu überbrücken, bis eine an die Ursachen des Problems gehende Therapie – in der Regel eine psychotherapeutische Behandlung – erfolgen kann.

Nützlich und hilfreich sind Medikamente auch *bei schweren seelischen Erkrankungen*, z.B. bei schweren Formen der Depression, vor allem aber bei Psychose-Erkrankungen. Hier kann der Verzicht auf eine Behandlung mit einem Psychopharmakon geradezu unverantwortlich sein (dies gilt jedenfalls so lange, wie wir beim derzeitigen Stand der Medizin über keine besseren Therapiemöglichkeiten verfügen). Und noch etwas sollte beachtet werden: Wer ein Psycho-Medikament über längere Zeit hinweg (das heißt konkret: länger als etwa zwei bis drei Wochen) eingenommen hat, kann sich durch ein *plötzliches* Absetzen des Mittels in Gefahr bringen.

Da bei vielen Psychopharmaka im Falle eines plötzlichen Absetzens manchmal gefährliche Entzugsbeschwerden oder Rückschlag-Symptome (so genannte *»rebound«*-Phänomene) auftreten können, müssen die Mittel in der Regel langsam, das heißt über Tage oder Wochen hinweg nach und nach abgesetzt (»ausgeschlichen«) werden. Daher sollte bei Psychopharmaka nicht nur die Verordnung eines Mittels, sondern auch das Absetzen unter ärztlicher Beratung und Begleitung erfolgen.

UNTERSCHIEDLICHE STRATEGIEN VON PSYCHOTHERAPIE UND PSYCHOPHARMAKOTHERAPIE

Worin unterscheiden sich Psychotherapie und Psychopharmaka bezüglich ihrer Strategien zur Heilung einer seelischen Gesundheitsstörung? Eine gute Psychotherapie stellt zunächst eine unterstützende Beziehung zwischen Therapeut(in) und Patient(in) her und bemüht sich dann um eine Verbesserung der individuellen Problemlöse-Fähigkeiten des Patienten, und zwar *gezielt* und *spezifisch* in jenen Bereichen, in denen der Patient – aufgrund seiner bisherigen Erfahrungen in zwischenmenschlichen Beziehungen – Defizite spürt (die sich in ganz bestimmten, *spezifischen* Situationen z.B. als Ängstlichkeit, Vermeidung, übermäßig starke Anpassung an die Bedürfnisse anderer etc. zeigen).

Lernt der Patient mit Unterstützung des Therapeuten (oder der Therapeutin), bei der Gestaltung seiner zwischenmenschlichen Beziehungen bisher nicht vorhandene, neue Problemlösungen einzusetzen, dann werden Situationen für ihn lösbar, die ihm bisher Angst machten und zur Aktivierung der neurobiologischen Notfall- und Alarmsysteme führten.

Damit ändern sich nicht nur seine in den Nervenzell-Netzwerken der Hirnrinde gespeicherten Problemlöse-Fähigkeiten, sondern es normalisieren sich zugleich auch Fehlregulationen im Stoffwechsel von Botenstoffen (siehe dazu das Kapitel 16 über Psychotherapie).

Die Wirkung von Psychopharmaka besteht darin, starke Fehlregulationen von Nervenbotenstoffen (Neurotransmittern) zu regulieren, die sich im Rahmen einer seelischen Gesundheitsstörung entwickelt haben. Dies kann in Fällen, in denen solche Fehlregulationen ein massives Ausmaß angenommen haben, eine entscheidende Hilfe sein (z.B. auch mit dem Ziel, einen Patienten überhaupt erst in die Lage zu versetzen, eine Psychotherapie durchführen zu können). Im Gegensatz zur Psychotherapie verändern Psychopharmaka jedoch nicht die Problemlöse-Fähigkeiten. Sie lassen die Defizite, die sich aus bisherigen Erfahrungen in zwischenmenschlichen Beziehungen angesammelt haben und in Nervenzell-Netzwerken gespeichert sind, weitgehend unberührt.

ABHÄNGIGKEITSERZEUGENDE WIRKUNGEN DER SO GENANNTEN BENZODIAZEPINE (VALIUM®-ARTIGE STOFFE)

Ein kritischer Punkt der Psychopharmakotherapie ist die Frage, welchen Einfluss Medikamente, die kurzfristig zu einer Linderung von Angst und Depression führen, auf den mittel- und längerfristigen Verlauf einer Angsterkrankung oder einer Depression haben. Am eindeutigsten sind hier die Erkenntnisse über die Valium®-artigen Substanzen, die so genannten Benzodiazepine. Diese angstlösenden und schlafanstoßenden Stoffe wirken kurzfristig lindernd. Nach ihrem Absetzen kehrt das Problem, das sie beseitigen sollten, jedoch in der Regel unverzüglich wieder zurück. Doch damit nicht genug: Hat man die Substanz länger als drei Wochen regelmäßig eingenommen, dann hat sich bei den Botenstoffen (Neurotransmittern) inzwischen ein neues Gleichgewicht eingestellt, was zur Folge hat, dass die Symptome (Angst, innere Spannung, Schlaflosigkeit) nach Absetzen sogar stärker werden, als sie vor der Behandlung waren. Es kommt beim Absetzen nun zu so genannten Entzugssymptomen, die den Betroffenen manchmal nicht nur zwingen, das Medikament weiterhin einzunehmen, sondern seine Dosis sogar zu steigern.

ABSETZPROBLEME BEI MANCHEN PSYCHOPHARMAKA

Die abhängigkeits- beziehungsweise suchterzeugende Wirkung der Benzodiazepin-Psychopharmaka ist bei den antidepressiven Mitteln nicht vorhanden. Auch bei zahlreichen Antidepressiva hat die längerfristige Einnahme jedoch Probleme beim Absetzen zur Folge. Beim Absetzen mancher Antidepressiva kann eine Symptomatik auftreten, die man als »Absetzsyndrom« (*»withdrawal syndrome«*) bezeichnet. Dieses Syndrom, auf das z.B. Steven Disalver und John Greden von der amerikanischen Ann Arbor Universität hingewiesen haben, wird oft nicht ausreichend beachtet. Aus diesem Grunde sollen Medikamente gegen Angst und Depression, wenn sie länger als etwa drei Wochen eingenommen wurden, über längere Zeit durch eine langsame Reduktion der Dosis »ausgeschlichen« werden.

UNERWÜNSCHTE WIRKUNGEN VON ANTIDEPRESSIVEN MITTELN

In der wissenschaftlichen Literatur ist einwandfrei dokumentiert, dass sich bei einer Untergruppe von depressiven Patienten bei einer Behandlung mit antidepressiven Psychopharmaka das Risiko erhöht, aus der Depression in einen entgegengesetzten, sehr ernsten krankhaften Zustand von »Überdrehtheit« zu geraten, der als Manie bezeichnet wird. Nach Beobachtungen der Depressionsforscher Lori Altshuler und Robert Post vom Nationalen Gesundheitsinstitut NHI der USA verdoppelt sich das Manie-Risiko bei depressiven Patienten durch antidepressive Medikamente. Sie stellten fest, dass die Manie bei etwa einem Drittel der manisch Kranken auf eine Behandlung mit Antidepressiva zurückzuführen war. Mehrere andere Autoren (z.B. Thomas Wehr und Frederick Goodwin vom National Institute of Mental Health der USA) fanden dies in eigenen Untersuchungen bestätigt. Nach einer Studie von Susan Jick von der Universität in Boston liegen Hinweise darauf vor, dass bestimmte Antidepressiva bei depressiven Patienten paradoxerweise das Suizidrisiko erhöhen.

ERHÖHEN ANTIDEPRESSIVE MEDIKAMENTE DAS RISIKO EINER SPÄTEREN WIEDERERKRANKUNG?

Es liegen Hinweise darauf vor, dass die medikamentöse Behandlung einer Depression mit Antidepressiva möglicherweise das Risiko erhöht, später erneut und wiederholt an depressiven Phasen zu erkranken. Auch dieses Problem, auf das z.B. Giovanni Fava und andere hinwiesen, wird allgemein wenig beachtet. In einer großen, von Anne Simons und ihren Kollegen an der Universität Pittsburgh durchgeführten Therapiestudie mit depressiven Patienten lag die spätere Wiedererkrankungsrate der Patienten, die Psychopharmaka genommen hatten, mehrfach über der Rate derjenigen, die psychotherapeutisch behandelt worden waren. Unabhängig davon durchgeführte Untersuchungen von Mark Evans an der University of Minnesota oder von Tracie Shea an der University of Chicago bestätigten diese Resultate.

Vergleicht man die Beobachtungen des herausragenden deutschen Psychiaters Emil Kraepelin aus der ersten Hälfte des 20. Jahrhunderts mit den Zahlen nach Einführung der antidepressiven Medikamente (dies war in den 60er-Jahren), dann scheint sich die Häufigkeit depressiver Rückfallerkrankungen, die bei einem Teil der Patienten nach einer ersten depressiven Erkrankung in späterer Zeit auftreten können, nach Einführung der Psychopharmaka verdoppelt zu haben (dieser überaus bedeutsame Hinweis findet sich in einer Studie von John Greden von der Ann Arbor Universität in den USA). Einige unabhängige Wissenschaftler – unter ihnen auch Jules Angst von der Universität Zürich, einer der europaweit führenden Experten auf dem Gebiet der Krankheitsverlaufs-Forschung – halten dies für eine sehr ernst zu nehmende, letztlich noch nicht geklärte Frage.

DIE (NICHT BEACHTETE) INDIVIDUELLE VERTRÄGLICHKEIT VON MEDIKAMENTEN: WONACH SICH EINE »RICHTIGE DOSIS« RICHTET

Nun zu der bereits eingangs angeschnittenen Frage, wie sich – nicht nur bei Psychopharmaka, sondern bei allen Medikamenten – die nicht akzeptablen Nebenwirkungsraten erklären. Die Erklärung liegt in der Nichtbeachtung der von Person zu Person erheblich abweichenden Medikamentenverträglichkeit. Aufgrund genetischer Unterschiede weisen bestimmte Untergruppen innerhalb der Bevölkerung eine um ein Vielfaches verminderte Medikamentenverträglichkeit auf. Dies betrifft zahlreiche weit verbreitet verordnete Arzneien, vor allem aber einen Großteil der stark wirksamen Psychopharmaka.

Seit Paracelsus (1493/4–1541), einem der Ärzte des Mittelalters, kennen wir den Satz, dass »nur die Dosis macht, ob ein Ding kein Gift ist«. Die heute praktizierte Verschreibungspraxis in der Medizin geht bei den Dosis-Richtlinien davon aus, dass für die »richtige« Dosis eines Medikaments lediglich das Körpergewicht und die Nierenfunktion des Patienten berücksichtigt werden müssen, um eine an den einzelnen Patienten angepasste Therapie sicherzustellen, dass die täglich einzunehmende Wirkstoffmenge ansonsten aber für alle Menschen in etwa gleich ist. Dies ist, wie nachfolgend dargestellt wird, jedoch nicht im Geringsten der Fall.

AUSSCHEIDUNG UND »ENTGIFTUNG« VON MEDIKAMENTEN

Eine optimale medikamentöse Behandlung hat eine bestimmte, genau bemessene Konzentration des verabreichten Wirkstoffs im Körper zum Ziel. Deshalb richtet sich die täglich einzunehmende Medikamentendosis in erster Linie danach, in welchem Körpervolumen sich die Substanz verteilt und welcher Anteil der Substanz täglich abgebaut und aus dem Körper ausgeschieden wird. Die Tagesdosis muss so bemessen sein, dass sie die pro Tag abgebaute und ausgeschiedene Menge des Wirkstoffs ersetzt.

Die Fähigkeit, Medikamente abzubauen und auszuscheiden, hängt von einigen wichtigen Enzymen der Leber ab (Enzyme sind Proteine – Eiweiß-Substanzen –, die den Stoffwechsel steuern). Durch diese Enzyme werden Medikamente (vor allem in der Leber) chemisch so verändert, dass sie vom Körper mit dem Urin oder mit dem Stuhlgang ausgeschieden werden können. Aufgrund dieser »entgiftenden« Funktion werden diese der Medikamenten-Ausscheidung dienenden Enzyme daher auch als »Entgiftungs-Enzyme« bezeichnet, ihre Fachbezeichnung lautet CYP450-Enzyme.

»BLINDFLUG«: MEDIKAMENTENDOSIERUNG OHNE KENNTNIS DER INDIVIDUELLEN VERTRÄGLICHKEIT

Die Leistungsfähigkeit der Entgiftungs-Enzyme ist innerhalb der gesunden Allgemeinbevölkerung aufgrund genetischer Unterschiede (im Sinne einer Erbanlage) von Person zu Person sehr unterschiedlich. Bei mehr als 30 Prozent der Bevölkerung haben die CYP450-Enzyme eine mittelgradig verminderte, bei weiteren zehn Prozent eine extrem verminderte Leistungsfähigkeit. Diese 40 Prozent der Bevölkerung weisen aufgrund dessen auch eine entsprechend verminderte Medikamentenverträglichkeit auf. Da sich die Dosis-Empfehlungen bei Medikamenten, auf die sich Ärzte beziehen, aber an der Bevölkerungsmehrheit mit voller Medikamentenverträglichkeit orientieren, werden 40 Prozent der Bevölkerung bei Medikamenten, deren Ausscheidung von den entsprechenden Entgiftungs-Enzymen abhängt, systematisch überdosiert; zehn Prozent der Bevölkerung werden bei diesen Medikamenten durch »normale« Dosen geradezu vergiftet.

Der »Normaltyp« bei der Entgiftungsleistung, auf den sich die Dosis-Empfehlungen bei Medikamenten beziehen, ist in der Bevölkerung also nur bei etwa 60 Prozent aller Personen vertreten. Diejenigen Personen, die zur 30-Prozent-Gruppe der so genannten »mittelschwachen Entgifter« gehören (in der Fachliteratur als »intermediate metabolizer« bezeichnet), weisen eine bis zu vierfach verminderte Entgiftungsleistung auf. Diese 30 Prozent der Bevölkerung brauchen bei bestimmten Medikamenten eine deutlich geringere Dosis. Jene, die zur Zehn-Prozent-Gruppe der Bevölkerung der so genannten »schwachen Entgifter« zählen (in der Fachliteratur als »poor metabolizer« bezeichnet), verfügen über eine bis zu 100fach (!), also extrem verminderte, Entgiftungsfähigkeit. Diese Personen dürfen von einigen Arzneien nur drastisch verminderte Dosen erhalten, um angesichts ihrer verminderten Medikamenten-Ausscheidung nicht vergiftet zu werden. Zu den Medikamenten, für welche die genannten Unterschiede der Ausscheidungsfähigkeit eine Rolle spielen, zählt eine große Zahl der in der Medizin heute eingesetzten Arzneien, darunter ein Großteil der verordneten Psychopharmaka.

Eine kleine Gruppe innerhalb der Bevölkerung zeigt Abweichungen in die entgegengesetzte Richtung, die ebenfalls genetisch (im Sinne einer Erbanlage) begründet sind: Etwa zwei Prozent der Bevölkerung gehören zu den »überstarken« Entgiftern (Fachausdruck: »rapid metabolizer«). Bei ihnen sind im Falle einer Medikamentenbehandlung höhere Tagesdosen erforderlich. Auch sie erhalten jedoch die Einheitsdosierungen, was dazu führt, dass bei bestimmten Medikamenten die von Arzt und Patient erhoffte Wirkung niemals eintreten kann. Stattdessen werden diese Patienten vom Arzt oft zu Unrecht verdächtigt, sie hätten ihre Medikamente nicht eingenommen.

Bei Personen, die zum Typ der »schwachen« oder »mittelschwachen« Entgifter« zählen, kann es bei Psychopharmaka, deren Ausscheidung von den »Entgiftungs-Enzymen« abhängt (dazu gehört die Mehrzahl der stark wirksamen Medikamente), innerhalb weniger Tage zu überhöhten Konzentrationen des Medikaments mit entsprechenden unerwünschten Nebenwirkungen kommen. Zusätzlich kompliziert wird die Situation dadurch, dass bei Einnahme mehrerer Medikamente einzelne die »Entgiftung« und Ausscheidung anderer hemmen oder blockieren können.

WELCHE PSYCHOPHARMAKA SIND BETROFFEN?

Wechselwirkungen mit dem »CYP450«-Entgiftungssystem sind bei sämtlichen Substanzgruppen der heute in Gebrauch befindlichen Psychopharmaka zu beachten. Sowohl die klassischen als auch die neueren, »atypischen« Neuroleptika (Neuroleptika sind Mittel zur Behandlung von Psychosen) werden über solche CYP450-Enzyme entgiftet, bei denen in der Bevölkerung unterschiedliche Verträglichkeitstypen vorliegen.

Eine ebenfalls unterschiedliche Entgiftung, je nach genetischem Typ, erfolgt bei den klassischen (so genannten trizyklischen und tetrazyklischen) Depressionsmedikamenten (z. B. Amitryptilin beziehungsweise Saroten®, Trimipramin beziehungsweise Stangyl® und anderen), aber auch bei einigen modernen Depressionsmitteln wie z. B. Nefazodon beziehungsweise Nefadar® und Mirtazapin bzw. Remergil.® Bei Nefazodon, Mirtazapin und bei einem weiteren neueren Depressionsmittel, z. B. Reboxetin beziehungsweise Edronax®, ist an der Entgiftung zusätzlich ein CYP450-Enzym mit der Bezeichnung 3A4 beteiligt, von dem zwar keine genetischen Varianten existieren, das in seiner Aktivität aber trotzdem extreme und leider unvorhersehbare Schwankungen aufweisen kann. Auch die zur Behandlung von Kindern mit ADHS-Syndrom (Aufmerksamkeitsdefizit) zugelassene Substanz Atomoxetin (Strattera®) kann im Falle einer verminderten Entgiftungsleistung, also bei 10 bis 30 Prozent aller Kinder, nicht ausreichend entgiftet werden.

Wechselwirkungen mit dem Entgiftungssystem sind auch bei jenen Depressionsmitteln zu beachten, die als »Serotonin-Wiederaufnahmehemmer« bezeichnet werden (in der Fachsprache tragen diese den Namen SSRI). Zu ihnen gehört das in den USA unter dem Verkaufsnamen Prozac® zeitweise zur Modedroge gewordene Fluoxetin, das in Deutschland den Markennamen Fluctin® trägt. Substanzen dieser Stoffgruppe (vor allem Fluctin® und Fluvoxamin beziehungsweise Fevarin®) hemmen verschiedene Entgiftungs-Enzyme und können dadurch den Abbau anderer, ebenfalls eingenommener Medikamente derart massiv behindern, dass deren Wirkspiegel in gefährliche Höhen ansteigen.

WO DIE GENETISCHEN UNTERSCHIEDE DER VERTRÄGLICHKEIT LIEGEN

Die Hauptursache der unterschiedlichen Medikamentenverträglichkeit innerhalb der Bevölkerung sind genetische Veranlagungen (im Sinne einer Erbanlage): Die chemische Umwandlung (»Entgiftung«) eingenommener Medikamente wird, wie bereits erwähnt, größtenteils in der Leber durch so genannte Entgiftungs-Enzyme oder CYP450-Enzyme geleistet. Diese Enzyme sind das Produkt der so genannten CYP450-Gene. Beim Menschen sind bisher knapp 40 unterschiedliche CYP450-Enzyme bekannt. Sie sind im Körper eines jeden Menschen vorhanden.

Die CYP450-Entgiftungs-Enzyme haben sich im Laufe der Evolution entwickelt, um zahlreiche zum Teil giftige Substanzen in unserer Nahrung entgiften und ausscheiden zu können. Ein Teil von ihnen ist für die Entgiftung der heute üblichen Medikamente von Bedeutung. Jedes der CYP450-Enzyme ist auf die Entgiftung bestimmter Fremdstoffe beziehungsweise Medikamente »spezialisiert«. Die Entgiftung der meisten in der heutigen Medizin verabreichten Medikamente wird von fünf CYP450-Enzymen geleistet (sie tragen die Bezeichnungen 2B6, 2C9, 2C19, 2D6 und 3A4). Welche Medikamente durch welche CYP450-Enzyme entgiftet werden, ist inzwischen genau bekannt.

Die Gene der fünf wichtigen Entgiftungsenzyme sind aufgeklärt, ihr »Text« wurde bereits vor längerem entschlüsselt (oder anders ausgedrückt: Ihre DNS wurde sequenziert). Bei der Aufklärung der DNS-Sequenz dieser Gene zeigte sich, dass bei den wichtigsten der CYP450-Enzyme (nämlich bei 2C9, 2C19, 2D6, vermutlich auch bei 2B6) innerhalb der Bevölkerung unterschiedliche Varianten vorhanden sind. Diese Varianten, so genannte »Polymorphismen«, sind die Ursache für die vier genannten unterschiedlichen Typen von Medikamentenverträglichkeit, die in der Bevölkerung vertreten sind: »Normaltyp«, »mittelschwacher Entgiftungstyp«, »schwacher Entgiftungstyp« sowie außerdem die Variante eines »überstarken Entgiftungstyps«.

DIE NOTWENDIGKEIT EINER VERTRÄGLICHKEITS-DIAGNOSTIK

Einer sehr großen Zahl von Patienten werden täglich stark wirksame Psychopharmaka und andere Medikamente verschrieben, ohne dass der Verträglichkeitstyp bestimmt wurde. Insofern kann es nicht überraschen, dass verschiedene Experten wie vor kurzem z.b. David Bates von der Universitätsklinik in Toronto in einem renommierten US-Journal darauf hinweisen, dass Folgen von Arzneimittel-Unverträglichkeiten in der Klinik zu den häufigsten Todesursachen zählen. Kaum geringer dürften die Probleme im Bereich der ambulanten Versorgung sein, über den zu dieser Frage keine Untersuchungen vorliegen.

Es besteht daher eine klar begründete Notwendigkeit, die individuelle Medikamentenverträglichkeit eines Patienten zu bestimmen, bevor man eine Medikamententherapie mit einem Mittel einleitet, das der Entgiftung und Ausscheidung durch eines der relevanten Enzyme unterliegt. Wie schon erwähnt, wird dies auch durch Fachkommissionen der Europäischen Union seit Jahren empfohlen. Obwohl die Bestimmung des Entgiftungstyps eines Patienten mittels moderner diagnostischer Methoden technisch ebenso schnell möglich wäre wie die Bestimmung einer Blutgruppe, existiert innerhalb der medizinischen Versorgung hierfür keine Infrastruktur. Für den Patienten würde die Diagnostik lediglich eine einmalige, kleine Blutabnahme bedeuten, so wie sie auch bei jeder anderen Laboruntersuchung vorgenommen wird.

MÖGLICHKEITEN ZUR DIAGNOSTISCHEN FESTSTELLUNG DER INDIVIDUELLEN MEDIKAMENTENVERTRÄGLICHKEIT

Eine Diagnostik zur Bestimmung des Typs der Medikamentenverträglichkeit, die nur ein einziges Mal vorgenommen werden müsste und in den Blutgruppenausweis eingetragen werden könnte, wird von Medikamenten-Experten wie z.B. Matthias Schwab, Ulrich Zanger und Michel Eichelbaum von der Stuttgarter Robert-Bosch-Klinik seit Jahren empfohlen. Inzwischen kann man den Verträglichkeitstyp mittels moderner Technologien bestimmen, wobei gentechnologische und Laser-optische Techniken mit Methoden der elektronischen Datenverarbeitung verknüpft werden. Die Kosten einer lediglich einmal notwendigen Diagnostik würden aufgrund der dadurch verbesserten Behandlung und der Vermeidung von Nebenwirkungen um ein Vielfaches wieder eingespielt.

Während die Widerstände der pharmazeutischen Industrie gegen eine solche obligatorische Diagnostik vor einer erstmaligen Medikamentengabe vielleicht verständlich sein mögen (sie befürchtet eventuell wirtschaftliche Einbußen), kann man über die Haltung der Kostenträger, der Politik und der Ärzteschaft, die Verantwortung für die Gesundheit der Bevölkerung tragen, nur staunen. Während die Bedeutung vererblicher Genabweichungen von vielen Ärzten sonst nicht oft genug betont (und meist völlig überschätzt) wird, trifft man hier, wo die Bestimmung einer genetischen Erbvariante ausnahmsweise tatsächlich einmal von größter Bedeutung für die Gesundheit des Patienten ist, auf weitgehendes Desinteresse. Zu den wenigen Labors, wo interessierte Patienten ihre individuelle Verträglichkeit – auf eigene Kosten – bestimmen lassen können, gehört das Labor Dr. Klein, Lochhamerstraße 29 in 82152 Martinsried.

EINE ANMERKUNG ZUR VERSCHREIBUNGSPRAXIS BEIM AUFMERKSAMKEITS-DEFIZIT-SYNDROM (ADS) VON KINDERN

Eine besondere Erwähnung verdient die Verschreibungspraxis von Psycho-Medikamenten, wie sie sich in den letzten Jahren bei Kindern und Jugendlichen, und hier insbesondere beim Aufmerksamkeits-Defizit-Syndrom (ADS), entwickelt hat (in den USA und in der internationalen Fachliteratur spricht man vom »attention deficit hyperactivity syndrome« oder ADHS). Kern dieser Störung ist die Schwierigkeit der betroffenen Kinder, ihre Aufmerksamkeit auf einen Gegenstand zu lenken und dann für eine gewisse Zeit auch bei dieser einen Sache zu bleiben. Nur bei einem Teil der Kinder mit Aufmerksamkeitsdefizit besteht zusätzlich auch eine andauernde und kaum steuerbare Unruhe und »Zappeligkeit«, die als »hypermotorisches« Verhalten (oder »*hyperactivity*«) bezeichnet wird.

Namhafte Kinderpsychiater wie Peter Jensen vom US-amerikanischen National Institute of Mental Health (NIMH) gehen davon aus, dass die ADS-Störung eine Anpassung der Kinder an eine unruhige Umgebung darstellt, in der die Kinder zu vielen Reizen gleichzeitig und einem häufigen Wechsel von Reizen ausgesetzt sind. Reizüberflutung und zu häufiger Reizwechsel führen wie alle anderen Umwelterfahrungen auch zu Veränderungen in Nervenzell-Netzwerken des Gehirns. Neueste Studien haben ergeben, dass ein hoher Fernsehkonsum das Risiko für Kinder erhöht, an ADS zu erkranken.

Für die Therapie des ADS-Syndroms stehen wirksame nichtmedikamentöse Behandlungsverfahren zur Verfügung (z. B. Kinderpsychotherapie, Integrative Bewegungstherapie oder heilpädagogische Behandlungen), wie sie kürzlich z. B. von dem in Heidelberg tätigen Experten Helmut Bonney beschrieben wurden. Seit einigen Jahren ist aufgrund einer Reihe von Untersuchungen bekannt, dass sich die hypermotorische Unruhe bei Kindern und Jugendlichen mit ADS-Syndrom durch das Medikament Methylphenidat beziehungsweise Ritalin® bessern lässt. (Methylphenidat wird auch unter den Markennamen Medikinet® und Concerta® verkauft.) In Studien wurde nachgewiesen, dass Ritalin®, das chemisch zur Substanzgruppe der Amphetamine gehört, die hypermotorische Unruhe und den Aufmerksamkeitsmangel bessern kann – allerdings nur bei einem Teil der Kinder und nur zu einem gewissen Grad. Die bei diesen Kindern regelmäßig vorhandenen Kontaktstörungen und Auffälligkeiten im sozialen Verhalten bessern sich jedoch nicht, wie das Forscherpaar Shaywitz von der Yale University kürzlich feststellte. Methylphenidat beziehungsweise Ritalin® kann erhebliche Nebenwirkungen wie z. B. Schlafstörungen und Magenbeschwerden mit sich bringen. Als besonders schwere Nebenwirkung von Ritalin® wurde das Auftreten von Ticks (unwillkürliche, zuckende stereotype Bewegungen) beschrieben.

Methylphenidat beziehungsweise Ritalin® sollte, wenn überhaupt, nur zusammen mit Psychotherapie verordnet werden. Der renommierte Pharmakologe Ernst Mutschler schreibt in seinem Standardwerk *Arzneimittel-wirkungen* über die Ritalin®-Therapie zu Recht: »Wegen der Gefahr einer ungünstigen psychischen Entwicklung der Kinder ist eine gleichzeitige intensive Psychotherapie erforderlich.« Tatsächlich hat sich bei Ritalin® in den letzten Jahren jedoch eine geradezu unverantwortliche Verschreibungspraxis entwickelt. Dieser Missstand ist so gravierend, dass im *Deutschen Ärzteblatt* in letzter Zeit mehrfach darauf hingewiesen wurde. Unverschämterweise versucht man Kritiker dieses Missstandes mit dem Verdacht mundtot zu machen, sie seien Anhänger der Scientology-Sekte. (Daher sei an dieser Stelle ausdrücklich darauf hingewiesen, dass der Autor dieses Buches dieser Sekte nie angehört hat noch ihr angehört.)

Nach Auskunft der Bundesopiumstelle stieg der Ritalin®-Verbrauch von 1993 bis 2000 um mehr als das 13fache an. Im Jahre 2000 wurde bundesdeutschen Kindern insgesamt eine halbe Tonne Ritalin® verschrieben. 2001 war der Verbrauch nahezu verdoppelt. Auch viele quirlige, normal aktive Kinder, die gar nicht an ADS leiden, erhalten das Medikament ohne vorherige ausreichende Diagnostik verschrieben. Tatsächlich an ADS leidende Kinder bekommen die Substanz, statt von Kinderärzten oder Kinderpsychiatern, massenhaft von Nichtfachleuten (z.B. von Hausärzten) verschrieben und erhalten in unverantwortlicher Weise keinerlei zusätzliche nichtmedikamentöse (psychotherapeutische) Behandlung.

Es ist erstaunlich, zu welcher Verschreibungspraxis sich hier viele Ärzte verleiten lassen, vor allem angesichts einer noch völlig unklaren Datenlage bezüglich der nicht erforschten Langzeit-(Neben-)Wirkungen. Allerneueste Hinweise aus Tierversuchen deuten darauf hin, dass eine länger dauernde Einnahme des in Ritalin® enthaltenen Methylphenidats möglicherweise das Risiko erhöht, in späteren Jahren an der Parkinsonkrankheit (Schüttellähmung) zu erkranken. Auch die neuerdings zur Behandlung von Kindern mit ADHS zugelassene Substanz Atomoxetin (Strattera®) kann keinesfalls als unproblematisch eingestuft werden. Atomoxetin muss von der Leber entgiftet werden, wobei aber, wie erwähnt, weit mehr als 10 Prozent der Kinder eine deutlich verminderte Entgiftungsfunktion haben. Diese Kinder werden mit »normalen« Dosierungen völlig überdosiert.

ZUSAMMENFASSUNG

Eine verantwortungsvolle und mit ausreichender medizinischer Fach-
kenntnis eingesetzte Therapie mit einem Psychopharmakon in *psychischen Notfallsituationen* (z.B. bei Zuständen extremer Angst oder akuter
Suizidalität) und bei *schweren seelischen Erkrankungen* (vor allem bei
schwerer Depression, schweren Angsterkrankungen und bei akuten oder
chronischen Psychose-Krankheiten) kann eine unersetzliche Hilfe sein.
Probleme der Therapie mit Psycho-Medikamenten bestehen hinsichtlich
der bis heute in der Medizin nicht beachteten Unterschiede bei der individuellen, genetisch bedingten Medikamentenverträglichkeit. Das führt
dazu, dass bis zu 40 Prozent aller Patienten bei bestimmten Medikamenten in Gefahr sind, falsche Dosierungen zu bekommen.

Um einen »Blindflug« bei der Therapie zu vermeiden, ist eine einmalige, in
den Blutgruppenausweis einzutragende Bestimmung des individuellen
Verträglichkeitstyps vor der Gabe eines Psychopharmakons daher eine
dringende, bislang aber nicht beachtete Notwendigkeit. Ein weiteres Pro-
blem der Behandlung mit Psychopharmaka ist deren Unspezifität:
Psycho-Medikamente haben im Gegensatz zur Psychotherapie keinen
Einfluss auf die individuellen Problemlöse-Fähigkeiten, die sich bei jedem
Menschen aus Lernvorgängen und aus früheren zwischenmenschlichen
Erfahrungen ergeben.

Im Gegensatz zur Psychotherapie, welche die individuellen Fähigkeiten
des einzelnen Patienten verbessert, zwischenmenschliche Beziehungsprobleme zu lösen und den eigenen Aktionsradius zu erweitern, wirken
Psychopharmaka dadurch, dass sie im Gehirn die Ausschüttung von Botenstoffen verändern und auf diese Weise Symptome lindern. Aus diesen
Gesichtspunkten ist die Schlussfolgerung zu ziehen, dass der Einsatz von
Psychopharmaka auf Notfälle und auf die Behandlung schwerer seelischer Gesundheitsstörungen beschränkt bleiben sollte.

12. SCHMERZERFAHRUNGEN UND SCHMERZGEDÄCHTNIS: CHRONISCHE SCHMERZKRANKHEITEN »OHNE BEFUND«

WENN AM ORT DER BESCHWERDEN »KEIN BEFUND« ZU ERHEBEN IST

Welche Spuren hinterlassen Erfahrungen von körperlichem oder seelischem Schmerz in den Strukturen des Gehirns? Verändert auch die Erfahrung von Schmerzen – ähnlich wie andere Erlebnisse – neurobiologische Strukturen? Normalerweise sind sowohl Nichtmediziner als auch Ärzte gewohnt, Einwirkungen auf den Körper an den Verletzungen zu messen, die am Ort der Einwirkung erkennbar sind: Hautverletzungen, Blutergüsse, Quetschungen, Knochenbrüche oder Gelenkverletzungen, offene Wunden oder eine Beschädigung innerer Organe. Wenn derartige Verletzungen erst gar nicht vorhanden waren oder wenn sie »spurlos« verheilt sind, der Patient danach aber dennoch Beschwerden hat, dann haben Arzt und Patient ein Problem. Nicht selten kommt es dann zum Streit.

Wie die Medizinerin Anne Françoise Allaz von der Uniklinik Genf feststellte, hatten 30 Prozent der Patienten, die über chronische Schmerzen »ohne organischen Befund« (nach herkömmlicher Definition) klagten, von ihren Ärzten die Diagnose erhalten, sie seien Querulanten, Simulanten oder wehleidig. Sehr häufig greift der ratlose Arzt dann in seiner Not zum Rezeptblock und verordnet ein Schmerz- oder Beruhigungsmittel, woraus sich manchmal nicht nur erhebliche Nebenwirkungen, sondern gelegentlich auch eine Medikamentenabhängigkeit ergeben kann.

Personen, die Beschwerden nur vorspiegeln, erkennt ein erfahrener Arzt aufgrund bestimmter Kriterien meist sehr rasch. Solche Fälle sind nach meiner Erfahrung aber seltener, als am Stammtisch häufig vermutet wird. Simulantentum ist nicht die Lösung des Problems, wenn es darum geht zu verstehen, warum im Zeitraum eines Jahres nachweislich immerhin 15 Prozent der Bevölkerung länger dauernde körperliche Beschwerden erleiden, die als erlebte Symptome real vorhanden, aber »ohne organischen Befund« sind. Tatsächlich haben diese Patienten einen objektiven Befund, und er ist in keiner Weise geringer einzuschätzen als andere Befunde.

DIE »ABBILDUNG« VON BERÜHRUNGS- UND SCHMERZSIGNALEN IM GEHIRN

Wie kam man den Beschwerden »ohne Befund« auf die Spur? Mitte der 90er-Jahre beschäftigte sich Niels Birbaumer von der Universität Tübingen, einer der Topleute unter den deutschen Hirnforschern, zusammen mit seiner Mitarbeiterin Herta Flor (sie ist heute Professorin in Mannheim) mit elektrischen Signalen, die nach einem Schmerzreiz in der Hirnstromkurve (EEG) auftauchen. Reize, die einer unserer fünf Sinne aus der Außenwelt aufnimmt, werden im Gehirn zunächst zu einem (oder zu mehreren) der fünf Gebiete der Hirnrinde (Cortex) geleitet, wo für jeden der Sinne ein Bereich »reserviert« ist. Jede Art von Reiz wird dort in den jeweiligen Gebieten in kleinen Nervenzell-Netzwerken »abgebildet«.

Trifft ein bestimmter Reiz aus dem Körper in der Hirnrinde ein, dann »feuert« ein bestimmtes, zu ihm gehörendes Nervenzell-Netzwerk. Beim »Feuern« werden die Nervenzellen des Netzwerkes und ihre Verbindungen (Synapsen) gemeinsam aktiv. Neue, von einer Person bisher nicht erlebte Reize führen zur Bildung neuer (beziehungsweise zur Umgestaltung oder Ergänzung bestehender) Nervenzell-Netzwerke. Trifft ein Reiz häufig ein und lässt »sein« Nervenzell-Netzwerk häufig »feuern«, dann werden nicht nur die inneren Verschaltungen (Synapsen) dieses Nervenzell-Netzwerkes verstärkt, sondern das Netzwerk vergrößert sich auch (durch »Rekrutierung« neuer Nervenzellen, die synaptisch angeknüpft werden). Dadurch, dass zahlreiche, über Nervenfasern untereinander verbundene Nervenzell-Netzwerke (aus verschiedenen Sinnesregionen) gemeinsam beziehungsweise gleichzeitig »funken«, entstehen »Netzwerke von Netzwerken«.

Die Arbeit des Gehirns beruht somit auf zwei Prinzipien: 1. Durch Synapsen verbundene Nervenzellen bilden Netzwerke, und miteinander über Nervenbahnen verbundene Netzwerke bilden »Netzwerke von Netzwerken«. 2. Jeweils bestimmte Teile des Gesamt-Netzwerkes werden gleichzeitig (simultan) aktiv. Einzelne Netzwerke speichern Teile einer Wahrnehmung. Dadurch dass mehrere Netzwerke gemeinsam aktiv werden, kann das Gehirn komplexe Objekte oder Vorgänge zu einem »inneren Bild«, z.B. zu einem Gedanken oder zu einer Vorstellung, komponieren.

»EVOZIERTE POTENZIALE«: WIE SICH SCHMERZSIGNALE MIT DER HIRNSTROMKURVE MESSEN LASSEN

Niels Birbaumer und Herta Flor kamen den Beschwerden »ohne Befund« dadurch auf die Spur, dass sie sich die Signale näher anschauten, die körperliche Schmerzen in die Seele beziehungsweise ins Gehirn schicken. Reize des Berührungs- und Schmerzsinnes werden – wenn sie von außen kommen – zunächst von Nervenzellen aufgenommen, die in der Haut oder in der Muskulatur sitzen. Von innen, z.B. vom Magen oder Darm, kommende Schmerzreize gelangen über dort sitzende Nervenzellen zum Gehirn.

Nervenzellen der Haut und der Muskulatur leiten ihre Signale über das Rückenmark zu einem Gebiet der Hirnrinde, das für den Berührungs- und Schmerzsinn »reserviert« ist. Dieses Gebiet der Hirnrinde wird als »sensibler Cortex« bezeichnet und hat seinen Sitz im hohen Scheitelbereich des Kopfes beidseits der Mittellinie. Beim Eintreffen von Berührungs- und Schmerzreizen im Gehirn »feuern« Nervenzell-Netzwerke, die hier, innerhalb des sensiblen Cortex, sitzen. Beim »Feuern« ändern sich unter anderem auch die elektrischen Ladungen auf der Oberfläche von Nervenzellen. Diese elektrischen Ladungen können mit der Hirnstromkurve (EEG) als so genannte »Feldpotenziale« an der Kopfoberfläche gemessen werden, und zwar am besten jeweils direkt über dem jeweiligen Abschnitt der Hirnrinde.

Durch gezielte Reizung verursachte, vom Körper her im Gehirn eintreffende Reize führen zu Veränderungen von Feldpotenzialen der Hirnrinde. Diese in der Hirnstromkurve verborgenen Veränderungen werden als »evozierte Potenziale« bezeichnet (abgekürzt EP). So lassen sich unter anderem auch durch Schmerzreize ausgelöste evozierte Potenziale aus der Hirnstromkurve (EEG) ableiten und als Signalwelle auf einem Oszillographen darstellen. Die Zeit vom Schmerzereignis bis zum Auftauchen der durch Schmerzreiz ausgelösten evozierten Potenziale beträgt weniger als 300 Millisekunden (also weniger als 1/3 Sekunde).

WIE SCHMERZEN GENE STEUERN UND DAS GEHIRN VERÄNDERN

Dem Körper an einer beliebigen Stelle zugefügte Schmerzreize führen in der Hirnrinde innerhalb eines Sekundenbruchteils zur Aktivierung von Nervenzell-Netzwerken und aufgrund dessen zu einer elektrischen Signalwelle (zu einem evozierten Potenzial), das sich mit einem EEG über dem Gebiet der »sensiblen Hirnrinde« ableiten und auf einem Oszillographen sichtbar machen lässt. Im Gehirn eintreffende Signale bringen dort allerdings nicht nur bestimmte Nervenzell-Netzwerke zum »Feuern«. Vielmehr werden in Nervenzell-Netzwerken, die aus der Außenwelt besonders intensive Signale empfangen, Gene aktiviert – unter anderem mit der Folge, dass die Nervenzell-Kontakte (Synapsen) innerhalb des Netzwerks vermehrt und verstärkt werden. Dies führt dazu, dass die Synapsen von häufig »benutzten« Nervenzell-Netzwerken mit der Zeit immer stärker »feuern«.

Birbaumer und Flor analysierten bei Personen, die an länger dauernden körperlichen Schmerzen litten, die in der Hirnrinde nach einem Schmerzreiz eintreffenden Signalwellen (evozierten Potenziale). Nachdem sie die Teilnehmer ihrer Untersuchung um Einwilligung gebeten hatten, fügten sie Patienten mit chronischen Rückenschmerzen im Bereich des Rückens einen Standard-Schmerzreiz zu und zeichneten mit einer Hirnstromkurve die Schmerz-Signalwellen auf. Die gleiche Untersuchung führten sie mit gesunden Personen gleichen Alters und gleichen Geschlechts durch, die jedoch keine Rückenschmerzen hatten (die Vergleichspersonen stellten die »Kontrollgruppe« dar). Dabei gelang Birbaumer und Flor eine entscheidende Beobachtung: Obwohl sie den Patienten mit chronischen Rückenschmerzen und den gesunden Vergleichspersonen völlig identische Standard-Schmerzreize zufügten, war die mit dem EEG aufzeichnete Signalwelle, die durch diesen Versuchs-Schmerzreiz ausgelöst wurde, bei den Schmerzpatienten deutlich stärker. Aufgrund dieser neurobiologischen Beobachtungen war bewiesen: Der lang anhaltende Schmerz in ihrer Vorgeschichte hatte bei den Schmerzpatienten im Gehirn zu einer Veränderung von Nervenzell-Netzwerken und dadurch zu einer Verstärkung von Schmerzsignalen geführt (diese Schlussfolgerung wurde auch durch ergänzende Untersuchungen mit bildgebenden Verfahren bestätigt).

DER NACHWEIS EINES »SCHMERZGEDÄCHTNISSES«

Niels Birbaumer und Herta Flor hatten mit ihren Untersuchungen einen wesentlichen Beitrag zum Nachweis des Schmerzgedächtnisses geleistet: Intensive, wiederholte oder länger dauernde Schmerzen verändern – wie alle anderen Lebenserfahrungen auch – in Nervenzellen des Gehirns die Aktivität von Genen, sodass es zu Veränderungen von Verschaltungen (Synapsen) und zum Umbau von Nervenzell-Netzwerken kommt. Schmerzerfahrungen werden also in der Seele beziehungsweise im Gehirn gespeichert, sie hinterlassen im Körper eine »Inschrift« (in der neurobiologischen Fachsprache spricht man von einem »Engramm«).

Engramme von erlebten Schmerzen haben nicht nur die Folgen, die im Experiment von Birbaumer und Flor zu beobachten waren (nämlich ein verstärktes Schmerzsignal bei der nochmaligen Zufügung eines Schmerzes). Sie können über lange Zeit »stumm« bleiben und eine Art »Winterschlaf« abhalten, während dessen sie keinerlei Beschwerden machen. Wenn die betroffene Person jedoch – nach Jahren oder Jahrzehnten – in eine schwere seelische Stress- oder Belastungssituation gerät, kann es zu einer plötzlichen Wiederaktivierung des Schmerzgedächtnisses mit einem Wiederauftreten der »gespeicherten« Schmerzsymptome kommen.

WENN DAS »SCHMERZGEDÄCHTNIS« SCHMERZEN VERURSACHT: DAS BEISPIEL EINER PATIENTIN

Eine 42-jährige Lehrerin, Mutter von zwei Kindern, kam zu mir wegen schwerer Rückenschmerzen in Behandlung, die zwei Jahre zuvor, kurz vor Beginn der Sommerferien, aufgetreten waren. Intensive ärztliche Untersuchungen durch einen Orthopäden, durch einen internistischen Rheumatologen, durch eine Frauenärztin sowie durch einen Neurologen hatten keinen erklärenden organischen Befund ergeben. Verschiedene Behandlungsversuche mit Krankengymnastik, Medikamenten, Injektionen, schließlich auch mit Akupunktur hatten keine Besserung gebracht. Die Schmerzen waren derart intensiv, dass sich die Patientin – ein halbes Jahr bevor sie sich bei mir vorstellte – in einen Probe-Ruhestand hatte versetzen lassen. Nachdem sie sich so also plötzlich im Status einer Frührentnerin wiederfand, hatten die Schmerzen aber eher noch zugenommen (die weit verbreitete Annahme, man tue Patienten immer etwas Gutes, wenn man sie aus dem Berufsleben herausnimmt, ist nach meiner Erfahrung meistens ein schwerer Irrtum).

Die Patientin war körperlich in gutem Zustand, eine resolute und tapfere, in keiner Weise weinerliche Frau. Sie erzählte, sie tue alles, um gegen die Schmerzen »anzukämpfen«. Sie sei zäh und könne Wehleidigkeit überhaupt nicht leiden. Sie habe das Vorbild ihrer Mutter vor Augen, die eine »unglaublich starke Frau« gewesen sei. Angesichts dessen brauchte es zunächst einige Therapiesitzungen, um das notwendige Vertrauen aufzubauen, damit sie über ein ihr zugefügtes Leid sprechen konnte, ohne Angst zu haben, damit bei mir eine »schlechte Figur« zu machen: Unmittelbar vor Einsetzen ihrer Schmerzen – also zwei Jahre zuvor – hatte sich an ihrer Schule, wo sie bis dahin als äußerst tüchtige Lehrerin allseits anerkannt war, ein für sie demütigender und beschämender Vorfall abgespielt, dessen Folgen sie nicht bereinigen konnte. Sie weinte (erstmals seit Jahren), als sie den Vorgang bei mir erzählte.

Im späteren Verlauf der Therapie stellte sich heraus, dass sie bis zu ihrer Pubertät von den Eltern jahrelang durch Schläge mit verschiedenen »Instrumenten« auf den Rücken häufig und massiv gezüchtigt worden war. (Es ist davon auszugehen, dass das Kränkungserlebnis in der Schule das in ihrer Jugend für den Rücken angelegte »Schmerzgedächtnis« wiederbelebt hat.) Als es der Patientin in der Therapie möglich war, über die in der Kindheit erlebten Demütigungen und über das spätere Kränkungsereignis in der Schule zu sprechen, und sie so erstmals eine intensive Traurigkeit über diese Erfahrungen zu erleben vermochte, gingen die Schmerzen zurück.

Die Patientin konnte schmerzfrei in ihren Beruf zurückkehren und war als Lehrerin wieder ebenso erfolgreich wie zuvor. Die Psychotherapie hatte das »Schmerzgedächtnis« also wieder in seinen »Winterschlaf« zurückgeschickt. Doch wodurch? Durch das in der Psychotherapie aufgebaute Vertrauensverhältnis zu einem anderen Menschen (zum Therapeuten), durch die zwischenmenschliche Erfahrung von Hilfe, durch die Möglichkeit, seelischen Schmerz »herauslassen« zu dürfen, und durch die Erfahrung, so fühlen zu dürfen, wie einem wirklich zumute ist. Man könnte es auch kürzer sagen: Die Heilung erfolgte durch eine *tief gehende* Beseitigung von seelischem Stress.

Durch die hier in einer einjährigen Psychotherapie geleistete »Arbeit« wurde das in der Jugend angelegte »Schmerzgedächtnis« zwar wieder in seinen »Winterschlaf« versetzt, es ist jedoch – aller Wahrscheinlichkeit nach – keineswegs aufgelöst. Sollte der Patientin irgendwann erneut eine schwere Belastungs- oder Kränkungssituation widerfahren, so besteht durchaus die Möglichkeit, dass sich das Schmerzgedächtnis wieder »meldet«.

SCHMERZEN NACH FOLTERERFAHRUNGEN

Ein internistischer Kollege überwies mir eines Tages einen 37-jährigen Mann. Er war Staatsangehöriger eines Landes aus dem mittleren Osten, hatte dort jedoch zur Volksgruppe einer verfolgten Minderheit gehört. Seit acht Jahren lebte er als anerkannter Flüchtling in Deutschland, wohin er nach der Entlassung aus dem Gefängnis in seinem Heimatland geflohen war. Er hatte hier in Deutschland eine Anstellung in seinem erlernten Beruf erreicht und eine Frau geheiratet, mit der er zwei kleine Kinder hatte. Bis vor wenigen Monaten hatte er keine gesundheitlichen Probleme gehabt. Doch dann waren kurz nach Ostern bei ihm Schmerzen aufgetreten, die alle behandelnden Ärzte vor ein unlösbares Rätsel stellten: Er hatte plötzlich Schmerzen bekommen, die beiderseits am Körper von unterhalb der Achselhöhlen zur Hüfte herabzogen. Organische Befunde waren beim besten Willen nicht zu finden.

Der Patient machte den Eindruck eines schweigsamen, unbeugsamen, stolzen und eher hartgesottenen Mannes, der sich nur ungern auf ein Gespräch einließ. Es gelang dann aber doch herauszufinden, dass er bereits seit einiger Zeit von politisch organisierten, hier lebenden radikalisierten Landsleuten unter Druck gesetzt wurde, sich bei ihnen zu engagieren. Er selbst wollte dies eigentlich nicht, sah aber keinen Weg, wie er dem massiven Druck und den Drohungen seiner Landsleute widerstehen sollte. Kurz vor Ostern drohte seine Frau, sich von ihm zu trennen, falls er sich der Gruppierung seiner Landsleute anschließe. In dieser Situation waren erstmals die Schmerzen aufgetreten, für die sich dann keine organische Ursache fand.

Doch warum bekam der Patient in dieser ausweglosen Situation gerade diese Schmerzen? Das weitere Gespräch ergab nun Folgendes: Sein Vater war Schäfer gewesen, seine Mutter hatte den übrigen Teil einer ärmlichen Mini-Landwirtschaft mit einigen Hühnern und Ziegen und den Haushalt verwaltet. Die Familie war in seiner Heimat aufgrund ihrer Volksgruppen-Zugehörigkeit häufig überraschenden und zum Teil demütigenden Razzien der Polizei beziehungsweise des Militärs ausgesetzt. Die

Eltern hatten alles daran gesetzt, den Jungen auf weiterführende Schulen zu schicken. Unter dem Eindruck der Schikanen erwachte in ihm als junger Mann ein politisches Bewusstsein. Kurz nachdem er sich zusammen mit seinem Bruder einer Oppositionsbewegung angeschlossen hatte, erfolgten die ersten Verhaftungen.

Im Rahmen seines letzten, mehrmonatigen Aufenthaltes in einem Militärgefängnis wurde er gefoltert, wobei er unter anderem an den Fußgelenken kopfüber aufgehängt und mit Stromkabeln gequält wurde, welche die Soldaten *an den beiden Seiten seines Rumpfes* entlangstreichen ließen. Die äußeren Verletzungen dieser unmenschlichen Folter waren inzwischen schon lange verheilt. Die durchgemachten Schmerzen jedoch blieben in einer »Inschrift« (in einem Engramm) des Schmerzgedächtnisses gespeichert. Nachdem dieses Schmerzgedächtnis sich jahrelang im »Winterschlaf« befunden hatte, war es durch die akute, für ihn unlösbare Belastung »aufgeweckt« worden und hatte Schmerzbeschwerden genau dort erzeugt, wo ihm Jahre zuvor Schmerzen zugefügt worden waren (Auslöser waren der Druck seiner hier lebenden Landsleute und die Drohung seiner Frau, ihn zu verlassen).

DAS SCHMERZGEDÄCHTNIS UND »SEINE« KRANKHEITEN

Personen, denen in ihrer Vorgeschichte intensive oder länger dauernde körperliche Schmerzen zugefügt wurden, haben ein signifikant erhöhtes Risiko, im späteren Leben an einer chronischen Schmerzkrankheit zu erkranken. Wie sich bei erst in den letzten Jahren durchgeführten Untersuchungen zeigte, spielen schmerzhafte Gewalterfahrungen eine bislang überhaupt nicht erkannte, immense Rolle bei der Verursachung chronischer Schmerzkrankheiten. Reale Schmerzerfahrungen in der Vorgeschichte findet man, wie zahlreiche Studien belegen, insbesondere bei Patienten mit chronischen Schmerzen des Rückens, des Unterleibs, der Gesamtmuskulatur (Fibromyalgie-Syndrom) sowie bei Patienten mit chronischen Gesichtsbeziehungsweise Kieferschmerzen (»orofaziales Schmerzsyndrom«).

Groß angelegte Studien von Steven Linton (Schweden), Carmen Green (Ann Arbor Universität, USA), Timothy Toomey (Universität von North Carolina, USA) oder Roger Fillingim und Robin Alexander (Universität von Alabama, USA), aber auch deutsche Untersuchungen wie z.B. von Ulrich Egle aus Mainz oder Christine Heim, Ulrike Ehlert und Dirk Hellhammer aus Trier zeigen: Ein hoher Anteil aller Patienten mit chronischen Schmerzerkrankungen haben in ihrer Vorgeschichte schwere Schmerz-beziehungsweise Gewalterfahrungen erlitten. Meine eigene Arbeitsgruppe an der Freiburger Klinik für Psychosomatik fand dies in einer eigenen Studie bestätigt.

Da Schmerzerfahrungen spätere Schmerzerkrankungen begünstigen, wäre eine Eindämmung von Vorkommnissen, die Schmerzerfahrungen nach sich ziehen, daher nicht nur aus Gründen der Humanität zwingend, sondern wäre zusätzlich auch vorsorgende Gesundheitspolitik. Angesichts dessen, was Schmerzpatienten aus ihrer Vorgeschichte berichten, sind auch Bemühungen nachdrücklich zu unterstützen, im Rahmen der Kindererziehung körperliche Züchtigungen und Misshandlungen zu vermeiden. Nach einer Untersuchung des Kriminologischen Forschungsinstituts Niedersachsen, in die über 3200 Kinder einbezogen waren, ist davon auszugehen, dass in Deutschland derzeit 38 Prozent der Kinder häufig körperlich gezüchtigt und fünf Prozent dabei nach objektiven Maßstäben sogar körperlich misshandelt werden; dies zeigt, welche enormen Probleme beziehungsweise Missstände hier bestehen. Faktoren (einschließlich sozialer Missstände), die körperliche Gewalt gegen Kinder begünstigen, müssen aufgrund der gesundheitlichen Folgen in späteren Jahren mit enormen medizinischen Folgekosten bezahlt werden.

SCHMERZEN DURCH ÄRZTLICHE EINGRIFFE UND IHRE FOLGEN

Auch Schmerzen, wie sie im Rahmen chirurgischer oder zahnärztlicher Eingriffe auftreten können, haben sich als eine häufige Ursache späterer Schmerzerkrankungen herausgestellt. Die Neurobiologen Manfred Zimmermann aus Heidelberg und der Münchner Max-Planck-Forscher Walter Zieglgänsberger entdeckten, dass nicht nur das Gehirn über ein Schmerzgedächtnis verfügt, sondern dass Schmerzen auch in Nervenzellen des Rückenmarks die Aktivität verschiedener Gene und die Verschaltungen (Synapsen) von Nervenzellen verändern.

Auch im Rückenmark hinterlassen Schmerzen also eine »Inschrift« (ein Engramm). Diese Entdeckung war (und ist) für eine große Zahl von Patienten von enormer Bedeutung: Erst dadurch wurde nämlich erkannt, dass eine Vollnarkose (also eine Betäubung des Gehirns) während eines operativen Eingriffs nicht ausreicht, wenn besonders große Eingriffe (insbesondere Amputationen von Gliedmaßen) vorgenommen werden. Beschränkt sich die Betäubung bei solchen Operationen nur auf eine Vollnarkose, dann können die während der Narkose auf das (nicht betäubte) Rückenmark eintreffenden Schmerzsignale dort ein Schmerzgedächtnis prägen, das später zu chronischen Schmerzen führen kann. Es ist das Verdienst von Manfred Zimmermann und Walter Zieglgänsberger, dass daraus in der Narkosemedizin mittlerweile zum Wohle der Patienten Konsequenzen gezogen wurden.

Die Empfehlungen einer ausreichenden Schmerzvorsorge gelten auch für zahnärztliche Eingriffe, die – wenn keine ausreichende Schmerzstillung gegeben war – ebenfalls häufig zum Ausgangspunkt chronischer Schmerzen »ohne Befund« werden können.

BEOBACHTETER ODER MITERLEBTER SCHMERZ:
DIE EMOTIONALE SEITE VON SCHMERZERFAHRUNGEN

Erinnern Sie sich an eine Situation, in der sie *zusehen* mussten, wie sich eine andere Person versehentlich mit einem Messer tief geschnitten hat? Was spürt man, wenn man direkt *miterlebt*, wie sich jemand anderes schwer verletzt? Was fühlen Menschen, die – manchen bleibt eine solche Erfahrung leider nicht erspart – zufällig anwesend sind, während ein nahe stehendes Familienmitglied unerwartet und unter großen Schmerzen (z.B. an einem Herzinfarkt) stirbt? Die Erfahrung der meisten Menschen ist, dass sie als (in der Regel ungewollte) Beobachter einer solchen Situation selbst »eine Art Schmerz« empfinden, und zwar einen Schmerz, der eigenartig tief in uns »hineinfährt« und als Eindruck meist über lange Zeit intensiv in uns haften bleibt. Bilder oder Erzählungen einer Unfallsituation lösen oft – manchmal auch noch nach langer Zeit – erneut das gleiche starke Schmerz(mit)gefühl in uns aus.

Der »Schmerz«, von dem hier die Rede ist, hat eine starke emotionale Komponente. Er ist ein *emotionaler Schmerz* (mit einer Nähe zum Gefühl des Schreckens und der Angst). Zugleich ist er eng mit etwas verbunden, was man »Mitgefühl« oder »Empathie« nennen würde. Dieses *Gefühl des Schmerzes* muss natürlich etwas anderes sein als der Schmerzreiz selbst, da es beim Beobachter eines Schmerzereignisses auftreten kann, ohne dass dieser selbst eine körperliche Verletzung erlitt. Doch kann sich nicht dieses *Gefühl des Schmerzes* auch bei demjenigen einstellen, der einen Schmerz selbst körperlich zugefügt bekommt? Wer sich jemals mit einem Brotmesser tief in die Hand geschnitten hat und dann auf die klaffende und blutende Schnittwunde blickte, wird diese Frage jedenfalls nicht ohne weiteres verneinen. Der Schmerz in einer solchen Situation wäre praktisch zweifacher Natur (Schnittschmerz *und* emotionaler Schmerz). Das Faszinierende an der modernen Neurobiologie ist, dass wir auch bei diffizilen Fragen wie hier nicht mehr auf Spekulationen angewiesen sind. Dazu gleich mehr.

MODERNE METHODEN FÜR DIE BEOBACHTUNG DER EMOTIONALEN SCHMERZWAHRNEHMUNG: WAS SIND »PET« UND »F-NMR«?

Um die Frage zu beantworten, was im Gehirn beim Schmerz (und bei der Beobachtung von Schmerz) genau passiert, sollten wir ein wenig in dieses Organ »hineinschauen« können. Den Entdeckungen einiger Biophysiker an der Harvard Universität im dortigen Massachusetts General Hospital verdankt die Medizin die Möglichkeit, innere Organe des Körpers nicht nur darzustellen (wie beim Röntgen), sondern auch das Ausmaß ihrer Aktivität abzubilden (angezeigt durch verschiedene Farben in den unterschiedlich aktiven Regionen eines abgebildeten Organs). Gordon Brownell entwickelte in den späten 70er-Jahren eine Methode, bildgebend sichtbar zu machen, wo im Körper »Sprit« (das heißt Glucose beziehungsweise Zuckerenergie) verbraucht wird. Da das Gehirn seine Energie ausschließlich aus Glucose bezieht, bedeutete die Methode von Brownell, dass man nun mit Bildern, mit denen sich verletzungsfrei »Schnitte« durch das Gehirn erzeugen ließen, genau sichtbar machen konnte, welche Teile im Gehirn gerade verstärkt arbeiten (und dabei mehr Glucose verbrauchen). Brownells Methode trägt den Namen PET (Positronen-Emissions-Tomographie).

Anfang der 90er-Jahre wurde die PET durch ein weiteres Verfahren ergänzt, durch das sich bildgebend darstellen lässt, wo im Gehirn in einem bestimmten Moment die Durchblutung zunimmt. Überall dort, wo im Körper Zellen aktiviert werden, nimmt auch der Blutdurchfluss zu. Bilder, die den Körper wiederum verletzungsfrei »durchschneiden« und sichtbar machen konnten, wo eine Vermehrung des momentanen Blutflusses stattfindet, waren daher eine weitere wertvolle Möglichkeit, dem Hirn bei der Arbeit zuzuschauen. Diese Methode, mit der sich eine vermehrte Durchblutung sichtbar machen lässt, trägt den Namen f-NMR (Funktionelle Kernspinresonanz-Tomographie, die Abkürzung stammt von *functional nuclear magnetic resonance*). Die erste Anwendung dieser Methode zur Untersuchung des Gehirns gelang wiederum Harvard-Medizinern, nämlich Ken Kwong und Jack Belliveau.

DIE »ABBILDUNG« DER EMOTIONALEN SEITE DES SCHMERZES

Mit den genannten Methoden hergestellte Bilder des Gehirns, die im Moment eines Erlebnisses (z.B. eines Schmerzes), eines bestimmten Gedankens oder eines Gefühls »geschossen« werden, machen es also möglich darzustellen, welche Teile des Gehirns im jeweiligen Moment verstärkt aktiv waren. Untersuchungen mit der PET oder der f-NMR-Technik erlauben uns zuzuschauen, welche Hirnbereiche zu einem bestimmten Zeitpunkt bei einem bestimmten seelischen Erleben aktiviert wurden.

Im Falle eines zugefügten körperlichen Schmerzes hatten die bereits erwähnten Tübinger Forscher Niels Birbaumer und Herta Flor Signale über jenem Teil der Hirnrinde beschrieben, der Berührungs- und Schmerzreize registriert, also über dem »sensiblen Cortex«. Da man den sensiblen Cortex und seine Nervenzell-Netzwerke seit langem als das Hirnareal für die Registrierung und »innere Abbildung« von Berührungs- und Schmerzreizen erkannt hatte, war es keine Überraschung, dass dort auch PET-Aufnahmen des Gehirns eine erhöhte Aktivität zeigten, wenn Untersuchungspersonen körperliche Schmerzen zugefügt wurden.

SIGNALE IM »ZENTRUM FÜR EMOTIONALE INTELLIGENZ«

Interessant war aber, was im Jahre 1991 Anthony Jones (London) und Jean-Denis Talbot (Montreal) entdeckten: Zugefügter körperlicher Schmerz zeigte in PET-Untersuchungen zusätzlich zur Aktivierung des sensiblen Cortex eine Aktivierung in einem völlig anderen Areal. Dieses Hirnareal trägt den Namen »cingulärer Cortex« und zeigt immer dann erhöhte Aktivität, wenn die Seele ein grundlegendes Lebensgefühl (z.B. Lebensfreude), Emotionen oder Gefühle ausdrückt, die sich auf das eigene Selbst oder auf die Bindung zu einer anderen Person beziehen. Der cinguläre Cortex ist ein Teil des bereits erwähnten limbischen Systems, das man – wie bereits erwähnt – als »Zentrum für emotionale Intelligenz« bezeichnen könnte. Die Untersuchungen von Anthony Jones und Jean-Denis Talbot sprechen dafür, dass der cinguläre Cortex jene Hirnregion ist, die für das »emotionale Gefühl des Schmerzes« benutzt wird, über das wir oben sprachen.

In einer cleveren Untersuchung gelang es dem an der Uniklinik in Toronto tätigen Hirnforscher William Hutchison zu zeigen, dass es tatsächlich Nervenzellen des cingulären Cortex sind, die aktiv werden, wenn es um die emotionale Seite des Schmerzes geht. Er untersuchte Patienten, die sich wegen einer Erkrankung einer Hirnoperation unterziehen mussten. Weil das Gehirn selbst nicht schmerzempfindlich ist (!), können Operationen am Gehirn unter örtlicher Betäubung beim ansonsten wachen Patienten durchgeführt werden. Der Patient liegt während der hirnchirurgischen Operation daher wach, ansprechbar und absolut schmerzfrei auf dem Operationstisch.

William Hutchison erhielt von einigen dieser Patienten (und zusätzlich auch von der Ethik-Kommission seiner Klinik) die Erlaubnis, im Verlauf der Operation während einer kurzen Pause ein Experiment durchzuführen: Er fügte zunächst dem Patienten und anschließend – unter Beobachtung des Patienten – sich selbst einen Stich mit einer Nadel in die Fingerkuppe zu. Hierdurch konnte Hutchison zeigen, dass bestimmte Nervenzellen des bereits erwähnten cingulären Cortex sowohl dann feuerten, wenn der Patient selbst in die Fingerbeere gepikst wurde, als auch dann, wenn der Patient nur zuschaute, als Hutchison sich in seine eigene Fingerbeere pikste.

Diese Beobachtungen verdeutlichen: Schmerzen, die wir bei anderen Menschen beobachten, führen im Gehirn des Beobachters zu einer Aktivierung von Nervenzellen. *Beobachtete Schmerzen bewirken beim Beobachter also eine »objektive« körperliche Reaktion.* Der Sitz der durch Miterleben von Schmerzereignissen aktivierten Nervenzellen befindet sich im Gyrus cinguli, einer Hirnregion, in der emotionale Grundstimmungen und Aspekte des Selbst-Gefühls repräsentiert werden. Die Tatsache, dass sich im Gyrus cinguli auch Nervenzellen befinden, die aktiv werden, wenn andere Menschen etwas fühlen (in unserem Falle: Schmerz fühlen), lässt vermuten, dass der Gyrus cinguli auch emotionale Qualitäten repräsentiert, die Empathie und emotionales Verstehen beinhalten.

WENN DAS »EMOTIONALE SCHMERZGEDÄCHTNIS« SCHMERZEN VERURSACHT: DER FALL EINES PATIENTEN

Einer meiner Patienten, ein 44-jähriger Ingenieur, stellte sich bei mir eines Tages wegen wiederholt und seit längerem auftretender Schmerzen im Bereich des Herzens vor, für die sich keine Ursache hatte finden lassen. Weder der von ihm konsultierte Herzspezialist noch der Orthopäde hatten körperliche Auffälligkeiten feststellen können. Die Lunge war unauffällig gewesen, auch eine immunologische Erkrankung oder ein Tumorleiden war ausgeschlossen worden.

Der Beginn der Schmerzen lag fünf Monate zurück. Kurz zuvor war seine 72-jährige Mutter, eine seit 27 Jahren verwitwete, aus diesem Grunde allein stehende Frau nach längerem Tumorleiden gestorben. Er hatte sich all die Jahre fürsorglich um sie gekümmert. Um die Zeit ihres Todes herum war er für seine Firma einige Wochen im fernen Ausland gewesen. Kurz bevor sie starb, hatte sie mit ihm telefoniert und ihm mitgeteilt, sie fühle ihr Ende nahen. Er bemühte sich um einen raschen Rückflug, konnte diesen aber wegen beruflicher Dinge erst einige Tage später antreten. Seine Mutter starb noch vor seiner Rückkehr. Seither, so der Patient, plagten ihn Schuldgefühle (er warf sich vor, dass er schneller hätte zu Hause sein können, wenn er die Notwendigkeit seiner sofortigen Rückkehr damals gegenüber seiner Firma deutlicher gemacht hätte).

Seine Bedrückung war verständlich, doch warum sollte er deswegen Herzschmerzen haben? Im weiteren Verlauf der Behandlung kam zur Sprache, dass er eine sehr gute und liebevolle Beziehung zum Vater hatte. Wegen der fürsorglichen Art des Vaters gegenüber seiner Mutter hatte der Patient nach dem Tod des Vaters eine besondere Verpflichtung gespürt, sich nun selbst mehr um seine Mutter kümmern zu müssen. Erst auf meine Nachfrage kamen die Todesumstände der Vaters zur Sprache: Der Patient war als 17-jähriger mit seinem damals 52-jährigen Vater joggen gewesen, als der Vater mitten im Wald einen Herzinfarkt erlitt und starb.

Er hatte den geliebten Vater neben sich schmerzvoll sterben sehen.

Dieses Erlebnis war tief im *emotionalen* Schmerzgedächtnis (im Gyrus cinguli) gespeichert und wurde nun in einer emotionalen Belastungssituation, nämlich unter dem Eindruck eines tiefen Schuldgefühls, reaktiviert. Im Rahmen einer Kurzpsychotherapie bildeten sich die Beschwerden des Patienten völlig zurück.

Dass Körperbeschwerden, die ein Patient früher bei einem nahe stehenden, geliebten Menschen miterlebt hat, später im eigenen Körper als Symptome auftreten können, ist in der psychotherapeutischen Medizin seit langem bekannt. Bei diesem in der Psychologie als »Identifizierung« bezeichneten Vorgang dürften die oben beschriebenen, von Hutchison im Gyrus cinguli entdeckten Nervenzell-Netzwerke eine Rolle spielen.

Die Beschwerden zahlreicher Patienten, die meist nach endlosen organmedizinischen Untersuchungen schließlich als »Einbildung« abgetan werden, haben einen ebenso ernsten medizinischen Hintergrund wie jede andere medizinische Erkrankung; das zeigt sich bei Zusammenführung psychosomatischer und neurobiologischer Erkenntnisse immer deutlicher. Die Patienten haben ein Recht darauf, verstanden und behandelt zu werden.

CHRONISCHE SCHMERZKRANKHEITEN UND »SCHMERZANGST«

Nicht nur das Mitgefühl beim körperlichen Schmerz anderer Menschen, auch andere mit dem Schmerz verbundene Emotionen sind in Nervenzellen des cingulären Cortex (also im »Zentrum für emotionale Intelligenz«) beheimatet. Patienten mit chronischen Schmerzen berichten sehr häufig von einem Phänomen, das Schmerzmediziner bestens kennen: Manchmal gehen im Alltag die Schmerzen eines Patienten zurück, ohne dass es diesem Patienten auffällt. Doch plötzlich bemerkt es der Patient, ihm wird plötzlich unerwartet bewusst, dass er im Moment kaum Schmerzen verspürt. Schlagartig befällt ihn nun eine Angst vor dem Wiederauftauchen der Schmerzen. Kaum ist die Angst da, kommen auch die Schmerzen wieder! Ein ähnliches, für Schmerzpatienten typisches Phänomen ist das ängstliche und aufmerksame »Absuchen« des eigenen Körpers nach Schmerzen, das als *»checking behavior«* bezeichnet wird und in der Regel ebenfalls eine Zunahme der Schmerzen zur Folge hat.

Wie Untersuchungen von Arthur Craig (Phoenix, Arizona), Nobukatsu Sawamoto (Kyoto, Japan), aber auch die bereits erwähnte Studie von William Hutchison zeigen, ist der cinguläre Cortex nicht nur bei Angst vor Schmerzen beteiligt, sondern auch bei der Erwartung bevorstehender Schmerzen und sogar dann, wenn man sich die Schmerzen in der Fantasie nur vorstellt.

ZUSAMMENFASSUNG

Intensive oder länger dauernde Schmerzerfahrungen lassen im Körper eine »Inschrift« (ein Engramm) zurück, das als »Schmerzgedächtnis« bezeichnet wird. Schmerzen werden nicht nur als Signale des Berührungs- und Schmerzsinnes (im sensiblen Cortex) gespeichert, sondern zusätzlich auch in einem *emotionalen* Schmerzgedächtnis (im Gyrus cinguli, der zum limbischen System, dem »Zentrum für emotionale Intelligenz«, gehört). Körperlich selbst erlittene Schmerzen hinterlassen in beiden Orten des Schmerzgedächtnisses eine Spur. Gesehene beziehungsweise direkt miterlebte Schmerzereignisse, die sich bei einem anderen Menschen abgespielt haben, hinterlassen ihre Spur »nur« im *emotionalen* Schmerzgedächtnis des Gyrus cinguli.

In früherer Zeit durchgemachte Schmerzerfahrungen können – auch nach vielen Jahren – in seelischen Belastungssituationen reaktiviert werden und dann chronische Schmerzen »ohne Befund« hervorrufen. Durch eine körperliche Erkrankung verursachte chronische Schmerzen bedürfen einer Behandlung der körperlichen Grundkrankheit (z.B. eine rheumatoide Arthritis oder andere Rheumaerkrankungen, Tumorkrankheiten, Nervenkrankheiten und Ähnliches). Hier sind meist auch Schmerzmittel sinnvoll und gerechtfertigt. Chronische Schmerzen, die jedoch »ohne Befund« auftreten (einschließlich des Fibromyalgie-Syndroms), stehen in den meisten Fällen im Zusammenhang mit dem Schmerzgedächtnis. Bei dieser Form der Schmerzerkrankung empfiehlt sich eine Psychotherapie, wobei in der Regel mit einer stationären psychosomatischen Behandlung begonnen werden sollte, da sich hier zusätzlich zur Gesprächstherapie auch körpertherapeutische Verfahren einsetzen lassen, die sich bei chronischen Schmerzleiden besonders bewährt haben. An die stationäre Behandlung sollte sich eine ambulante psychotherapeutische Behandlung anschließen.

13. EFFEKTE VON TRAUMEN AUF GENE UND STRUKTUREN DES GEHIRNS: DIE POST-TRAUMATISCHE BELASTUNGSSTÖRUNG

WILLIAM JAMES UND DIE »NARBE IN DER GEHIRNSUBSTANZ«

Manchmal vergehen einige Jahrzehnte, bis Untersuchungen mit neuen Technologien eine Hypothese bestätigen, die zum Zeitpunkt ihrer Entstehung zwar intelligent, aber nicht beweisbar war. Untersuchungen, wie sie seit einigen Jahren in der Neurobiologie möglich sind, haben manches geklärt, was jahrzehntelang nur vermutet werden konnte. Von William James (1842–1910), einem der Urväter der wissenschaftlichen Psychologie und Professor an den Universitäten Harvard und Stanford, ist aus dem Jahre 1890 der folgende Satz überliefert: »Ein Erlebniseindruck kann emotional so aufregend sein, dass er beinahe so etwas wie eine Narbe in der Gehirnsubstanz hinterlässt.« (»*An impression may be so exciting emotionally as almost to leave a scar upon cerebral tissue.*«)

Erst seit wenigen Jahren können wir sagen, dass dieser Satz tatsächlich zutrifft. Faszinierende Einsichten in das Erleben der Seele und in die Funktion des Gehirns, die wir erst seit kurzem haben, ließen uns manches sozusagen ein zweites Mal entdecken, was bereits Gründerväter der Seelenforschung wie Iwan Pawlow, William James, Sigmund Freud, Eugen Bleuler, Emil Kräpelin, Franz Alexander und andere aus ihrer klinischen Erfahrung heraus vermuteten beziehungsweise erkannt hatten. Was wir seit einigen Jahren über Gesundheitsstörungen nach Traumaerfahrungen wissen, mit denen wir uns nachfolgend befassen wollen, ist jedenfalls eine späte, eindrucksvolle Bestätigung der zitierten Aussage von William James.

EMOTIONALE BESCHWERDEN UND ALBTRÄUME:
DAS BEISPIEL EINES PATIENTEN

Eines Tages stellte sich bei mir ein Apotheker vor, ein schlanker sportlicher Mann Mitte 40, der – wie ich von ihm zunächst erfuhr – auf dem Lande eine große, gut gehende Apotheke führte und für seine Familie mit drei Kindern ein sorgender Vater war. Seiner Familie gehe es gut, auch sonst habe er privat gute Freunde. Von »Psychodingen« halte er eigentlich gar nichts. Er suche jetzt aber meine Hilfe, weil er – bereits seit längerer Zeit – eigenartig reizbar geworden sei und manchmal wie aus heiterem Himmel in ein plötzliches innerliches Gefühl von Elend »abstürze«. Alarmiert habe ihn dabei der folgende Vorfall: Während eines kürzlichen Frankreichaufenthaltes mit seiner Frau habe er auf dem Balkon seines Hotelzimmers stehend einen für ihn völlig überraschenden, kaum bezwingbaren Impuls gespürt, sich in den Tod zu stürzen. Ebenso rasch, wie die kurzen Zustände von plötzlicher emotionaler Labilität aufträten, seien sie auch wieder vorbei. Seine Grundstimmung sei sonst eigentlich gut und zuversichtlich.

Auf die Frage, ob er bestimmte Situationen kenne, in denen die berichteten Symptome häufiger als sonst aufträten, fiel ihm nichts ein, außer: Es komme immer wieder vor, dass er beim Autofahren über Land schlagartig in einen Angst- und Panikzustand mit Herzrasen und starkem Zittern gerate, sodass er rechts heranfahren und die Fahrt unterbrechen müsse. Auch dies sei ihm unverständlich, denn er fahre mit seinem leistungsstarken Fahrzeug nicht nur gerne, sondern – wie er schmunzelnd anmerkte – auch sehr sportlich.

Erst auf meine Frage nach seinem Schlaf kamen wir der mysteriösen Geschichte etwas näher: Er habe – durchschnittlich mindestens etwa zwei Mal in der Woche – einen Albtraum, aus dem er nass geschwitzt und »mit den Nerven so fix und fertig« aufwache, dass ihn seine Frau kaum beruhigen könne. Dazu müsse er mir aber eine Geschichte erzählen, die jedoch – wie er eher abwiegelnd meinte – »schon lange erledigt und vorbei« sei (bei solchen Äußerungen wird es in der psychotherapeutischen Medizin manchmal erst richtig interessant).

164

Der Albtraum sei immer der gleiche und wiederhole, so erzählte der Patient, den letzten kurzen Moment vor einem Autounfall, der ihm vor sieben Jahren unverschuldet zugestoßen sei: In einer lang gezogenen Linkskurve, durch die er relativ schnell, aber korrekt auf seiner Spur gefahren sei, habe es einen entgegenkommenden Lieferwagen aus der Kurve getragen. Der Wagen sei direkt auf ihn zugekommen und es kam zu einem verheerenden Unfall. Die Folgen, schwere Verletzungen mit zahlreichen Brüchen, habe er in einer mehrmonatigen Klinikbehandlung und in einem eisernen anschließenden Aufbautraining vollständig überwinden können (er jogge seit Jahren und treibe auch sonst intensiv Sport).

Der damalige Strafprozess habe eine 100-prozentige Schuld des Unfallgegners festgestellt. Die Beschwerden, wegen derer er jetzt zu mir komme, auch die Albträume, hätten jedoch erst Jahre später begonnen. Erst jetzt fiel dem Patienten ein, dass sich der Beginn seiner aktuellen emotionalen Symptome in etwa auf einen Zeitpunkt vor zwei bis drei Jahren datieren lasse, als die juristische Auseinandersetzung um die schadensrechtliche Abwicklung der Unfallfolgen, über die sich die Parteien nicht einigen konnten, vor Gericht getragen wurde. Dieses zivilrechtliche Verfahren war immer noch anhängig, als der Patient zu mir kam. Es sei ihm vor drei Jahren sehr schwer gefallen (und falle ihm bis heute schwer), dass ihm anhand der Prozessakten zahlreiche Details des Unfalles wiederbegegnet seien.

DIE POSTTRAUMATISCHE BELASTUNGSSTÖRUNG (PTBS)

Schlafstörungen mit Albträumen, emotionale Irritierbarkeit, Angst- oder Panikzustände: Die Symptome dieses Mannes sind Teil einer in vielen Fällen nicht erkannten Gesundheitsstörung, die als »posttraumatische Belastungsstörung« (PTBS) bezeichnet wird. In der internationalen Literatur heißt sie *»posttraumatic stress disorder«* oder PTSD. Ein erst in jüngster Zeit gänzlich erkanntes, häufiges Symptom der PTBS ist das hohe Risiko für impulsive Selbsttötungen. Auf diese Symptomatik, die beim erwähnten Patienten der Anlass für die Vorstellung bei mir war, wurde man erst in allerjüngster Zeit aufmerksam (unter anderem durch Studien von Marcello Ferrada-Noli von der Harvard-Universität sowie vom israelischen Traumaforscher Moshe Kotler).

Häufige weitere Symptome der PTBS, die beim geschilderten Patienten aber nicht im Vordergrund standen, sind: tagsüber in der Vorstellung auftauchende Schreckensbilder (so genannte *»flash backs«* oder »Intrusionen«), Konzentrationsstörungen, Schreckhaftigkeit, Erinnerungsprobleme, ängstliches Vermeidungsverhalten oder Interessenverlust. Auf ein weiteres, sehr bedeutsames Symptom, nämlich die so genannte »Dissoziation«, werden wir noch zu sprechen kommen.

Verkehrsunfallopfer – wie im Falle des genannten Patienten – stellen nur einen Teil der PTBS-Patienten dar (»nur« sechs bis acht Prozent der Opfer von Autounfällen erkranken an einer PTBS). Jedoch behalten 45–65 Prozent der Opfer von Vergewaltigung oder schwerer körperlicher Misshandlung eine posttraumatische Belastungsstörung zurück. Wie große Studien, z.B. von Ronald Kessler und anderen, zeigen, erleiden aber auch sieben Prozent derjenigen, die ein schweres Gewaltereignis »nur« als Zeugen miterleben müssen, eine PTBS. Da – nach der gleichen Untersuchung – etwa 25 Prozent der Bevölkerung irgendwann in ihrem Leben selbst ein schweres Trauma- oder Gewaltereignis erleiden, sind posttraumatische Belastungsstörungen keineswegs selten.

Knapp acht Prozent der Normalbevölkerung leiden irgendwann im Laufe ihres Lebens unter posttraumatischen Stresssymptomen. Besonders stark betroffene Berufsgruppen sind Rettungssanitäter, Polizisten und Lokführer. Letztere haben dann ein sehr hohes PTBS-Risiko, wenn sich ihnen eine Person in Suizidabsicht vor den Zug geworfen hat. Auch Soldaten sind eine stark betroffene Gruppe (nach Angaben des Bundeswehrverbandes zeigten in den ersten Jahren des Balkaneinsatzes, als die Situation dort noch nicht beruhigt war, über 300 der dabei eingesetzten Soldaten eine posttraumatische Belastungsstörung).

VOM EIGENEN KÖRPER WIE GETRENNT:
DISSOZIATION ALS TRAUMAFOLGE

Im Rahmen der Therapie mit dem oben erwähnten Patienten, der einen schweren Autounfall erlitten und Jahre später eine posttraumatische Belastungsstörung entwickelt hatte, erzählte dieser Patient über den Moment des Unfalls ein bedeutsames Erlebnis: Nachdem seine Wahrnehmung im Moment des Zusammenpralls der Fahrzeuge für unbestimmte Zeit ausgesetzt habe, sei er, als er wieder zu sich kam, *von sich und seinem Körper getrennt* gewesen. Er habe sich *wie von außen* erlebt. Er sei *geschwebt* und zu umstehenden Leuten gegangen und habe diese gefragt, was denn passiert sei.

Bei diesem Phänomen handelt es sich um eine sehr typische Reaktionsweise der Seele in Situationen, die ein Mensch in keiner Weise mehr ertragen beziehungsweise seelisch nicht mehr aushalten kann. Diese Entfernung von sich selbst, um aus der tatsächlichen unerträglichen Situation herauszukommen, bezeichnet man als *Dissoziation.* Die Dissoziation wurde vor einigen Jahren Gegenstand einer umfangreichen und populären Literatur über angebliche »Jenseits-Erfahrungen« und Ähnliches.

Aus psychologischer und neurobiologischer Sicht ist die Dissoziation ein Selbstschutz der Seele vor unerträglichem seelischem oder körperlichem Schmerz. Die neurobiologischen Aspekte dieses Phänomens werden im nachfolgenden Kapitel 14 über Traumaerfahrungen bei Kindern näher ausgeführt (die Seele aktiviert hier nämlich Gene zur Produktion körpereigener Schmerzdämpfer, so genannte Endorphine). Aus psychologischer Sicht ist die Dissoziation ein so genannter »Abwehrmechanismus« beziehungsweise ein »Bewältigungsversuch«, um aus einer emotional nicht mehr aushaltbaren Situation herauszukommen.

WAS IST FÜR SEELE UND GEHIRN EIN »TRAUMA«?

Zurück zum Satz von William James und damit zur Frage: Welche Folgen hat das seelische Traumaerlebnis auf neurobiologische Strukturen des Gehirns? Wie also steuert das Erleben der Seele in diesem Fall die Gene? Reize, Erlebnisse und Erfahrungen, die wir mit unseren fünf Sinnen aus der Außenwelt aufnehmen, werden in der Gehirnrinde in Nervenzell-Netzwerken repräsentiert und gespeichert. Weil Nervenzell-Netzwerke auch untereinander durch Nervenbahnen komplex verschaltet sind, kann das Gehirn äußere Situationen zu einem inneren Abbild komponieren (wobei dieses »Abbild« nichts mit einem Bild, sondern nur mit Nervenzell-Netzwerken zu tun hat, die jeweils für bestimmte Momente gemeinsam aktiv sind).

Das »innere Abbild«, welches das Gehirn – entlang der jeweiligen äußeren Situation – permanent fortschreibt, wird »online« dahingehend bewertet, ob die aktuelle äußere Situation im Einklang mit den eigenen Bedürfnissen steht, oder ob sie eine Aktion erforderlich macht oder ob sie absolut nicht zu bewältigen beziehungsweise gefährlich ist. Grundlage für die »online«-Bewertung ist der fortlaufende Abgleich des aktuellen inneren Abbildes mit früheren, ebenfalls in Netzwerken abgespeicherten Erfahrungen aus ähnlichen Situationen. Von einem »Trauma« sprechen wir, wenn eine aktuelle äußere Situation wahrgenommen wird, die mit extremsten (seelischen oder körperlichen) Schmerzen verbunden ist oder Lebensgefahr bedeutet und aus der es kein Entrinnen gibt.

DIE SPEICHERUNG VON ANGST- UND SCHMERZERFAHRUNGEN IM MANDELKERN (AMYGDALA)

Erfreuliche und unangenehme Erfahrungen aus früheren Situationen sind im »Zentrum für emotionale Intelligenz« gespeichert, das als limbisches System bezeichnet wird und mit der Großhirnrinde aufs Engste verschaltet ist. Einer der wichtigsten emotionalen Gedächtnisträger im limbischen System ist der so genannte Mandelkern (Fachbezeichnung Amygdala).

Der Mandelkern ist ein emotionales Gedächtnissystem, welches auf die Speicherung unangenehmer und gefährlicher Vorerfahrungen spezialisiert ist. Mit der Amygdala sollte man es sich nicht verderben: Wenn sie »meint«, einen Alarmzustand zu erkennen, alarmiert sie die Notfallzentren des Gehirns (Hypothalamus und Hirnstamm) und ist auf diese Weise in der Lage, den gesamten Körper mitsamt Kreislauf, Herzschlag etc. »verrückt« zu machen.

WIE GENE UND HIRNSTRUKTUREN AUF GEFAHREN REAGIEREN

Reize und zwischenmenschliche Erlebnisse, die uns positiv herausfordern, die uns vor bewältigbare Aufgaben stellen und damit zu angenehmen Ergebnissen führen können, bewirken eine Stabilisierung und Erweiterung von Nervenzellen-Netzwerken sowie eine strukturelle Verstärkung der Kontaktstellen (Synapsen), mit denen einzelne Nervenzellen innerhalb der Netzwerke untereinander verbunden sind. Dieser positive Effekt von Erlebnissen auf das Gehirn beruht darauf, dass durch bewältigbare Reize und Erlebnisse Gene von Nervenwachstumsfaktoren aktiviert werden, worauf wir an anderer Stelle bereits ausführlich eingegangen sind.

Äußere Situationen und zwischenmenschliche Erlebnisse, deren Bewertung durch das Gehirn ergibt, dass sie unsere Bewältigungsmöglichkeiten überfordern und den eigenen Organismus bedrohen, rufen das emotionale Gedächtniszentrum der Amygdala auf den Plan: Ihre Nervenzellen werden bei Wahrnehmung einer Gefahr sofort aktiv, schütten aktivierende Botenstoffe (insbesondere Glutamat) aus und aktivieren eigene Notfallgene (z.B. das c-fos-Gen). Innerhalb eines Sekundenbruchteils kommt es nun – auf dem Weg über Nervenbahnen – zur Aktivierung der Alarmzentren des Gehirns (Hypothalamus und Hirnstamm).

DAS NEUROBIOLOGISCHE »PANIKORCHESTER«

Im Hypothalamus veranlasst die Amygdala die Aktivierung des zentralen Stressgens CRH und mit ihm die Aktivierung der gesamten hormonellen Stressachse des Körpers. Dadurch wird auch das Stresshormon Cortisol ausgeschüttet (allerdings wahrscheinlich nur während des Traumaerlebnisses selbst; bei einer späteren PTBS zeigen Patienten trotz weiter erhöhtem CRH eine Verminderung von Cortisol, siehe dazu unten). Gleichzeitig schütten Nervenzentren im Hirnstamm, der von der Amygdala ebenfalls alarmiert wurde, erregende Botenstoffe wie Noradrenalin und Acetylcholin aus und aktivieren eigene Notfallgene (z.b. das Thyrosin-Hydroxylase-Gen, das an der Produktion von Noradrenalin mitwirkt). Noradrenalin aktiviert Puls und Kreislauf. Die konzertierte Aktion dieses »Panikorchesters« versetzt den Organismus in die Lage, auf die äußere, bedrohliche Situation nun entweder mit einer besonderen Anstrengung, mit einer kämpferischen Reaktion oder mit dem schnellsten Weg in die Flucht zu antworten. Nur: im Falle einer Trauma-Situation gibt es keinen solchen Ausweg.

WENN DAS TRAUMA DEN »SET POINT« VERSTELLT: ERHÖHUNG DER EMPFINDLICHKEIT NEUROBIOLOGISCHER STRUKTUREN

Das Problem »unseres« (oben erwähnten) Patienten im letzten Sekundenbruchteil vor seinem Unfall war, dass ihm in diesem Moment klar war, dass sich das bevorstehende Ereignis, das seinen Tod hätte bedeuten können, durch nichts, weder Anstrengungen noch Kampf oder Flucht, abwenden ließ. In der gleichen Trauma-Situation befinden sich Opfer von Vergewaltigungen oder von schwerer körperlicher Misshandlung, Soldaten in Kampfsituationen sowie Opfer von Folter oder Geiselnahme. Diese Menschen erleben *eine Situation des bewusst erlebten, vollständigen Kontrollverlustes im Angesicht einer äußeren Gefahrensituation.*

Die äußere Gefahrensituation (das »Trauma«) wird von den Nervenzell-

Netzwerken der Hirnrinde und des limbischen Systems zum Alarmbild eines Super-GAU komponiert. Dieses Alarmbild brennt sich in den Gedächtnisspeicher des »Zentrums für emotionale Intelligenz« ein, das heißt in die Amygdala (die zum limbischen System gehört): In der Amygdala kommt es dadurch erstens zu einer dauerhaften Erhöhung der Ansprechbarkeit (»Sensibilisierung«) von Alarm-Nervenzellen und zweitens zu einer bleibenden Super-Verstärkung von Nervenzell-Kontakten (Synapsen), und zwar vor allem von solchen Synapsen, die Botenstoffe in Richtung der Alarmzentren des Gehirns (Hypothalamus und Hirnstamm) ausschütten.

Praktisch bedeutet dies, dass die Amygdala durch das Traumaerlebnis eine bleibende Erhöhung ihrer Empfindlichkeit zurückbehält. Der *»set point«* ist verstellt: Sowohl die Seele als auch ihr emotionaler Gedächtnisspeicher, die Amygdala, reagieren auf Alltagssituationen von nun an viel empfindlicher als zuvor. Manchmal reagieren sie jetzt sogar dann, wenn in der äußeren Situation des Betroffenen anscheinend gar nichts Gefährliches vorhanden ist.

ANGSTAUSLÖSER, DIE SICH DER KONTROLLE DES BEWUSSTSEINS ENTZIEHEN (EIN NEUROBIOLOGISCHER »NACHWEIS« DES UNBEWUSSTEN)

Moderne neurobiologische Untersuchungsverfahren lassen den Umfang der körperlichen Veränderungen erkennen, die durch seelische Traumaerlebnisse verursacht werden können. (Bereits hier sei angemerkt: Eine früh einsetzende Psychotherapie kann diese Veränderungen großenteils rückgängig machen und vor allem verhindern, dass bestimmte Spätfolgen eintreten.) Patienten mit den Symptomen einer posttraumatischen Belastungsstörung (PTBS) zeigen in der PET-Untersuchung, die den Energieverbrauch einzelner Hirnregionen sichtbar macht, eine dauerhafte Überaktivierung der Amygdala (PET ist die Abkürzung für Positronen-Emissions-Tomographie und wurde im Kapitel 12 bereits erläutert).

Paul Whalen von der Universität in Wisconsin beobachtete ein faszinierendes Phänomen: Er hat PTBS-Patienten auf einem Bildschirm Erinnerungsbilder an das Trauma eingeblendet, und zwar nur für eine derart kurze Zeitspanne (weniger als 50 Millisekunden), dass der Patient nicht sagen konnte, *was* er gesehen hatte. Diese Art der Reizdarbietung, die zwar das Gehirn (und Teile der Seele) erreicht, jedoch nicht zu einer bewussten Wahrnehmung führt, bezeichnet man in der Neurobiologie als »subliminale Stimulation«.

Obwohl die von Paul Whalen untersuchten PTBS-Patienten nicht »wussten«, was sie sahen, löste die »subliminale« Darbietung des traumatischen Erinnerungsbildes nicht nur eine volle Angst- und Panikreaktion aus, sondern auch eine massive, in der PET-Untersuchung sichtbare Aktivierung der Amygdala (nichttraumatische Erinnerungsbilder zeigten dagegen keinen Effekt). Dieser faszinierende Befund verdeutlicht, dass innere Vorstellungen und Bilder unserer Seele auch dann eine massive Kraft haben können, wenn das Bewusstsein von ihnen nichts weiß (diese Erkenntnis war, nur am Rande gesagt, die zentrale Entdeckung von Sigmund Freud).

Erinnern wir uns an unseren Patienten: Auch er wusste nicht, warum er – Jahre nach seinem Unfall – beim Autofahren manchmal plötzlich Angst- und Panikattacken erlitt, die ihn zur Unterbrechung der Fahrt zwangen. Erst in der Psychotherapie entdeckte der Patient, dass die Attacken immer dann auftraten, wenn er lang gezogene Kurven (wie beim Unfallereignis) fuhr. Unter *Auslassung seiner bewussten Wahrnehmung* hatten schnell durchfahrene lang gezogene Kurven im Sinne einer subliminalen Wahrnehmung seine Amygdala und seine neurobiologischen Alarmsysteme aktiviert – genauso, wie es die PET-Untersuchung bei PTBS-Patienten nach der subliminalen Darbietung traumatischer Erinnerungsbilder gezeigt hatte.

WIE DAS TRAUMA DIE AKTIVITÄT VON GENEN VERÄNDERT

Die Empfindlichkeitserhöhung (»Sensibilisierung«) des emotionalen Gedächtnisspeichers Amygdala ist nicht die einzige körperliche Traumafolge, die PTBS-Patienten von ihrem Trauma zurückbehalten. Seelische Erlebnisse steuern auch beim Trauma unsere Gene: Bei PTBS-Patienten kommt es, wie die Traumaforscherin Dewleen Baker von der Universität Cincinnati feststellte, zu einer *dauerhaften* Aktivierung des zentralen Stressgens CRH.

Eine Erhöhung der CRH-Produktion hat »normalerweise«, das heißt bei normalem Stress und bei der Depression, eine vermehrte Cortisolproduktion zur Folge. Anders als bei der Depression ist bei der posttraumatischen Stresserkrankung jedoch – trotz erhöhtem CRH – die Konzentration des Stresshormons Cortisol *erniedrigt*. Dies lässt darauf schließen, dass das Extremereignis einer Traumaerfahrung einen Zusammenbruch der normalen Regelkreise in der Stressachse zurücklässt.

Wie die New Yorker Traumaexpertin Rachel Yehuda zeigte, findet sich bei PTBS-Patienten neben einer Aktivierung des CRH-Gens auch ein dauerhaft erhöhter Noradrenalinspiegel, was durch die Aktivierung des Hirnstammes seitens der Amygdala verursacht ist. Veränderungen der Noradrenalinausschüttung erklären einige der bei Traumapatienten auftretenden körperlichen Beschwerden, die insbesondere das Herz, den Kreislauf, die Konzentration und den Schlaf betreffen.

SCHÄDIGUNG VON HIRNSTRUKTUREN BEI UNBEHANDELTER PTBS

Kommt es zu keiner frühzeitigen Therapie (bei vielen Patienten wird die Diagnose leider nicht einmal erkannt), so kann dies bei der posttraumatischen Belastungsstörung zusätzliche neurobiologische Spätfolgen nach sich ziehen: Bei einem Teil der Personen mit posttraumatischer Erkrankung kommt es im Verlauf der Jahre zu einem Untergang von Nervenzellen und einer Substanzverminderung (Degeneration) in Hirnregionen, die eine entscheidende Funktion für die Gedächtnisfunktion haben (Amygdala und Hippocampus). Dies wurde durch mehrere Arbeitsgruppen, unter anderem durch Murray Stein aus San Diego und Douglas Bremner an der Yale University, gezeigt. Bei den als Spätfolge des Traumas beobachteten Nervenzell-Schädigungen spielt die bereits an anderer Stelle geschilderte Nervenzell-schädigende Wirkung eine Rolle, die sich aus einer übermäßigen Ausschüttung des erregenden Botenstoffes Glutamat ergibt.

ZUR THERAPIE: SOFORTHILFE BEI KATASTROPHENOPFERN

Direkt nach einem Traumaereignis (z.B. nach einer Geiselnahme, nach einem Gewaltverbrechen wie in Erfurt oder bei einer Katastrophe wie dem Zugunglück von Eschede) wurde Betroffenen nach der ärztlichen und allgemeinen ersten Hilfe eine psychologische Unterstützung angeboten. Die Unterstützung besteht in einem Angebot zu einem Gespräch, das als »Debriefing« bezeichnet wird und in dem die Betroffenen ihre Eindrücke und Emotionen schildern sollen. Jüngste Untersuchungen zeigen, dass unmittelbar nach einem Trauma vorgenommene Kurz-Debriefings eher schaden als nützen. Eine über mehrere Sitzungen durchgeführte Einzel-Psychotherapie hat sich demgegenüber als nützlich erwiesen.

DIE PSYCHOTHERAPEUTISCHE BEHANDLUNG
DER POSTTRAUMATISCHEN BELASTUNGSSTÖRUNG

Posttraumatische Belastungsstörungen können Monate, manchmal sogar erst Jahre nach einem Trauma auftreten, sollten dann aber möglichst unverzüglich psychotherapeutisch behandelt werden. Hierfür stehen mehrere Behandlungsverfahren zur Verfügung, die alle eine sorgfältig vorbereitete emotionale Wiederbegegnung (eine so genannte »Exposition«) des Patienten mit dem Traumaereignis beinhalten. Eine sehr effiziente Behandlung ist ein von der Traumaexpertin Edna Foa entwickeltes Psychotherapie-Verfahren (mit diesem Verfahren konnte ich auch den oben geschilderten Patienten erfolgreich behandeln).

Mit der detaillierten Thematisierung des Traumaereignisses wird so lange gewartet, bis eine gute, stabile und vertrauensvolle Beziehung zwischen Patient und Therapeut(in) entstanden und dieser (diese) in der Lage ist, ein nochmaliges Durchgehen des Traumas und ein Wiedererleben der dabei aufgetretenen extremen Gefühle »aufzufangen«. Die Kunst bei der Therapie von Traumaopfern besteht darin, den Zeitpunkt für die Thematisierung des Traumareignisses sorgfältig vorzubereiten und die emotionale Wiederbegegnung mit dem Trauma für den Patienten so professionell zu gestalten, dass dadurch zugleich auch eine Beseitigung der Symptome gelingt. Wird ein traumatisierter Patient voreilig und/oder unprofessionell mit dem Trauma konfrontiert, kann dies zu einer Re-Traumatisierung führen und zusätzlichen schweren Schaden anrichten.

Ein neuerdings in Mode gekommenes Behandlungsverfahren, bei dem der Therapeut im Rahmen eines Rituals die Augenbewegungen des Patienten in einer bestimmten Weise hin- und herlenkt, ist umstritten. Das Verfahren trägt den Namen »EMDR« (»*Eye movement desensitization reprocessing*«). Experten-Empfehlungen (»*Expert Consensus Guidelines*«), die 1999 von einer Gruppe internationaler Fachleute unter der Federführung von Edna Foa publiziert wurden, empfehlen das EMDR-Verfahren jedenfalls ausdrücklich nicht.

ZUSAMMENFASSUNG

Als »Trauma« wird das Erlebnis einer extremen, durch Bedrohung, Gewalt oder Lebensgefahr charakterisierten Gefahrensituation bezeichnet, bei der keinerlei Möglichkeit bestand, zu entrinnen oder irgendetwas zu tun, um die Situation zu beeinflussen. Symptome der posttraumatischen Belastungsstörung (PTBS) sind unter anderem emotionale Labilität, plötzliches Wiederauftauchen von Schreckensbildern in der Vorstellung (so genannte *flash backs* oder Intrusionen), nächtliche Albträume, Angstzustände, Konzentrations- und Gedächtnisprobleme, Rückzug und Vermeidungsverhalten, in vielen Fällen auch unvermittelt auftretende Selbsttötungs-(Suizid-)Impulse.

Etwa acht Prozent der Personen, die schwere Unfälle (inklusive Autounfälle) erleben, erleiden eine posttraumatische Belastungsstörung. Nach Gewaltverbrechen wie Vergewaltigung oder körperlicher Misshandlung erkranken 45–65 Prozent der Betroffenen an einer posttraumatischen Stresserkrankung. Unfälle oder spektakuläre Katastrophen finden oft starke öffentliche Beachtung. Häufigste Traumaursache sind jedoch Gewaltsituationen im Rahmen zwischenmenschlicher Beziehungen.

Traumaerlebnisse führen zu einer extremen Aktivierung der Alarmsysteme des Gehirns (Amygdala, Hypothalamus, Hirnstamm). Das seelische Traumaerlebnis verändert in den genannten Gehirnzentren die Aktivität von Genen und erzeugt Veränderungen in neurobiologischen Strukturen. Unbehandelt erleiden Patienten mit einer posttraumatischen Belastungsstörung, verursacht durch den Leidensdruck aufgrund ihrer Symptome, sehr häufig Depressionen oder geraten in eine Abhängigkeitserkrankung (häufig Alkohol). Einmalige Kurzbehandlungen im Schnellverfahren (so genannnte Debriefings), die unmittelbar nach einem Trauma angewandt werden, haben sich als eher schädlich erwiesen. Psychotherapeutische Behandlung dagegen kann, vor allem wenn sie früh erfolgt, die seelischen und neurobiologischen Traumafolgen erwiesenermaßen bessern oder ganz beheben.

14. SEELISCHE UND NEUROBIOLOGISCHE FOLGEN VON GEWALT UND MISSBRAUCH BEI KINDERN UND DIE BORDERLINE-STÖRUNG

BEI KINDERN BESONDERS GRAVIEREND: DIE NEUROBIOLOGISCHEN FOLGEN ZWISCHENMENSCHLICHER ERFAHRUNGEN

Der Leitgedanke dieses Buches möchte deutlich machen, in welchem Umfang zwischenmenschliche Beziehungen körperliche Abläufe bis hin zur Regulation der Genaktivität beeinflussen. Beim Kind ist die Bedeutung der Beziehungen – in der Regel die Beziehung zu den Eltern oder anderen maßgeblichen Bezugspersonen – besonders hoch. Wir wissen aufgrund gesicherter wissenschaftlicher Erkenntnisse, dass Erfahrungen der frühen Kinderjahre spätere seelische und körperliche Abläufe »bahnen«, das heißt auf ein bestimmtes »Gleis« bringen. Das eindrücklichste Beispiel hierfür ist der jüngst experimentell nachgewiesene Einfluss, den eine liebevolle Zuwendung im Säuglingsalter auf spätere Stressreaktionen im Erwachsenenalter hat.

Wie der kanadische Forscher Michael Meaney in genialen Versuchen zeigte, schützt eine liebevolle Zuwendung zum Säugling die Stressgene im Erwachsenenalter vor Überreaktionen. In der Kindheit und Jugend werden im Gehirn die Nervenzell-Netzwerke angelegt, die später darüber entscheiden, wie eine Person ihre Umwelt einschätzt und interpretiert, wie sie Beziehungen gestaltet und wie sie mit den Herausforderungen umgeht, die das Leben bereithält. Die »Konstruktion« dieser Nervenzell-Netzwerke hängt von den Erfahrungen ab, die das Kind in seinen Beziehungen während der ersten Lebensjahre macht.

Leider ist ein Teil der Kinder – auch in unserem Lande – einem erheblichen Maß an Vernachlässigung, aber auch schweren Gewalterfahrungen ausgesetzt. Das Ausmaß von Misshandlung und Missbrauch bei Kindern wurde erst in den vergangenen Jahren durch systematische Untersuchungen in vollem Umfang erkannt. Das nachfolgende Kapitel wird sich mit den seelischen und neurobiologischen Folgen dieses skandalösen Missstandes befassen und dabei insbesondere auf eine Reaktion des Kindes näher eingehen, mit der sich das Kind vor Gewalterfahrungen schützt: mit der Dissoziation und einigen sich daraus ergebenden Erkrankungen.

ELTERN MÜSSEN FEHLER MACHEN DÜRFEN

Die meisten Kinder entwickeln sich glücklicherweise gut. Keine Erziehung ist perfekt. Eltern müssen Fehler machen dürfen, auch das gehört zu jener Menschlichkeit, von der unsere Beziehung zu Kindern bestimmt sein sollte. Familien sind mannigfachen Belastungen ausgesetzt: Sorgen um den Arbeitsplatz, schwierige Wohnverhältnisse, gesundheitliche Probleme der Eltern, Unfälle, Schwierigkeiten in der Schule, aber auch körperliche Erkrankungen des Kindes können die Entwicklung eines Kindes belasten.

Kinder verfügen über enorme Fähigkeiten, mit Widrigkeiten klarzukommen. Erfahrungen mit ernsten Problemen und damit, dass sich Schwierigkeiten durch Zusammenhalt, durch Zueinanderhalten und durch Liebe überwinden lassen, sind für ein Kind außerordentlich wichtig. Auch Grenzen der materiellen Verwöhnung zu ziehen und dies mit dem Kind vor allem auch offen und freundschaftlich zu besprechen, ist eine für die Entwicklung eines Kindes äußerst wichtige Erfahrung.

WENN FAMILIEN IN NOT SIND

Überschreiten die Probleme einer Familie ein bestimmtes Maß, dann kann die außerordentliche Fähigkeit des Kindes sich anzupassen zur Gefahr werden: Denn Kinder sind bereit, alles zu tun und auf alles zu verzichten (auch auf das, was für ihre Entwicklung nötig wäre), um das zu erhalten, was ihnen das Wichtigste ist: die elterliche Bindung. Wenn Kinder in Familien, die sich in Not befinden, zum permanenten Helfer, »Rettungssanitäter« oder »Seelsorger« ihrer eigenen Eltern werden müssen, nehmen sie seelischen Schaden. In solchen Fällen ist es höchste Zeit, dass sich die Eltern psychotherapeutischen Rat holen.

Doch manchmal geht die Not einer Familie noch über das hinaus, was soeben geschildert wurde, nämlich dann, wenn Kinder selbst zum Opfer von schwerer Gewalt oder Missbrauch werden. Aus solchen Erfahrungen eines Kindes können sich schwer wiegende Gesundheitsstörungen ergeben. Studien aus den letzten Jahren haben den dramatischen Einfluss von Traumaerfahrungen bei einer Reihe von Erkrankungen gesichert. Dazu zählen unter anderem die Borderline-Störungen. Da Erkrankungen, die sich – jedenfalls zu einem erheblichen Teil – aus kindlichen Traumaerlebnissen herleiten, in den letzten Jahren zugenommen haben, erscheint es wichtig, die seelischen und neurobiologischen Erkenntnisse über die Folgen von Gewalt bei Kindern darzustellen.

DISSOZIATION: WENN DIE SEELE SICH VOM HIER UND JETZT ENTFERNT

Erinnern wir uns zunächst noch einmal der Erzählung des Patienten (im vorangegangenen Kapitel 13), der einen schweren Frontalunfall erlebt hatte und nach einer Phase völliger Bewusstlosigkeit noch schwer verletzt in seinem Fahrzeug sitzend wieder zu sich kam. Er sei *von sich und seinem Körper getrennt* gewesen. Er habe sich *wie von außen* erlebt. Er sei *geschwebt.*

Diese Schilderung kann uns eine Verständnisbrücke zum dem bauen, was bei Kindern in Extremsituationen passiert: Es geht um eine Art »Entfernung von sich selbst«, mit dem Ziel, aus einer tatsächlichen, seelisch und körperlich unerträglich gewordenen Situation herauszukommen. Da es hier also um ein Sich-Entfernen eines Teils der Seele geht und da »Trennung« im Lateinischen *»dissociatio«* heißt, entstand der medizinische Fachausdruck der »Dissoziation«. Mit dieser Perspektive können wir nun die dissoziative Reaktion von Patienten, die Traumasituationen erleben, vielleicht ein Stück nachvollziehen.

Die Dissoziation ist ein psychischer und neurobiologischer Schutzmechanismus. Ziel der Dissoziation ist die Verminderung beziehungsweise Ausschaltung von seelischem und körperlichem Schmerz. Viele Erkenntnisse zur psycho-biologischen Entstehungsweise der Dissoziation sind allerjüngsten Datums. Die Dissoziation ist ein Musterbeispiel dafür, wie äußere Situationen nicht nur seelisches und körperliches Erleben beeinflussen, sondern auch Körperfunktionen bis hin zur Regulation der Genaktivität steuern können. Das heutige psycho-biologische Verständnis der Dissoziation wurde durch Traumaexperten wie Peter Fonagy (London) oder Bessel van der Kolk (Harvard) geprägt. Es hat sich gegenüber früheren Sichtweisen wie jenen des berühmten Pariser Psychiaters Pierre Janet (1859–1947), der den Begriff der Dissoziation in die Psychiatrie einführte, entscheidend weiterentwickelt.

DISSOZIATION: ALLTAGSPHÄNOMEN UND GESUNDHEITSSTÖRUNG

Um zu verstehen, was schwere Traumaerlebnisse bei Kindern anrichten, sollten wir uns den Vorgang der Dissoziation noch einen Augenblick näher ansehen. Dissoziative Phänomene können uns in geringgradiger Ausprägung auch ohne Zusammenhang mit einem Traumaerlebnis im Alltag begegnen. In seelischer Hinsicht besteht die Dissoziation in einem Sich-Entfernen aus dem eigenen Befinden, in einem Abstand-Nehmen zur eigenen Identität, in einer Art »Absence«. Die leichteste, auch bei Gesunden zu beobachtende Form der Dissoziation, ist das kurze Tagträumen im Wachzustand: Wir sind »abwesend« und hören z.B. nicht, wenn wir angesprochen werden. Oder wir haben etwas gemacht und wissen nicht mehr, wie es geschah.

Bei stärkeren Formen der Dissoziation fühlt man sich fremd oder »wie betäubt«, man ist mit der Situation oder mit dem eigenen Körper nicht mehr in gutem Kontakt, was als Gefühl der so genannten »Derealisation« oder »Depersonalisation« bezeichnet wird. Gesunde Menschen erleben derartige Gefühle manchmal auch, vor allem bei starker Übermüdung

180

oder Überlastung. Bei massiven Formen der Dissoziation entfernen sich Bewusstsein und Gefühl vollständig aus der momentanen Realsituation. Es kann dabei ein Gefühl der Betäubung gegenüber dem eigenen Körper auftreten, manchmal auch nur in bestimmten Körperteilen (z.b. nur in der unteren Körperhälfte oder nur in den Unterarmen). Solche schweren Dissoziationen kommen bei Gesunden im Alltag nicht vor, bei Traumaopfern sind sie häufig zu beobachten. Anhaltende schwere Zustände von Dissoziation schneiden die Betroffenen über weite Strecken vom gefühlsmäßigen Kontakt mit anderen Menschen ab und können zu unaushaltbaren Gefühlen von Einsamkeit führen. Schwer verständliche Verhaltensweisen, wie sie bei Borderline-Patienten und bei Patienten mit Eß-Störungen auftreten, sind, wie wir heute wissen, offenbar verzweifelte Versuche, aus der Dissoziation herauszukommen.

Dissoziationen werden meist durch Signale ausgelöst, die mit Angst verbunden sind. Diese Signale können von Dritten oft nicht wahrgenommen werden, unter anderem deswegen, weil bei Traumaopfern bereits ein Gedanke, ein inneres Bild oder eine plötzlich auftauchende Erinnerung ein Auslöser sein kann. Bei schweren Dissoziationen sind zwei Formen zu beobachten: In der einen Variante kommt es schlagartig zu einer Art Totstellreflex mit vollständiger Nichtansprechbarkeit der betroffenen Person (im Englischen als *»freezing«* bezeichnet), wobei allerdings – wie bei allen Formen der Dissoziation – das Wachbewusstsein erhalten ist. Bei der anderen Variante »kippt« der/die Betroffene unvermittelt in einen etwas veränderten, abwesenden Bewusstseinszustand, in dem es zu unverständlichen, impulsiven Handlungen beziehungsweise zu einer Reihe von Symptomen kommen kann (z.B. in Trance vorgenommene Selbstverletzungen oder impulsive Essanfälle).

DIE TENDENZ DER DISSOZIATION, ZUR »DAUERHAFTEN ERSCHEINUNG« ZU WERDEN

Das dissoziative Sich-Entfernen aus der Realsituation ist für den Organismus nur dann »brauchbar« oder »sinnvoll«, wenn ein Mensch in eine äußerste, nicht mehr aushaltbare Situation kommt, aus der es kein Entrinnen gibt. Und tatsächlich spricht alles, was derzeit an wissenschaftlichen Daten verfügbar ist, dafür, dass sich das *erstmalige* Auftreten einer schweren Dissoziation im Leben eines Menschen nur im Zusammenhang mit einer traumatischen Extremsituation vollzieht.

Allerdings kann es nach einem traumatischen Erstereignis *in der Folge* auch *ohne* weitere Traumaerlebnisse zu einem wiederholten Auftreten von dissoziativen Abwesenheitszuständen kommen. Begünstigt wird eine »Verselbstständigung« der Dissoziation, das heißt ihre Entwicklung zu einer Krankheit, durch einen frühen, in der Kindheit oder Jugend liegenden Zeitpunkt des ersten schweren Traumaerlebnisses. Eine Wiederholung schwerer Traumaereignisse bei ein und derselben Person kann die Entstehung einer dissoziativen Krankheit auch im Erwachsenenalter begünstigen.

Diese »Verselbstständigung« der Dissoziation, also ihre Entwicklung zur Krankheit, hat unter anderem auch mit der Aktivierung von körpereigenen Genen durch extremste Trauma- und Schmerzerlebnisse zu tun: In einer Aufsehen erregenden Veröffentlichung im Topmagazin *Science* im Juli 2001 konnte Jon-Kar Zubieta von der amerikanischen Ann Arbor Universität nachweisen, dass einem Menschen zugefügte Schmerzen den Effekt haben, im Gehirn dieses Menschen Gene zu aktivieren, die stark wirksame körpereigene Schmerzdämpfer (so genannte »endogene Opioide« oder »Endorphine«) herstellen. Mittlerweile hat sich herausgestellt, dass die Aktivierung körpereigener Endorphine mit der Dissoziation und ihren Begleitsymptomen in engstem Zusammenhang steht.

EIN KÖRPEREIGENES SYSTEM DER SCHMERZDÄMPFUNG:
WIE SEELISCHES ERLEBEN DIE GENE VON OPIOIDEN STEUERT

Körpereigene Opioid-Botenstoffe haben eine sehr ähnliche Wirkung wie Opiate, die in der Medizin als Schmerzmittel, von Drogenabhängigen als Drogen eingesetzt werden. Dass zugefügte Traumen, psychischer Stress und Extremschmerzen im Gehirn die Gene von körpereigenen Schmerz-dämpfer-Substanzen aktivieren, war seit einigen Jahren bereits aus zahlreichen Studien an Tieren bekannt. Maßgebliche neuere Arbeiten dazu stammen z.B. von Ella Nikulina aus Boston, von Fred Helmstetter von der Universität Wisconsin oder von Guy Drolet aus Quebec. Der Stressforscher Manfred Schedlowski aus Hannover hatte bereits vor einiger Zeit herausgefunden, dass im Blut gemessene Endorphine auch beim Menschen unter Stress ansteigen. Erst Jon-Kar Zubietas Untersuchung hat jedoch klar gemacht, dass Schmerz und Stress beim Menschen zu einem Anstieg der Endorphine *im Gehirn* führen.

Ein sehr eleganter Nachweis, dass die seelischen Symptome der Dissoziation tatsächlich in direktem Zusammenhang mit dem Anstieg körpereigener Endorphine stehen, gelang zwei Arbeitsgruppen um Susan Sonne (Charleston) und Anthony Roth (Yale Universität): Sie konnten bei Patienten dissoziative Zustände dadurch beenden, dass sie ein Medikament (Naltrexone) verabreichten, das die Wirkung von Opiaten und damit auch die Wirkung von körpereigenen Opioiden (Endorphinen) blockt. Diese 1996 gemachte Beobachtung wurde einige Jahre später von einer deutschen Gruppe um Martin Bohus bestätigt. Leider hat die Gabe eines Opiat-Blockers nur einen kurzen Effekt. Das Medikament ist zur eigentlichen Behandlung nicht geeignet, da es die dissoziative Störung selbst nicht beseitigt.

ENDORPHINE UND VERÄNDERTE KÖRPERWAHRNEHMUNG

Die Wirkung der körpereigenen Schmerzdämpfer (Endorphine), deren Gene im Gehirn durch Schmerzerfahrungen und Stress angedreht werden, unterscheidet sich erheblich von der Wirkung eines normalen Schmerzmittels. Diese besondere Wirkung macht die seelischen Probleme verständlich, die sich aus dissoziativen Störungen ergeben.

Wie bereits im Kapitel 12 über den Schmerz ausgeführt wurde, registriert das Gehirn den Schmerz in zweifacher Weise: Zum einen werden die eingehenden Reize registriert, die durch das System der Tast-, Berührungs- und Schmerznerven vom Körper her über das Rückenmark zum zentralen Nervensystem geleitet werden. Diese Reize werden in Nervenzell-Netzwerken der sensiblen Hirnrinde (auch »somatosensorische Hirnrinde« oder »sensibler Cortex« genannt) registriert und abgebildet. Sie sind quasi die *objektive* Seite des Schmerzes.

Doch daneben hat der Schmerz eine *subjektive* Seite: Was uns in unserem Gesamtbefinden beeinträchtigt, was uns beim Schmerz *emotional* »den Nerv raubt«, registriert das Gehirn in seinem emotionalen Schmerzzentrum. Dieses ist ein Teil des »Zentrums für emotionale Intelligenz« (des limbischen Systems). Das emotionale Schmerzzentrum besteht aus der so genannten Amygdala (Mandelkern) und aus dem Gyrus cinguli.

Die Nervenzell-Netzwerke der Amygdala sind, wie an anderer Stelle bereits ausgeführt, der Gedächtnisspeicher für seelisch und körperlich unangenehme Erfahrungen (diese Netzwerke »wissen«, welche Menschen oder welche äußeren Situationen dem eigenen Organismus Leid und Schaden zufügen). Die Nervenzell-Netzwerke des Gyrus cinguli sind eine Art oberste seelische Instanz: Wie wir aus zahlreichen neuesten Untersuchungen wissen, integrieren sie die Gesamtheit aller Erfahrungen der Person und repräsentieren das zentrale Selbstgefühl, das Gefühl des Selbstwertes und die emotionale Grundstimmung.

Eine der entscheidenden Beobachtungen der Studie von Jon-Kar Zubieta war: Der Ort, an dem bei Schmerzerlebnissen körpereigene Schmerzdämpfer (endogene Opioide beziehungsweise Endorphine) am massivsten aktiviert werden, ist das *emotionale* Schmerzzentrum des Gehirns, nämlich die Amygdala und der Gyrus cinguli. Entsprechend erstreckt sich die hier stattfindende betäubende Wirkung der Endorphine nicht so sehr auf das objektive Schmerzsignal: Was betäubt wird, ist vielmehr die *emotionale Beteiligung am Schmerzgeschehen des eigenen Körpers.* Es kommt, wie wir jetzt sehen, beim Gewalttrauma und bei extremen Schmerzerfahrungen also nicht nur psychisch, sondern auch neurobiologisch zu einer Trennung beziehungsweise Dissoziation, nämlich zur *Trennung des Selbstgefühls von den im Körper vorhandenen Schmerzen.*

»Normale« Schmerzen reichen in der Regel jedoch nicht aus, um das Endorphinsystem derart massiv zu aktivieren, dass eine Dissoziation erfolgt. Wiederholt zugefügte Schmerzen werden zwar im Schmerzgedächtnis gespeichert und können unter anderem – wie bereits dargestellt – chronische Schmerzerkrankungen bahnen. Eine Dissoziation wird jedoch nur dann ausgelöst, wenn die Seele eine ganz extreme, seelisch und körperlich absolut nicht aushaltbare äußere Situation erlebt, aus der es darüber hinaus auch keine Chance des Entrinnens gibt.

Die Kombination von extremstem Schmerz und völliger Unentrinnbarkeit erleben *Erwachsene* – sofern sie nicht in Ländern leben, in denen gefoltert wird – in der Regel nur bei Unfällen, im Falle eines Verbrechens und bei Katastrophen. Ganz anders bei Kindern: Bei etwa sieben bis fünfzehn Prozent der Kinder unseres Landes war beziehungsweise ist das Erleben einer solche Traumasituation eine Erfahrung, die sich im Alltag abgespielt hat. Dazu gleich mehr.

VOM TRAUMA ZUR DISSOZIATIVEN KRANKHEIT

Was die Endorphine im Moment einer Traumaerfahrung im Gehirn betäuben, ist – wie wir sahen – nicht das »objektive« Schmerzsignal, sondern die emotionale Beteiligung der Person. Die Betäubung der emotionalen Beteiligung und die Entfernung des Bewusstseins aus der realen Situation finden wir auch bei jenen Personen, die an dissoziativen Erkrankungen leiden. Die Patienten haben ein Gefühl des Getrenntseins vom eigenen Körper. In der Situation des Traumas selbst war dies die »letzte Rettung«. Hier hat die Dissoziation also »geholfen«, einen nicht mehr auszuhaltenden Zustand zu überleben.

Die einmal »eingespielte« biologische Reaktion der Dissoziation hat jedoch die Tendenz, sich nach einem Trauma in der darauf folgenden Zeit zu wiederholen und auch dann aufzutreten, wenn keine Traumasituationen mehr vorliegen. Vor allem Traumen, die erstmals bereits als Kind erlitten wurden, begünstigen die Entstehung einer dauerhaften dissoziativen Störung, während Traumaerfahrungen im Erwachsenenalter meistens »nur« zu einer posttraumatischen Belastungsstörung führen, wie Marylene Cloitre und Karen Heffernan aus New York in neueren Studien zeigten.

Wenn sich - als Folge einer in der Kindheit erlebten Traumasituation – eine dauerhafte dissoziative Störung entwickelt, dann heißt dies, dass in der Folgezeit auch undramatisch erscheinende Situationen eine Dissoziation auslösen können. Zum Auslöser einer Dissoziation kann eine Situation bereits dann werden, wenn sie lediglich eine entfernte Ähnlichkeit mit der ursprünglichen Traumasituation hat. Manchmal reicht die Anwesenheit einer anderen (völlig harmlosen, jedoch subjektiv als ängstigend erlebten) Person aus, um den seelischen und biologischen Vorgang der Dissoziation vollständig zu aktivieren. Wir sehen hier, ähnlich wie bei der Depression, wie eine einmal gemachte Erfahrung einen seelisch-körperlichen Vorgang »bahnen« und zu dessen wiederholtem Auftreten beitragen kann. Gut und schön, werden Sie sagen, doch warum ist das wichtig und was ist die medizinische Relevanz?

DISSOZIATIONSKRANKHEITEN: DIE BORDERLINE-STÖRUNG

Seit etwa 20 Jahren erleben Kliniken aller westlichen Länder einen von Jahr zu Jahr zunehmenden Zulauf einer Gruppe von Patienten, die sich in keines der früheren Diagnoseschemata einordnen ließen: Es sind junge Frauen, meist zwischen 15 und 25 Jahren, die in die Klinik gebracht werden, weil sie sich selbst erhebliche Schnittwunden an der Haut zugefügt hatten, meist an den Armen, oft aber auch am Körper selbst. Bei anderen war beziehungsweise ist der Anlass für die Vorstellung in der Klinik, dass sie gefährliche Mengen irgendeiner Substanz eingenommen hatten, manchmal irgendein Medikament, oft auch Alkohol oder beides. Der Verdacht, es könne sich um Selbsttötungsversuche im Rahmen einer Depression oder um Suchterkrankungen im herkömmlichen Sinne handeln, bestätigt sich bei diesen Frauen meistens nicht. Auch andere Diagnosen (z.B. Hysterie und Schizophrenie) wurden erwogen, erwiesen sich aber als unzutreffend.

Es bedurfte beinahe 20 Jahre intensiver medizinischer Forschung, um herauszufinden, dass es sich hier um eine Gruppe von jungen Patienten handelte, die an einer sehr schweren seelischen Gesundheitsstörung litten und bei denen der Anlass ihrer Vorstellung in der Klinik (also Selbstverletzung, Selbstvergiftung oder Ähnliches) nur die Spitze eines Eisberges war. Die Patienten berichten, irgendwann seit der Zeit um die Pubertät herum träten bei ihnen regelmäßig, aber unvermittelt innere Zustände auf, die sie nur schlecht beschreiben könnten: teils Gefühlszustände unaushaltbarer innerer Spannung und Aggression, dann wieder Zustände unbeschreiblicher innerer Leere, voller Angst und Einsamkeit. Wenn eine andere Person anwesend sei, dann führe das plötzliche Auftreten eines solchen Zustands oft zu einer heftigen, meist reichlich turbulenten Streitszene, manchmal auch zum Abbruch einer Beziehung. In Momenten der Einsamkeit sei der Zustand oft ebenso unaushaltbar. Die Patienten berichten, sie könnten sich selbst nicht spüren, oft seien Teile des Körpers wie taub. Sie beschreiben zum Teil kaum aushaltbare Zustände schwerster Dissoziation.

Eine Entlastung aus den Extremzuständen innerer Spannung sei paradoxerweise dadurch zu erreichen, so berichten die *weiblichen* Patienten, dass sie sich selbst Verletzungen zufügten, z.B. indem sie mit dem Kopf heftig gegen die Wand schlügen oder sich mit einem Messer in die Haut ritzten. Schmerzen empfänden sie wegen der Taubheit des Körpers dabei so gut wie keine. *Männliche* Patienten reagieren ihre Spannungszustände im Gegensatz zu Frauen durch riskantes oder gewalttätiges Verhalten ab (z.B. gefährliches Verhalten im Straßenverkehr, Schlägereien und kriminelle Delikte). Männliche Patienten mit dieser Störung landen daher meist nicht in einer Klinik, sondern im Gefängnis. Manche Borderline-Patienten berichten, sie hätten begonnen, Alkohol oder Drogen zu nehmen, um den unerträglichen inneren Zuständen zu entgehen.

Als typisches Merkmal von Borderline-Patienten hat sich herausgestellt, dass es ihnen nicht gelingt, stabile Beziehungen mit anderen einzugehen. Obwohl sie sich nach Liebe sehnen und eine unendliche Angst vor Einsamkeit und vor dem Verlassenwerden haben, erleben diese Patienten gegenüber anderen nach kurzer Zeit der Bekanntschaft ein für sie nicht steuerbares Gefühl der Entfremdung, der Geringschätzung, ja des Hasses.

Der Name für dieses Krankheitsbild entstand vor über 30 Jahren, als man diese Patienten in keine der damals bestehenden Diagnosekategorien einordnen konnte. Da sich die Symptome dieser Störung auf der *Grenzlinie* zwischen dem befanden, was man »Psychose« und »Neurose« nannte, wurde seinerzeit der Begriff der »Grenzlinien-Störung« beziehungsweise englisch »Borderline-Störung« geprägt. Heute ist die Borderline-Störung von der Weltgesundheitsorganisation WHO und allen medizinischen Vereinigungen weltweit als eine eigene, schwere seelische Gesundheitsstörung anerkannt.

Borderline-Patienten suchen von sich aus leider meistens keine ärztliche oder psychotherapeutische Hilfe auf, was mit der Entstehungsgeschichte der Erkrankung zu tun hat, auf die wir gleich eingehen werden. Sie werden in der Regel wegen eines akuten Vorfalls von anderen zum Arzt gebracht und »landen« meist in den Notfall-Ambulanzen der Kliniken, wo sie nach Wundversorgung, Entgiftung und einigen Stunden Überwachung wieder entlassen werden, meist ohne dass eine echte Therapie eingeleitet worden wäre.

Beim Arzt beziehungsweise in der Klinik tauchen fast nur weibliche Borderline-Patienten auf. Dies liegt daran, dass männliche Patienten ihre unaushaltbaren, erkrankungsbedingten Spannungszustände meistens nicht durch Selbstverletzungen reduzieren, sondern durch impulsive Verhaltensweisen abreagieren und deshalb überwiegend im Gefängnis landen. Bei der Mehrzahl der in Gefängnissen einsitzenden jugendlichen Straftäter handelt es sich, wie Studien zeigen, um Borderline-Patienten.

Angesichts dieser unübersichtlichen Lage bedurfte es äußerst aufwändiger Studien, um die tatsächliche Häufigkeit dieser offensichtlich seit Jahren zunehmenden Erkrankung in der jugendlichen Allgemeinbevölkerung zu klären. Wie groß angelegte, in jüngster Zeit an europäischen Schulen und in amerikanischen Arztpraxen durchgeführte Studien von Henri Chabrol (Toulouse) und Raz Gross (New York) zeigen, weisen mindestens sieben Prozent (einige Zahlen gehen bis zu 18 Prozent) der Jugendlichen in westlichen Ländern eine Borderline-Störung auf.

Die Dissoziation stellt eines der zentralen Symptome der Borderline-Störung dar, wie Untersuchungen der amerikanischen Borderline-Expertinnen Mary Zanarini (Belmont, USA) und Beth Brodsky (New York) belegen. Die dissoziativen Gefühle des Nicht-sich-selbst-Seins, der inneren Leere und der Fremdheit gegenüber dem eigenen Körper stehen in engster Beziehung zu den unaushaltbaren Zuständen, die Borderline-Patienten erleiden. Die Dissoziation bildet auch den Hintergrund für die wie in Trance ablaufenden, impulsiven selbstschädigenden Handlungen dieser Patienten. Man vermutet, dass die Selbstverletzungen einen Versuch darstellen, aus dem unaushaltbaren, gefühllosen Zustand der Dissoziation herauszukommen.

Welches *subjektive* Leiden erleben junge Menschen mit einer Borderline-Störung oder mit einer anderen dissoziativen Symptomatik? Was für die betroffenen Personen das Leben zur Qual macht, ist emotionale Instabilität, der unvorhersehbare Wechsel bei den eigenen Gefühlen, die Unfähigkeit, stabile Freundschaftsbeziehungen zu führen, Horrorgefühle unendlicher Einsamkeit und innerer Leere sowie bei alledem eine andauernde große Angst, verlassen zu werden.

ANDERE GESUNDHEITSSTÖRUNGEN MIT DISSOZIATION: »BINGE EATING«

Seit einigen Jahren zeigte sich, dass die Borderline-Störung nicht die einzige Erkrankung junger Patienten ist, die mit dem Auftreten der Dissoziation in Zusammenhang steht. Eine ebenfalls aufs Engste mit Trance-artigen dissoziativen Zuständen einhergehende Gesundheitsstörung in dieser Altersgruppe ist eine Erkrankung aus dem Bereich der Essstörungen. Es handelt sich um anfallsartige »Essattacken«, die nur dann auftreten, wenn die von dieser Störung betroffene Person alleine ist.

Die Störung wird in der Fachliteratur als *»Binge eating disorder«* oder BED (Essattacken-Erkrankung) bezeichnet. Die Erkrankung kann sowohl bei normalgewichtigen Frauen bestehen als auch bei Frauen mit Übergewicht oder mit Magersucht. Die Essattacken haben den Charakter eines echten »Anfalls«, sie sind von den betroffenen Frauen kaum zu steuern. Die Anfälle gehen mit einem Gefühl der Betäubung einher und sind frei von jeder Art von Genuss. Wie Jeffrey Johnson (New York) und Jennifer Jones (Toronto) in Untersuchungen aus jüngerer Zeit feststellten, scheinen in Großstädten mindestens drei Prozent (einige Zahlen gehen bis zu 15 Prozent) der jungen Mädchen und Frauen an der *»Binge eating«*-Störung zu leiden.

Erst in jüngerer Zeit wurde erkannt, dass *»Binge-eating«*-Patientinnen während der Essattacken einen Trance-artigen dissoziativen Zustand erleben, ganz ähnlich wie Borderline-Patienten während ihrer selbstschädigenden Handlungen. Bei den Patienten mit *Binge eating disorder* ist unklar, ob sie mit den Essattacken einen Ausweg aus dem unerträglichen Gefühl der Dissoziation suchen (wobei sie diesen Ausweg kurzfristig vielleicht auch finden) oder ob die Dissoziation die Ursache des Geschehens ist und im Beginn des Essanfalls ihren eigentlichen Ausdruck findet.

WELCHE ERFAHRUNGEN FÜHREN ZU DISSOZIATIVEN ERKRANKUNGEN? – DAS ERSCHRECKENDE AUSMASS VON GEWALT UND MISSBRAUCH BEI KINDERN

Knapp zehn Prozent der Jugendlichen unseres Landes haben bei Zugrundelegung seriöser Untersuchungen eine seelische Gesundheitsstörung mit dissoziativen Symptomen. Da medizinische und psychologische Erkenntnisse klar zeigen, dass dissoziative Erkrankungen sich aus erlebten Situationen entwickeln, in denen ein äußerster seelischer oder körperlicher Schmerz zugefügt wurde, ohne dass es eine Chance des Entrinnens gab, stellen sich damit brisante Fragen. Hier sollen nur solche Tatsachen zum Thema Misshandlung bei Kindern genannt werden, die durch seriöse Untersuchungen wissenschaftlich gesichert sind. Obwohl sie als gesichert anzusehen sind, werden zu diesem Thema vorliegende Daten von vielen Menschen verleugnet, da Fakten dieser Art für manche – aus welchen Gründen auch immer – offenbar schwer zu ertragen sind.

Eine von den Kinderpsychiatern Karin Schoetensack und Gerhardt Nissen (Universität Würzburg) bei über 2000 Jugendlichen durchgeführte Untersuchung ergab, dass in Deutschland – je nach Region – zwischen zehn und fünfzehn Prozent der Mädchen und knapp sechs Prozent der Jungen in der Kindheit sexuell missbraucht wurden beziehungsweise werden. Diese Daten stehen in völliger Übereinstimmung mit einer Untersuchung, die Paul Bouvier und Daniel Halperin von der Universität Genf dort bei über 1100 Jugendlichen durchführten: 14 Prozent der Mädchen und sieben Prozent der Jungen hatten dort einen sexuellen Missbrauch erlebt, wobei nur schwere Missbrauchserfahrungen mit genitaler Penetration gewertet worden waren (unter Zugrundelegung einer weiter gefassten Definition von Missbrauch waren die Genfer Zahlen deutlich höher).

Die meisten Missbrauchsvorfälle passieren innerhalb der Familie beziehungsweise in der Verwandtschaft oder Bekanntschaft. Wenn man zusätzlich berücksichtigt, dass nach einer Untersuchung des Kriminologischen Instituts Niedersachsen knapp fünf Prozent der Kinder schwere körperliche (nicht sexuelle) Misshandlungen erleiden, dann ist bei den

Kindern unseres Landes von einem erschreckenden Ausmaß an Traumatisierung auszugehen.

DIREKTER NACHWEIS VON ZUSAMMENHÄNGEN ZWISCHEN BORDERLINE-STÖRUNG, DISSOZIATION UND TRAUMAERFAHRUNGEN

Haben Missbrauch und Gewalt bei Kindern aber wirklich etwas mit den zuvor besprochenen seelischen Gesundheitsstörungen bei Jugendlichen zu tun? Um dies sicher beurteilen zu können, müssten die bei Jugendlichen in der Allgemeinbevölkerung gefundenen Angaben über traumatisierende Gewalt- und Missbrauchserlebnisse durch Daten darüber ergänzt werden, in welchem Ausmaß Jugendliche mit einer Borderline-Störung oder mit anderen dissoziativen Erkrankungen tatsächlich von Traumaerfahrungen betroffen waren. Auch hier sind wir nicht auf Spekulationen angewiesen, da wissenschaftliche Daten vorliegen.

Der Anteil unter den Borderline-Patienten, die von schweren Misshandlungen oder sexuellem Missbrauch betroffen waren, liegt nach den Angaben verschiedener großer Studien bei 70 Prozent bis zu über 90 Prozent. Maßgebliche Untersuchungen hierzu stammen von den Traumaexperten Mary Zanarini (Belmont, USA), John Oldham (New York), Richard Famularo (Boston) und Carl Salzman (Harvard Universität). Im gleich hohen Bereich finden sich bei Borderline-Patienten Vorerfahrungen mit schwerer elterlicher Vernachlässigung.

Beachtenswert ist eine Beobachtung von Randy Sansone (Universität von Oklahoma), dass die Hälfte aller Borderline-Patienten *Zeugen* schwerster Gewaltanwendungen gegen Dritte waren. Wie bereits im Kapitel über Schmerzerfahrungen erläutert, wird die *Beobachtung* einer dramatischen Situation ebenfalls in Nervenzell-Netzwerken gespeichert (unter anderem im Gyrus cinguli, der ein Teil des »Zentrums für emotionale Intelligenz« ist), wobei diese Speicherinhalte offenbar in der Lage sind, zu einem späteren Zeitpunkt Krankheitssymptome zu erzeugen.

Eine massive Vorbelastung mit Misshandlungs- und Missbrauchserfahrungen zeigte sich nicht nur dann, wenn Patienten mit der Diagnose Borderline-Störung untersucht wurden, sondern auch, wenn Patienten untersucht wurden, die allgemein das Kriterium einer dissoziativen Symptomatik erfüllten (unabhängig davon, ob eine Borderline-Störung, eine Essstörung oder eine andere Erkrankung mit Dissoziation vorlag). Bei über 100 sorgfältig untersuchten Patienten, die alle an schwersten dissoziativen Symptomen litten, fand der kanadische Traumaexperte und Psychiater Colin Ross (Universität von Manitoba), dass 95 Prozent (!) der Patienten als Kinder sexuell missbraucht oder körperlich schwer misshandelt worden waren. In exakt 50 Prozent der untersuchten Fälle hatten die Gewalterfahrungen vor dem fünften Lebensjahr begonnen.

Ergebnisse deutscher Arbeitsgruppen gehen in die exakt gleiche Richtung, wie z.b. Untersuchungen der Heidelberger Kinderpsychiater Romuald Brunner und Franz Resch oder einer Münchner Arbeitsgruppe um Martin Schäfer zeigen. Somit belegen vorliegende Studien nicht nur für die Borderline-Erkrankung, sondern ganz allgemein für dissoziative Erkrankungen einen engen kausalen Zusammenhang mit einer Vorgeschichte kindlicher Misshandlungs- und Missbrauchserfahrungen.

NEUROBIOLOGISCHE FOLGEN UND SPÄTFOLGEN KINDLICHER TRAUMATISIERUNG

Insgesamt dürfte klar geworden sein, dass traumatische zwischenmenschliche Beziehungserfahrungen, die Kindern zugefügt werden, nicht nur schwerste seelische Folgen hinterlassen, sondern auch – wie eingangs ausgeführt – neurobiologische Strukturen und die Regulation von Genen (vor allem im Bereich des körpereigenen Endorphinsystems) verändern.

Neben den genannten, durch schwere Traumaerlebnisse ausgelösten Veränderungen zeigen sich bei den Betroffenen in der Regel zusätzlich auch jene Krankheitszeichen, die bereits für Patienten mit posttraumatischer Belastungsstörung geschildert wurden. Dies bedeutet, dass Patienten mit kindlicher Traumaerfahrung nicht nur dissoziative Störungen, sondern sehr oft zusätzlich auch die seelischen und neurobiologischen Folgen einer posttraumatischen Belastungsstörung davontragen, wie wir sie im vorangegangenen Kapitel bereits dargestellt haben: In seelischer Hinsicht sind dies vor allem Angstsymptome, das Auftauchen von Schreckensbildern (mit Bezug zum erlebten Trauma), nächtliche Albträume sowie Beeinträchtigungen der Stimmung und der Konzentration. In neurobiologischer Sicht zeigen Personen mit Misshandlungs- und Missbrauchserfahrungen eine veränderte Genregulation im Bereich der Stressachse, wie Christine Heim und Charles Nemeroff von der Emory Universität zeigen konnten.

SPÄTFOLGEN VON KINDLICHER TRAUMATISIERUNG IN DEN GROBSTRUKTUREN DES GEHIRNS

Traumatisierungen im Kindesalter hinterlassen, wie Martin Teichert von der Harvard Universität feststellte, messbare Funktionsstörungen im Bereich des limbischen Systems (des »Zentrums für emotionale Intelligenz«). Douglas Bremner von der Yale Universität fand bei betroffenen Patienten darüber hinaus Gedächtnisstörungen. Auf lange Sicht können die neurobiologischen Folgen einer Misshandlungs- oder Missbrauchserfahrung offenbar bis auf die Grobstrukturen des Gehirns durchschlagen. Murray Stein von der Universität von Manitoba verglich die Kernspintomographie-Aufnahmen des Gehirns von Frauen mit kindlicher Missbrauchserfahrung mit den Aufnahmen anderer Frauen (gleichen Alters und gleicher Ausbildung). Frauen mit kindlicher Missbrauchserfahrung wiesen ein um fünf Prozent vermindertes Volumen der für die Gedächtnisbildung wichtigen Hirnstrukturen auf (interessanterweise korrelierte bei den betroffenen Frauen das Ausmaß der Volumenminderung mit dem Ausmaß an dissoziativen Symptomen). So weit zu den *objektiven* Befunden.

KANN MAN TRAUMATISIERTE KINDER ODER JUGENDLICHE ERKENNEN?

In den Jahren vor der Pubertät spielt sich die seelische Katastrophe im Stillen ab: Durch Missbrauch oder Misshandlung traumatisierte Kinder leben in der Defensive. Viele dieser Kinder stehen unter dem Eindruck offener oder unausgesprochener Drohungen (»wenn du darüber sprichst, bringe ich dich um«). Aber selbst dann, wenn keine Drohungen ausgesprochen wurden, tun Kinder in ihrem Wunsch, den letzten Rest von elterlicher Bindung zu erhalten, trotz der erlittenen Traumatisierungen alles, um ihre Familie nicht »auffliegen« zu lassen.

Traumatisierte Kinder schweigen. Wie eine Studie der amerikanischen Kinderärztin Diann Ackard ergab, haben sexuell schwer missbrauchte Mädchen über das erlittene Verbrechen selbst mit der eigenen Mutter nur in 38 Prozent der Fälle gesprochen. Vor der Pubertät fallen misshandelte und missbrauchte Kinder daher manchmal wenig auf.

Sichere Anzeichen beim Kind für einen Missbrauch oder eine Misshandlung gibt es *nicht*. Manche der betroffenen Kinder zeigen depressive Symptome, schwere Verhaltensstörungen oder entwickeln schwer erklärliche körperliche Beschwerden. Die meisten sind sozial zurückgezogen, scheu und irgendwie nicht ansprechbar, haben keine Freunde und können in der Schule keine Leistungen erbringen. *Sämtliche der genannten Auffälligkeiten können aber auch bei solchen Kindern auftreten, die keine Misshandlung und keinen Missbrauch erlebt haben.*

Erst während und nach der Pubertät, zwischen dem 15. und 25. Lebensjahr, beginnt sich die innere Qual deutlicher Gehör zu verschaffen. Erst jetzt treten nach außen erkennbare klare Symptome auf: schwere Auffälligkeiten im sozialen Kontakt, Suchtprobleme, selbstschädigendes Verhalten, schwere Essstörungen (vor allem bei Mädchen) oder gewalttätige beziehungsweise auf extremes Risiko gehende Verhaltensweisen (vor allem bei Buben beziehungsweise jungen Männern).

WAS KÖNNEN UND SOLLEN NICHTFACHLEUTE (NICHT) TUN

Was kann kindlichen oder jugendlichen Traumaopfern helfen? Zunächst: Einigen Schaden haben in den letzten Jahren überengagierte Nichtfachleute angerichtet, die jede auch noch so geringe Auffälligkeit zum Anlass für detektivische Nachforschungen nahmen, Kinder zu deren Schaden unprofessionellen Befragungen unterzogen und in zahlreichen gerichtskundigen Fällen Leid über vermeintliche Opferkinder und deren Familien brachten. Erfüllt vom eifernden Jagdfieber haben viele dieser unprofessionellen Helfer selbst Traumatisierungen angerichtet.

Um Familien, in denen Traumatisierungen passiert sind, vor allem aber, um den Opfern wirklich zu helfen, ist sowohl beim Verdacht als auch bei einem begründetermaßen anzunehmenden Missbrauch ein *überlegtes und professionelles Vorgehen* vonnöten, das *nur* durch Einschaltung von Fachleuten geleistet werden kann. Als erste Ansprechpartner sind vor allem Hausärzte, Kinderärzte und Frauenärzte anzusehen. So früh wie möglich sind jedoch Kinder- und Jugendpsychotherapeuten beziehungsweise Erwachsenen-Psychotherapeuten einzubeziehen.

Die Hilfestellung, die Nichtfachleute geben können, besteht darin, mit einer betroffenen Familie Gesprächskontakt zu suchen und einen Kontakt zu professionellen Hilfsdiensten (Frauenhaus, Jugendamt), zu einer Klinik (Kinder- und Jugendpsychiatrie, Traumasprechstunden in Frauenkliniken) oder zu einer niedergelassenen Therapeutin beziehungsweise zu einem Therapeuten herzustellen. Das Gebot, beim Verdacht einer Misshandlung oder eines Missbrauchs überlegt und unbedingt nur unter Einschaltung von Experten vorzugehen, bedeutet selbstverständlich nicht, im Falle eindeutiger und klarer Hinweise auf ein Verbrechen dieser Art untätig zuzuschauen und nichts zu unternehmen.

ZUR BEHANDLUNG: »PSYCHOTHERAPY FIRST«

Für die eigentliche Behandlung von Traumafolgeerkrankungen wie der Borderline-Störung und verwandter Erkrankungen gilt, was die von Edna Foa geleitete internationale Expertenkommission auch für die Behandlung der posttraumatischen Stresserkrankungen konstatierte: *»Psychotherapy first«*. Allerdings müssen spezielle psychotherapeutische Verfahren angewandt werden.

Wirksame psychotherapeutische Vorgehensweisen wurden von mehreren Expertengruppen entwickelt, unter anderem von Martha Linehan (USA), Caron Zlotnik (USA), Kaveh Zamanian und Caren Adams (USA) sowie Helen Kennerley (England). Eine Psychotherapie speziell für missbrauchte Kinder beschreiben Cheryl Lanktree und John Briere (USA). Auch für Esspatienten wurden spezielle Therapieverfahren erstellt, von deutscher Seite unter anderem durch Thomas Herzog. Eines der ersten auf die spezifischen Bedürfnisse von Borderline-Patienten zugeschnittenen Behandlungsprojekte in Deutschland entwickelte Martin Bohus, seit kurzem Chef der Abteilung Psychosomatische Medizin am Zentralinstitut für Seelische Gesundheit in Mannheim, Anfang der 90er-Jahre in Freiburg nach der Methode Martha Linehans.

Unabhängig von der Methode steht bei der psychotherapeutischen Behandlung von Borderline-Patienten zunächst – was Nichtfachleute verwundern mag – keineswegs das Traumaerlebnis selbst im Vordergrund, sondern das *»affect management«*. Wenn Borderline-Patienten es geschafft haben, eine einigermaßen stabile Beziehung zur Therapeutin beziehungsweise zum Therapeuten aufzubauen und die Therapieregeln einzuhalten, dann ist der schwierigste Teil der psychotherapeutischen Arbeit fast schon geleistet. Der absolut entscheidende Teil der Arbeit mit Borderline-Patienten besteht darin, die therapeutische Beziehung (zwischen Patient und Therapeut) haltbar zu machen und dem Patienten Hilfestellungen zu vermitteln, wie er die verloren gegangene Kontrolle über die selbstschädigenden Verhaltensweisen zurückgewinnen kann.

ZUSAMMENFASSUNG

Die Auswirkungen kindlicher Misshandlungs- und Missbrauchserfahrungen auf die seelische Gesundheit und auf neurobiologische Strukturen gehen entscheidend über das hinaus, was Traumen bei bereits erwachsenen Personen anrichten können. Zusätzlich zu den Veränderungen, die bei der posttraumatischen Belastungsstörung zu beobachten sind, lösen in der Kindheit zugefügte schwere Traumen eine seelische Notfallreaktion aus, die als Dissoziation bezeichnet wird. Die Dissoziation besteht in einem Sich-Entfernen des subjektiven Erlebens aus dem Hier und Jetzt, um sich vor unerträglichen seelischen oder körperlichen Schmerzen zu schützen.

Die Signale, die im Moment der Traumaerfahrung auf die Nervenzell-Netzwerke der Großhirnrinde und auf das mit ihr verbundene limbische System (das bereits erwähnte »Zentrum für emotionale Intelligenz«) eintreffen, führen zur Aktivierung von Genen eines körpereigenen Betäubungssystems. Dieses System besteht aus endogenen (körpereigenen) Opioiden (Opium-artige Stoffe) und ihren Empfängermolekülen (Opioidrezeptoren) auf der Oberfläche von Nervenzellen. Die Dissoziation ist daher nicht nur ein psychischer Prozess der Entfernung der Seele von sich selbst und vom körperlichen Empfinden, sondern zugleich auch ein neurobiologischer Akt der »Selbst-Betäubung« des Gehirns.

Im Rahmen von Traumerfahrungen entstandene Dissoziationen zeigen die Tendenz, sich in der Folgezeit zu wiederholen – auch dann, wenn keine äußere Traumasituation mehr vorliegt. Aus den psychischen und neurobiologischen Spuren, die kindliche Traumaerfahrungen hinterlassen, können sich schwere, mit dissoziativen Symptomen verbundene seelische Gesundheitsstörungen ergeben (insbesondere Borderline-Erkrankungen und bestimmte Ess-Störungen). Einzig geeignete Behandlung ist die Psychotherapie.

15. KÖRPERLICHE SPUREN BEI PROBLEMEN AM ARBEITSPLATZ: DAS BURNOUT-SYNDROM

DER ARBEITSPLATZ ALS GESUNDHEITSFAKTOR

Zwischenmenschliche Beziehungen hinterlassen ihre Spuren in Seele und Körper auch am Arbeitsplatz. Der Anteil der Lebenszeit, den berufstätige Menschen am Arbeitsplatz verbringen, steht in keinem Verhältnis zu der geringen Aufmerksamkeit, den die seelische und körperliche Gesundheit am Arbeitsplatz in der Öffentlichkeit genießt. Erst in jüngerer Zeit, als das zum Teil erschreckende Ausmaß des gesundheitlichen Verschleißes in einigen Berufsgruppen deutlich wurde, gewann das Thema der Gesundheit am Arbeitsplatz neue Aktualität. Wie sich in einigen umfangreichen Untersuchungen, unter anderem in einer groß angelegten Studie der AOK aus dem Jahre 2000, zeigte, sind zwischenmenschliche und organisatorische Faktoren heute zum Krankheitsfaktor Nr. 1 »aufgestiegen«, während die früher führenden Krankheitsursachen (Arbeitsstoffe, Geräte, Lärm etc.) heute nur noch eine untergeordnete Rolle spielen. Leider hat die Arbeitsmedizin diesen Wechsel in weiten Bereichen noch nicht nachvollzogen.

BURNOUT: DIE NEUE KRANKHEIT AM ARBEITSPLATZ

Beim Burnout-Syndrom handelt es sich um ein inzwischen international anerkanntes Störungsbild, das aber aufgrund seiner Definition sowohl hinsichtlich seiner Ursachen als auch hinsichtlich seiner Auswirkungen auf den Arbeitsplatz bezogen ist. Seine drei Hauptkennzeichen sind erstens emotionale Erschöpfung (englisch: »*emotional exhaustion*«), zweitens eine negative oder zynische Einstellung gegenüber Vorgesetzten, Kollegen und Kunden (»*depersonalization*«) sowie drittens eine negative Einschätzung des Sinnes und der Qualität der eigenen Arbeit (»*low personal accomplishment«*). Das Vorliegen und das Ausmaß eines Burnout-Syndroms lässt sich mit einem objektiven Test (z.B. Fragebogen) erfassen. Das Burnout-Syndrom ist eine medizinisch relevante Gesundheitsstörung. Sie wird seitens des Arztes – wenn überhaupt – meist unter verschiedenen anderen Diagnosen erfasst (Erschöpfungssyndrom, Depression, Schlafstörung oder psychosomatische Störung oder chronisches Müdigkeitssyndrom und Ähnliches). Tatsächlich gibt es beim Burnout-Syndrom immer Überlappungen mit anderen medizinischen Erkrankungen, vor allem mit depressiven Störungen, Angststörungen, Schlafstörungen sowie mit Schmerzerkrankungen und anderen psychosomatischen Störungen.

KÖRPERLICHE FOLGEN DES BURNOUT-SYNDROMS

Obwohl die Ursachen des Burnout-Syndroms in der überwiegenden Mehrheit der Fälle im zwischenmenschlichen Bereich liegen, zeigen sich die Auswirkungen in hohem Maße in körperlichen Beschwerden. Wie neuere Untersuchungen belegen, weisen an einem Burnout-Syndrom leidende Erwerbstätige die höchsten Raten körperlicher und psychosomatischer Beschwerden auf. Studien zeigen, dass beim Burnout-Syndrom Veränderungen des Stresshormons Cortisol sowie Störungen im Bereich des Immunsystems auftreten. Bei Frauen kann das Burnout-Syndrom zusätzlich auch mit Störungen des Menstruationszyklus einhergehen. Es liegen sogar Hinweise darauf vor, dass Burnout-Verschleiß die Entwicklung einer koronaren Herzkrankheit begünstigt.

NEUE FORMEN DER BELASTUNGEN AM ARBEITSPLATZ

Am Arbeitsplatz haben – anders als in früherer Zeit – seelische Belastungsfaktoren die körperlich-physischen Belastungen inzwischen eingeholt, teilweise sogar deutlich überholt. Laut einer AOK-Studie an über

15000 Befragten klagen 30–35 Prozent der Erwerbstätigen über starke, objektiv beschreibbare *psychische* Belastungen. Der Anteil jener, die psychosomatische Körpersymptome erleben, geht darüber noch weit hinaus: Die Raten für depressive Stimmung, Schlafstörungen, Nervosität, Unruhe und Reizbarkeit lagen zwischen 60 und 80 Prozent.

Erwerbstätige, die in der AOK-Studie über Verspannungen, Rückenschmerzen oder Abgeschlagenheit klagten (dies waren jeweils über 70 Prozent aller Erwerbstätigen!), nannten als Belastungsfaktoren unter anderem ein schlechtes Betriebsklima, ungerechte Behandlung durch den Vorgesetzten, Eintönigkeit, Hektik und eine dadurch verursachte innere Abneigung gegen die Arbeit.

Der »menschliche Faktor« spielt am Arbeitsplatz inzwischen eine Hauptrolle: Ein gutes Verhältnis zu Kollegen hielten in der AOK-Studie 52 Prozent, ein gutes Einvernehmen mit dem Vorgesetzten über 30 Prozent aller Befragten für »besonders wichtig«. Um so fataler, wenn gleichzeitig mehr als zwölf Prozent der über 15000 Befragten das Betriebsklima für sehr schlecht hielten und elf Prozent sich von ihrem Vorgesetzten ungerecht behandelt fühlten. Doch trotz einer hohen Rate objektiver und subjektiver auf den Arbeitsplatz bezogener Beschwerden leidet nur etwa ein Drittel derer, die Beschwerden haben, am Burnout-Syndrom. Auf welche Faktoren kommt es also zusätzlich an?

BELASTUNGSFAKTOR 1:
ARBEIT MIT SCHWIERIGEN KLIENTEN ODER KUNDEN

Den gefährlichen Burnout-Mix aus emotionaler Erschöpfung, negativzynischer Einstellung anderen Menschen gegenüber und Zweifeln an der eigenen Arbeit erleiden Menschen vor allem in jenen Berufen, in denen eine emotional engagierte Hinwendung zu anderen Menschen gefordert ist. Wenn im Beruf bei denjenigen, für die man beruflich tätig ist, trotz hoher eigener Verausgabung sichtbare Erfolge ausbleiben und dies nicht durch Anerkennung von anderer Seite (Kollegen, Vorgesetzte) kompensiert wird, dann kommt es zur so genannten »Gratifikations-Krise«. Eine solche Situation kann – allerdings meist unbewusst – beim Arbeitnehmer zu der Schlussfolgerung führen, die berufliche Eignung der eigenen Person sei ungenügend oder die Arbeit als solche insgesamt sinnlos. Zusätzlich beginnt der Arbeitnehmer in der Regel dann auch gegenüber den Menschen, für die er tätig ist, negative Gefühle zu entwickeln.

Wie zahlreiche Beobachtungen aus der Verhaltensforschung (insbesondere Modelle der *»learned helplessness«*, das heißt der »gelernten Hilflosigkeit«) zeigen, vermag nichts die Motivation und den Arbeitsantrieb derart nachhaltig zu ruinieren wie ausbleibende positive Rückmeldungen (z.B. sichtbare Erfolge der eigenen Arbeit, Lob oder Anerkennung). Daher tragen vor allem jene Berufe ein hohes Burnout-Risiko, in denen es Menschen zu versorgen gilt, von denen wenige positive Rückmeldungen kommen, oft auch gar nicht kommen können: Patienten mit unheilbaren Krankheiten auf Krebs- und Aids-Stationen, versorgungsbedürftige Menschen mit Demenzerkrankungen wie z.B. Alzheimer oder behinderte beziehungsweise chronisch kranke Kinder in Fürsorgeeinrichtungen. Ein Ort, an dem trotz hohen Einsatzes der Berufstätigen manchmal ebenfalls kaum Erfolgserlebnisse erzielt werden, sind Schulen (dazu gleich mehr).

BELASTUNGSFAKTOR 2: SCHLECHTE ARBEITSBEDINGUNGEN UND FEHLENDE KOLLEGIALE UNTERSTÜTZUNG

Wo aus der Arbeit selbst kommende positive emotionale Rückmeldungen gering sind, gewinnen äußere Arbeitsbedingungen eine entscheidende Bedeutung: Hohe Burnout-Raten wurden vor allem dort festgestellt, wo hoher Arbeitsdruck herrscht und wenig individuelle Gestaltungsmöglichkeiten der eigenen Arbeit bestehen. Eine solche Situation am Arbeitsplatz wird in der Fachliteratur mit *»high demand – low influence«* (»hohe Anforderungen – wenig Einfluss«) bezeichnet. Eine solche Konstellation bringt ein hohes Burnout-Risiko mit sich.

Als mindestens ebenso bedeutsam für die Begünstigung von Burnout hat sich fehlende Unterstützung durch Kollegen oder Vorgesetzte herausgestellt. Kollegiale Unterstützung vermag allerdings nur dort vor Burnout zu schützen, wo Erwerbstätige bereit sind, sie auch in Anspruch zu nehmen. Nicht selten haben Burnout-Betroffene aber gerade hier ein Problem: Viele derer, die im Burnout landen, waren zuvor jahrelang Persönlichkeiten mit hohem persönlichen Leistungsanspruch, wollten ihre ehrgeizigen beruflichen Zielsetzungen aber als »Einzelkämpfer« erreichen und legten auf den kollegialen Kontakt zu geringen Wert.

BELASTUNGSFAKTOR 3: DIE PERSÖNLICHE EINSTELLUNG

Perfektionistische Arbeitseinstellungen, mit denen sich Erwerbstätige selbst unter Druck setzen und überfordern (oft ohne dass sie diese Überbeanspruchung bewusst erleben), können nach wenigen Jahren in eine Burnout-Situation führen. Gerade bei tüchtigen und (über-)engagierten Mitarbeitern, die für berufliche Ziele oft private Interessen zurückzustellen bereit sind und über die Vorgesetzte und Kollegen verständlicherweise zunächst sehr erfreut sind, sollten Vorgesetzte in fürsorglicher Voraussicht die Gefahr des späteren Burnout im Auge behalten.

SPITZENREITER BEIM BURNOUT: LEHRKRÄFTE AN SCHULEN

Raten von Dienstunfähigkeit und vorzeitiger Zur-Ruhe-Setzung, die seit Jahren bei ziemlich genau 50 Prozent liegen, haben die Situation der Lehrer wiederholt in die Schlagzeilen gebracht. Wie ist zu erklären, dass z.B. in Baden-Württemberg zuletzt 49,5 Prozent der beamteten Lehrer wegen Dienstunfähigkeit in den *vorzeitigen* Ruhestand gingen, während diese Rate bei den Verwaltungsbediensteten im gleichen Bundesland im gleichen Zeitraum bei 28,4 Prozent und bei den Vollzugsbediensteten sogar nur bei 22,1 Prozent lag? Das durchschnittliche Alter vorzeitig in den

Ruhestand versetzter Lehrer liegt bundesweit zwischen 51 und 56 Jahren. Die volkswirtschaftlichen Kosten dieser Situation sind immens.

Burnout scheint der Lehrer-Killer Nr. 1 zu sein. Andreas Weber vom Nürnberger Institut für Arbeits-, Sozial- und Umweltmedizin hat mit zwei Kollegen die über 5500 ärztlichen Akten von Lehrern durchgesehen, die sich in Bayern von 1996 bis 1999 wegen Dienstunfähigkeit in den vorzeitigen Ruhestand verabschiedeten. Bei 52 Prozent dieser Lehrer lautete die führende Diagnose auf eine *seelische* Gesundheitsstörung. Von diesen 52 Prozent, die psychische Diagnosen hatten, litten zwei Drittel an Depressionen, Belastungs- oder Erschöpfungssyndromen.

Die bei etwa 50 Prozent liegende Frühpensionierungsrate der Lehrer entspricht den Ergebnissen der unabhängig von Andreas Weber durchgeführten Untersuchungen von Uwe Schaarschmidt und Kollegen, die bei 43 Prozent der Dienst tuenden Lehrer in Bayern ein Burnout-Syndrom beziehungsweise eine Vorstufe dazu feststellten. In allen anderen untersuchten Bundesländern lag der Anteil der Burnout-»Fraktion« einschließlich des Burnout-Vorstadiums bei deutlich über 50 Prozent, »Tabellenführer« war Brandenburg mit 72 Prozent.

Ein objektiver Einblick in die äußerst schwierige und belastende Situation der Lehrer ergab sich in den letzten Jahren insbesondere aus den hervorragenden Untersuchungen, die der Potsdamer Psychologieprofessor Uwe Schaarschmidt mit seiner Arbeitsgruppe durchführte. Dienst tuende Lehrer, die an einem Burnout-Syndrom leiden, nehmen den Spitzenplatz bei psychischen wie auch bei körperlichen Beschwerden ein und haben die meisten Krankentage zu verzeichnen. Sie zeigen eine signifikant verminderte Fähigkeit, sich durch Kollegen helfen zu lassen – hier findet sich der bereits erwähnte Persönlichkeitsfaktor wieder – und sind auch privat nicht (mehr) in der Lage, sich zu regenerieren oder zu entspannen.

Besonders tragisch, für das Burnout-Syndrom jedoch geradezu typisch ist, dass Dienst tuende Lehrer im Burnout nicht nur erschöpft und demotiviert sind, sondern auch ein hohes Maß an Abneigung gegenüber ihren Schülern entwickeln – ein Phänomen, das sich auch bei Burnout-Ärzten gegenüber ihren Patienten findet (siehe unten).

LEHRER: SCHWERSTARBEITER IM KLASSENZIMMER

Eine der wichtigsten Ursachen des Burnouts bei Lehrern scheint in der außerordentlich schwierigen beruflichen Aufgabe selbst zu liegen. Dafür spricht nicht nur die subjektive Belastungseinschätzung, derzufolge Lehrer »Verhalten schwieriger Schüler«, »Klassenstärke« und »Stundenzahl« als die drei absolut größten Stressfaktoren einschätzen. Dass Schüler weithin eine schwierige, manchmal kaum noch lenkbare »Kundschaft« darstellen, ergibt sich auch aus objektiven Untersuchungen. Dies hat in erster Linie mit der Abnahme elterlicher Zuwendung zu tun, die ihrerseits wieder durch eine zunehmend schwierigere Situation der Familien bedingt ist.

SCHÜLER IN NOT

Schüler leiden in einem hohen Maße an körperlichen und psychosomatischen Beschwerden, wie sich unter anderem in der von Kinderärzten durchgeführten Jugendgesundheitsstudie Stuttgart aus dem Jahre 2001 zeigte. Fehlende geduldige Zuwendung der Eltern, stattdessen eine immer unruhigere Umwelt und ein Anstieg des Video- und Fernsehkonsums haben eine beängstigende Zunahme des Aufmerksamkeit-Defizit-Syndroms zur Folge (wobei die Kinder dann, anstatt eine zwingend gebotene Psychotherapie zu erhalten, oft nur mit Methyphenidat (Ritalin[®]) »abgefüttert« werden). Über 15 Prozent der Schüler, so eine neueste im Deutschen Ärzteblatt veröffentlichte Studie, leiden an einer psychiatrischen Gesundheitsstörung. Begleitend hat sich in der Schülerschaft, nicht zuletzt als Folge dessen, was die Kinder in der Familie erleben und auf Bildschirmen sehen, ein beängstigendes Maß an Gewaltbereitschaft entwickelt.

WEITERE RISIKOGRUPPEN FÜR BURNOUT: PFLEGEKRÄFTE UND ÄRZTE

Von den Burnout-Symptomen emotionale Erschöpfung, negative Einstellung gegenüber den ihnen anvertrauten Patienten und Zweifeln am Sinn der eigenen Arbeit bleiben leider auch Ärzte und Pflegekräfte nicht verschont. Insbesondere Ärzte auf Krebs- und Intensivstationen tragen ein beträchtliches Burnout-Risiko. Die Häufigkeit eines vollständig entwickelten Burnout liegt bei den besonders stark belasteten Ärztegruppen – je nach Studie – zwischen 15 und 30 Prozent, bei Einbeziehung der Burnout-Gefährdeten sogar bei 50 Prozent. Die Burnout-Raten bei Pflegekräften auf Aids-, Krebs- und Intensivstationen liegen zwischen 30 und 40 Prozent.

Hauptursache für Burnout bei Ärzten scheint Arbeitsüberlastung zu sein, bei einer gleichzeitig oft nur geringen Möglichkeit, Einfluss auf das therapeutische Geschehen zu nehmen. Dazu passt die bemerkenswerte Beobachtung, dass das in den USA breit eingeführte *»Case management«* (Kassen-reglementierte Vorgaben für die Krankenbehandlung, nach denen sich die Ärzte zu richten haben) offenbar einen deutlichen Anstieg von Stress und Burnout bei Ärzten nach sich zieht.

In einer Ärztebefragung äußerten 36 Prozent, dass Stress durch Arbeitsüberlastung bei ihnen zu schweren Fehlern – auch solchen mit Todesfolge – geführt hätte. Was insbesondere jungen Ärzten seit Jahren, vor allem in den Universitätskliniken (nicht überall, aber vielerorts), zugemutet wird, ist ein an Sklavenarbeit erinnernder Skandal. Besonders beunruhigend sind die Auswirkungen von Ärzte-Burnout für die Patienten: Bei Psychiatern führt Burnout, wie Untersuchungen zeigen, zu einer verminderten Bereitschaft, bei ihren Patienten Psychotherapie einzusetzen. Geradezu beängstigend erscheint jedoch die Beobachtung, dass mit der Burnout-Symptomatik bei Ärzten auch die Sympathie für Sterbehilfe-Maßnahmen zunimmt, wie sich in einer Studie zeigte.

PRÄVENTION UND THERAPIE DES BURNOUT-SYNDROMS

Kontinuierliche Präventionsprogramme gegen die Entwicklung von beruflichem Burnout sollten in den kommenden Jahren zur Regel werden, insbesondere in Schulen, Krankenhäusern und Pflegeinstitutionen. Arbeitsabläufe sollten grundsätzlich keiner Hetze unterworfen sein. Wo möglich, ist für eine gewisse Aufgabenvielfalt (anstatt Eintönigkeit) und für die Möglichkeit Sorge zu tragen, dass Dienst Tuende gewisse Freiräume zur individuellen Gestaltung ihrer Arbeit haben. Einzelgängerische und überehrgeizige Mitarbeiter, die sich bis zur Grenze verausgaben, sollten nicht als Vorbilder gelten, sondern eher dahingehend beeinflusst werden, ihre Zusammenarbeit und die Kommunikation mit Kollegen zu verstärken.

»Erste Wahl« zur Prävention gegen Burnout-Verschleiß sind so genannte Supervisionsgruppen, also Kollegen-Gesprächskreise, die jedoch von externen (das heißt nicht aus dem eigenen Betrieb kommenden) Gesprächsleitern moderiert sein sollten (als Moderatoren kommen z.B. Sozialarbeiter, Psychologen oder Psychotherapeuten in Frage). Solche Supervisionsgruppen zeigten sowohl bei Ärzten und Pflegekräften als auch bei Lehrern sehr gute Effekte gegenüber Burnout-Symptomen. Von Personaltrainern und »Motivationsgurus« ist definitiv abzuraten, da sie meist, wenn überhaupt, nur kurze »Strohfeuer-Effekte« mit kurzfristiger Begeisterung und kurzzeitig erhöhter Arbeitseffizienz erzielen. Die Gefahr eines Burnout-Verschleißes wird dadurch mittelfristig aber eher erhöht.

Leidet ein Arbeitnehmer bereits an klinisch relevanten Burnout-Symptomen, dann sollte eine psychotherapeutische oder psychosomatische Behandlung erfolgen. Unspezifische Kuren helfen hier allerdings nicht weiter, vielmehr ist eine spezifische psychosomatische Behandlung angezeigt, bei der die Betroffenen lernen können, ihre zwischenmenschlichen Beziehungen so zu gestalten, dass ihre seelische und körperliche Gesundheit am Arbeitsplatz keinen Schaden nimmt. Der weit verbreiteten Auffassung, der einzige aus dem Burnout-Syndrom herausführende Weg sei die Frühberentung oder die vorzeitige Zur-Ruhe-Setzung, sollte angesichts der Heilungschancen mit Hilfe einer psychosomatisch orientierten Behandlung entgegengetreten werden.

ZUSAMMENFASSUNG

Zwischenmenschliche Beziehungserfahrungen hinterlassen auch am Arbeitsplatz ihre Spuren. Nach neueren Untersuchungen befinden sich in Deutschland bis zu 25 Prozent der insgesamt etwa 36 Millionen Erwerbstätigen in einer gesundheitlichen Situation, die der New Yorker Arzt und Psychoanalytiker Herbert Freudenberger 1974 erstmals als »Burnout-Syndrom« bezeichnet hat. Symptome sind Erschöpfung, Schlafstörungen, Kopfschmerzen oder Schwindelgefühle ohne körperlichen Befund, Angst oder depressive Verstimmungen.

Risikofaktoren für das Burnout-Syndrom sind: hohe Belastung und Eintönigkeit der Arbeit, geringe Anerkennung und fehlender kollegialer Zusammenhalt sowie fehlende positive Rückmeldung von Seiten derjenigen, für die man tätig ist. Wirksamste Prävention gegen das Burnout-Syndrom bieten Supervisionsgruppen (Kollegen-Gesprächsgruppen) für Mitarbeiter und Vorgesetzte, die durch Moderatoren von außerhalb des Betriebs geleitet sein sollten. Bei bereits eingetretenen Burnout-Symptomen ist eine ambulante psychotherapeutische oder stationäre psychosomatische Therapie angezeigt.

16. PSYCHOTHERAPIE: IHRE AUSWIRKUNGEN AUF DIE SEELE UND AUF NEUROBIOLOGISCHE STRUKTUREN

ZEIT FÜR EINE SACHLICHE DEBATTE

Will man ein Tischgespräch oder eine Party mit ziemlicher Sicherheit im totalen Streit der beteiligten Personen enden lassen, so braucht man nur das Thema »Psychotherapie« anzuschneiden. Diesem Thema scheint eine geheime, bislang noch unerforschte Kraft zur emotionalen Erhitzung der Gemüter innezuwohnen, die anderen Themen abgeht. Warum nur finden andere reizvolle Themen der Medizin (Themenvorschlag: Operation oder konservative Therapie beim Bandscheibenvorfall) in Intellektuellenkreisen so wenig Anklang? Doch Spaß beiseite: Die Psychotherapie wird und soll auch künftig ein spannendes Thema bleiben. Aber die Zeit ist reif, die Debatte über Psychotherapie vom Dunst der Stammtische zu befreien und die Eigenschaften und Auswirkungen dieser medizinischen Heilmethode (die auch von Psychologen ausgeübt werden kann) vor dem Hintergrund wissenschaftlicher Daten einschließlich neurobiologischer Erkenntnisse zu betrachten.

WAS IST DER GEGENSTAND PSYCHOTHERAPEUTISCHER BEHANDLUNG?

Gegenstand der Psychotherapie sind Phänomene, die ausnahmslos mit zwischenmenschlichen Beziehungen zu tun haben: Schwierigkeiten im Umgang mit Gefühlen, Angst, seelische Erschöpfung oder Verlust der Lebensfreude, Probleme in der Partnerschaft oder Familie, störende Zwangsgedanken oder Zwangshandlungen, Probleme im Umgang mit Sexualität, seelische Belastungen durch körperliche Erkrankungen oder körperlich ausgelöste seelische Störungen.

Diese Symptome stehen in zweierlei Weise mit zwischenmenschlichen

Beziehungen in Zusammenhang: Zum einen beeinflussen die genannten Symptome, wenn sie vorhanden sind, immer und unvermeidlich die Beziehungen zu anderen Menschen. Zum anderen ist es in den meisten Fällen zusätzlich aber auch so, dass Erfahrungen in zwischenmenschlichen Beziehungen an der Entstehung seelischer Symptome beteiligt waren.

Zwischenmenschliche Beziehungen – davon sollte dieses Buch berichten – wirken massiv in uns hinein, sie beeinflussen nicht nur die seelische Sphäre, sondern – auf dem Wege über das Gehirn – auch Gene, biologische Funktionen und körperliche Strukturen des Organismus. Daher sollte es uns nicht überraschen, dass zwischenmenschliche Beziehungen nicht nur einerseits einen entscheidenden Beitrag zur Entstehung oder Aufrechterhaltung von Symptomen leisten, sondern dass dieser Zusammenhang zwischen Symptom und zwischenmenschlichen Beziehungen andererseits auch den entscheidenden Ansatzpunkt in der Psychotherapie (gleich welcher Therapieschule) darstellt.

ZUR ENTSTEHUNGSGESCHICHTE DER SEELE

Bisherige Beziehungserfahrungen und gegenwärtige Muster der aktuellen Beziehungsgestaltung eines Menschen sind, wie Untersuchungen mit modernen Methoden der Neurobiologie zeigen, in Nervenzell-Netzwerken des Gehirns gespeichert. Die Beeinflussung der Entwicklung von Seele, Gehirn und Körper durch zwischenmenschliche Beziehungserfahrungen beginnt kurz nach der Geburt. Wie exakte Beobachtungen und experimentelle Studien ergaben, reichen einige wenige Begegnungen des Säuglings mit dem Gesicht der Mutter, mit ihrer Stimme und ihren Gerüchen aus, um diese Eindrücke in Nervenzell-Netzwerken des Säuglings so einzuspeichern, dass er in der Lage ist, die Mutter von anderen Personen zu unterscheiden. Der Austausch von Signalen durch Mimik, Stimme und die dargebotene Brust führen zur Ausbildung einer emotionalen Bindung.

Die zur Ausbildung dieser Bindung notwendigen Lernvorgänge seitens des Säuglings führen zur Entstehung von Nervenzell-Verknüpfungen

(Synapsen) und zur Ausbildung von entsprechenden Netzwerken in der Großhirnrinde (dort vor allem im so genannten assoziativen Cortex) sowie im limbischen System, dem »Zentrum für emotionale Intelligenz«.

Bei der Einspeicherung von mütterlichen Signalen hilft dem Säugling ein erst vor kurzem vom italienischen Neurobiologen Giacomo Rizzolatti und vom kanadischen Hirnforscher William Hutchison entdecktes »Spiegel-System«: Durch so genannte »Spiegel-Neurone« (Spiegel-Nervenzellen) kann das Gehirn in der Außenwelt wahrgenommene Vorgänge so speichern, dass der betreffende Vorgang (im Falle des Säuglings wäre dies z.b. ein Stimmlaut oder eine mimische Bewegung) selbst reproduziert werden kann. William Hutchisons Entdeckung war, dass es im limbischen System Spiegel-Neurone auch für Gefühle gibt, die es ermöglichen, die Erfahrung von emotionaler Anteilnahme und Mitgefühl in Nervenzell-Netzwerken zu speichern – als Voraussetzung dafür, selbst zur Empathie fähig zu sein.

Falls der Säugling keine Beziehungsangebote erhält, gibt es auch nichts zu speichern, woraus sich schwere Entwicklungsstörungen der Seele und des Gehirns ergeben können. Ein adäquates Reizangebot seitens der Mutter oder einer anderen konstanten, liebevollen Bezugsperson hat nicht nur die seelische Reifung des Kindes, sondern auch die Aktivierung von zahlreichen Wachstumsgenen und den Aufbau einer dichten synaptischen Verschaltung der Nervenzellen seines Gehirns zur Folge.

Fehlende Beziehungen, ersatzlose Trennung von der Mutter und Reizverarmung führen, wie zahlreiche Studien zeigen konnten, zum einen zu schweren seelischen Symptomen und zum anderen zu einem massiven Verlust von Nervenzellen, zur Degeneration von Nervenzell-Fortsätzen und zum Synapsenverlust. Dies ist durch wissenschaftlich einwandfreie Beobachtungen belegt, unter anderem durch neuere Arbeiten von Gerd Poeggel und Katharina Braun (Leipzig, Magdeburg), Elizabeth Gould (Princeton, USA) sowie Masumi Ichikawa (Japan), außerdem durch eine ältere, »klassische« Studie des US-Neurobiologen Robert Struble (USA).

Seine noch so fantastische genetische Ausstattung hilft dem Säugling also nichts, wenn es keine Umwelt und keine zwischenmenschlichen Beziehungen gibt, die den genetischen Apparat aktivieren. Die Netzwerke, die beim Säugling aus der gemeinsam mit der Mutter (und mit anderen) gestalteten Beziehung entstehen, bauen nach und nach das Programm auf, nach dem das Kind seine eigenen Beziehungsaktivitäten gestaltet (wodurch sich seine Netzwerke weiter verändern).

WODURCH ENTSTEHT DER BEDARF FÜR EINE PSYCHOTHERAPIE?

Verschiedene Umstände und Wechselfälle des Lebens (Erkrankungen oder seelische Probleme der Eltern, körperliche Erkrankungen des Kindes, Unfälle, soziale Umstände und Ähnliches), auf die man nun einmal keinen Einfluss hat und für die es daher auch keine »Schuldigen« gibt, können dazu führen, dass die seelische Entwicklung, meist nur in spezifischen Teilbereichen, beeinträchtigt wird.

Häufige Gründe für das Entstehen seelischer Gesundheitsstörungen sind verunsichernde Erfahrungen bezüglich der Zuverlässigkeit von Bindungen, Ängste vor dem Verlust von Beziehungspersonen (oder tatsächlich erlittene Verluste), hoher Anpassungsdruck an die Bedürfnisse oder Gebote anderer, eine zu starke Zurückstellung eigener Bedürfnisse und nicht zuletzt auch Erfahrungen von Gewalt. Aufgrund der nachgewiesenen engen Zusammenhänge, die sich zwischen jeder Art von Beziehungserfahrung einerseits und Genaktivität sowie neurobiologischen Strukturen andererseits nachweisen lassen, kamen die Neurobiologin Katharina Braun und der Psychiater Bernhard Bogerts von der Universität Magdeburg in einem kürzlich verfassten brillanten Beitrag zu dem Ergebnis, dass seelische Gesundheitsstörungen ihre Basis in »Fehl- und Unterfunktionen funktioneller Schaltkreise, insbesondere des für kognitive und emotionale Leistungen verantwortlichen limbischen Systems« haben, wobei diese »durch frühe sozioemotionale Ereignisse eingeprägt« seien. Besser lässt sich der derzeitige Stand des Wissens nicht zusammenfassen.

Dieses Kapitel soll sich der Frage zuwenden, ob Psychotherapie in der Lage ist, diese »Fehl- und Unterfunktionen funktioneller Schaltkreise«

günstig zu beeinflussen oder zu beheben. Wenn Beziehungserfahrungen einen prägenden Einfluss auf seelische und neurobiologische Strukturen haben, dann müsste Psychotherapie bei Personen mit seelischen Gesundheitsstörungen nicht nur zu einer Beseitigung der seelischen Probleme, sondern auch zu neurobiologischen Veränderungen führen. Zu dieser Frage liegen aus jüngster Zeit neue, faszinierende wissenschaftliche Daten vor, auf die nachfolgend eingegangen werden soll. Doch zuvor einige Worte zur Arbeitsweise in der Psychotherapie.

WAS IST »IMPLIZITES WISSEN«?

Leben, Erleben und Gestalten im zwischenmenschlichen Beziehungsfeld sind der »Stoff«, aus dem Probleme, Beschwerden und Gesundheitsstörungen bestehen, die einen Patienten veranlassen, einen Psychotherapeuten zu konsultieren. Dieses Leben, Erleben und Gestalten hat sich im Verlauf aller bisherigen Beziehungserfahrungen eines Leben entwickelt. Aus unzähligen Erlebnissen und Lernerfahrungen im sozialen Beziehungsfeld hat sich ein inneres »Wissen« gebildet, das unsere innere Basis dafür ist, wie wir uns in Beziehungen bewegen und verhalten.

Lassen Sie uns dieses innere »Wissen« näher betrachten. Es ist ein eingespieltes, so genanntes »implizites« Wissen, mit dem wir komplizierte Vorgänge steuern, ohne dass wir uns die Einzelschritte bewusst machen und über sie nachdenken müssen (Letzteres würde bedeuten, dass wir unser »explizites«, das heißt unser bewusst überlegtes Wissen zur Hilfe nehmen müssten). Ohne eingespieltes, »implizites« Wissen wären wir nicht in der Lage, unser Fahrzeug ohne nachzudenken sicher durch den Verkehr zu lotsen. Dank des »implizit« vorhandenen, weitgehend automatisierten Fahr-»Wissens« sind wir imstande, sicher zu fahren und uns gleichzeitig mit unserem Beifahrer zu unterhalten.

Manche, aber nicht alle erlernten Fähigkeiten müssen zunächst explizit, das heißt mit bewusstem Nachdenken oft, manchmal mühsam, durchexerziert werden, bevor sie – im Laufe der Zeit und bei entsprechender

Übung – zu implizitem Wissen werden (z. B. wenn wir den Führerschein machen). Manche Wissensinhalte, dies gilt vor allem für unser intuitives Wissen über persönliche Beziehungen und soziale Umgangsweisen, können sich jedoch, am expliziten Wissen vorbei, gleichsam unbemerkt direkt in den impliziten Wissensspeicher einschleichen.

Neurobiologisch ist implizites Wissen wie alles Wissen in Nervenzell-Netzwerken der Großhirnrinde und des limbischen Systems gespeichert, beim impliziten Wissen sind zusätzlich aber auch tiefer gelegene Hirnzentren einbezogen.

Zahlreiche Dinge, die wir implizit wissen und die wir ohne nachzudenken täglich anwenden, können wir explizit kaum oder nur mühsam erklären (es sei denn, Sie gehören zu den Menschen, die jederzeit wissen, nach welchen Regeln Sie ihre gesprochenen oder geschriebenen Sätze konstruieren). Last but not least: Es gibt zahlreiche implizite Wissensinhalte, die unser Tun beeinflussen, über die wir explizit aber gar nicht wissen, dass wir sie wissen. Tatsächlich ist implizites, automatisch angewandtes Wissen größtenteils unbewusst, das heißt für unser explizites Nachdenken nicht oder nur mit Mühe zugänglich zu machen.

In zahlreichen neueren Beiträgen wird sowohl von Neurobiologen wie dem US-Nobelpreisträger Eric Kandel als auch von psychoanalytischen Medizinern wie Glen Gabbard (Karl Menninger School of Psychiatry in Kansas) übereinstimmend darauf hingewiesen, dass Leben, Erleben und Gestalten in zwischenmenschlichen Beziehungen überwiegend implizites, intuitives, also automatisch angewandtes Wissen ist. Demnach ist auch das, womit sich psychotherapeutische Arbeit beschäftigt, in erster Linie implizites Wissen.

DIE PSYCHOTHERAPEUTISCHE ARBEITSMETHODE

Warum soll implizites Wissen über die Gestaltung zwischenmenschlicher Beziehungen verändert werden? Und weiter: Wie lässt es sich verändern? Ein Grund für eine Veränderung von implizitem Wissen liegt in der Regel nur dann vor, wenn Verfahrensweisen, die auf diesem Wissen beruhen, nicht mehr zur Aufgabe passen. Für die Psychotherapie heißt dies, dass eine Person den Rat des Psychotherapeuten dann aufsuchen sollte, wenn bisherige implizite Muster des Erlebens und Verhaltens für diese Person ihren Zweck, nämlich zwischenmenschliche Beziehungen befriedigend, glückbringend und ohne gesundheitliche Beschwerden erleben und gestalten zu können, nicht mehr erfüllen.

Nehmen wir ein Gleichnis als Beispiel: Wenn Sie einige Jahre in Deutschland Auto gefahren, leider aber trotzdem immer ein etwas unsicherer Fahrer geblieben sind, und nun, z.b. wegen einer neuen Partnerschaft, nach London umziehen, dann wird es für Sie, um dort im Stadtverkehr klarzukommen, kaum ausreichen, dass Ihnen irgendjemand irgendwann den Hinweis gegeben hat, dass Sie in England links fahren müssen (obwohl die Probleme bei der ersten Fahrt in England zweifellos noch größer wären, wenn sie selbst diesen expliziten Hinweis nie bekommen hätten). Sie befinden sich nun in einer Lage wie mancher Psychotherapie-Patient: Obwohl Sie nicht dazu verpflichtet sind und Sie niemand dazu zwingt, könnte es sinnvoll sein, einige Fahrstunden zu nehmen.

Ein guter Fahrlehrer wird vieles ziemlich genauso machen wie ein guter Psychotherapeut. Er wird Ihnen am Anfang einige Erläuterungen geben und trifft mit Ihnen einige Absprachen. Dann wird er mit Ihnen losfahren. (Für den Psychotherapeuten heißt dies: Er geht mit Ihnen eine therapeutische zwischenmenschliche Beziehung ein.) Es wird Ihnen wichtig sein, dass Ihnen der Fahrlehrer das Gefühl vermittelt, an Ihrer Seite zu stehen und Ihnen wirklich helfen zu wollen. Je besser die Chemie zwischen Ihnen und Ihrem Fahrlehrer stimmt, desto schneller machen Sie Fortschritte. (Auch bei der Psychotherapie geht es nicht ohne eine gute und hilfreiche Beziehung.) Sobald Sie losgefahren sind, werden Sie einige Fragen haben, über die Sie sprechen wollen, ohne die Angst haben zu müssen, sich lächerlich zu machen oder sich schämen zu müssen.

Darüber hinaus wird der gute Fahrlehrer Ihnen beim gemeinsamen Fahren aufmerksam zuschauen und an Ihrer Fahrweise einige Dinge bemerken, die Ihnen selbst vielleicht noch gar nicht aufgefallen sind. Er tut aber gut daran, Sie nicht »zuzuquasseln« oder »totzureden«, denn *Sie* sollen ja das Fahren lernen. (Ebenso wird es ein guter Psychotherapeut im Verlauf der psychotherapeutischen Sitzungen machen.)

Entscheidend für Sie ist aber, dass Sie auch wirklich *fahren*, in einer logischerweise zunächst noch ungewohnten Umgebung und nach den etwas anderen Regeln. »Ungewohnte Umgebung« und »etwas andere Regeln« bedeuten in der Psychotherapie, dass der Patient in seiner zwischenmenschlichen Beziehung zum Psychotherapeuten andere Reaktionen erlebt, ungewohnte Fragen gestellt bekommt und neue emotionale Erfahrungen macht. Das ist der entscheidende Punkt, an dem die Therapie intuitives, implizites Wissen verändert. Bei einigen besonders gelagerten Problemen (bei bestimmten Angstsymptomen und bei so genannten Zwangsstörungen) wird der Therapeut mit dem Patienten Übungs-Exkursionen – so genannte »Expositionsübungen« – machen, um mit dem Patienten etwas Neues einzuüben.

Da der Fahrschüler aber letztendlich nicht lernen soll, mit einem Fahrlehrer, sondern alleine beziehungsweise mit anderen Beifahrern fahren zu können, wird der Fahrlehrer Sie ermuntern, auch ohne ihn zu üben. Bei der Psychotherapie wird der Patient, gestützt auf die in der Therapie gemachten neuen Erfahrungen, nun auch in seinem Alltag neue Sicht- und Verhaltensweisen wagen, vor allem dort, wo er bisher durch Angst, übergroße Scham oder Rücksichtnahmen im Übermaß eingeengt war.

WIE DIE AUSWIRKUNGEN VON PSYCHOTHERAPIE NEUROBIOLOGISCH SICHTBAR GEMACHT WURDEN

Aus neurobiologischer Sicht finden die geschilderten Veränderungsprozesse in der Psychotherapie nicht im luftleeren Raum statt. Mit modernen Untersuchungsverfahren lässt sich seit einigen Jahren bildgebend darstellen, welche Teile des Gehirns zu einem bestimmten Zeitpunkt in welchem Ausmaß aktiv sind. Eines dieser diagnostischen Verfahren, das für den Patienten keine nennenswerte Belastung bedeutet, ist die Positronen-Emissions-Tomographie oder PET. Ein ähnliches Verfahren ist die Single-Photonen-Emissions-Computertomographie oder abgekürzt SPECT.

Patienten im Zustand einer schweren Depression zeigen Veränderungen der Hirnaktivität in einigen Hirnregionen, in denen sich Nervenzell-Netzwerke befinden, die mit der Entwicklung der Depression in Zusammenhang stehen. Eine dieser Regionen ist der Gyrus cinguli, eine zum limbischen System, also zum »Zentrum für emotionale Intelligenz«, zählende Hirnstruktur. Die Veränderung der Hirnaktivität im Bereich des Gyrus cinguli im Zustand schwerer Depression, die sich mit Hilfe der PET und SPECT sichtbar machen lässt, war einer unter mehreren Hinweisen darauf, dass diese Hirnregion in ihren Nervenzell-Netzwerken das psychische beziehungsweise emotionale Gesamtbefinden des Organismus repräsentiert beziehungsweise speichert.

Wie Arthur Brody und Lewis Baxter von der University of California in Los Angeles mit der PET beobachteten, hatten sich im Zustand der Depression sichtbare Veränderungen der Hirnaktivität im Bereich des Gyrus cinguli (und in einigen weiteren Bereichen) zurückgebildet, wenn die Patienten eine erfolgreiche Psychotherapie durchlaufen hatten (die dabei angewandte Psychotherapiemethode war ein aus der Tiefenpsychologie weiterentwickeltes Verfahren namens IPT). Eine vergleichbare Beobachtung gelang dem Engländer Stephen Martin mit der SPECT-Methode. Die durch Psychotherapie veranlasste, mittels PET und SPECT sichtbar gemachte Normalisierung des Gehirnstoffwechsels entsprach der Normalisierung, die bei einer Vergleichsgruppe von Patienten unter alleiniger Medikamententherapie erzielt worden war.

Ähnlich eindrucksvoll zeigten sich die bis in die Biologie hinein »durchschlagenden« Effekte der Psychotherapie bei Patienten mit Zwangsstörungen. Zwangsstörungen sind seelische Gesundheitsstörungen, bei denen Patienten eine von ihnen nicht steuerbare, tiefe innere Angst vor der Unberechenbarkeit der Welt haben. Die Patienten können sich ein subjektives Gefühl der Sicherheit nur dadurch verschaffen, dass sie bestimmte, immer wieder durchzuführende (Zwangs-)Handlungen vornehmen oder indem sie häufig nach einem bestimmten Vorschriftenschema durchzugehende innere Denkvorgänge (Zwangsgedanken) vollziehen »müssen«. Es gelingt den Patienten nicht, diese zwanghaften Abläufe in sich selbst, über die sie meist aus Scham nicht sprechen, in den Griff zu bekommen.

Für das hohe Maß an Kontrolle, das zwangskranke Patienten zur Bewältigung ihrer untergründigen Angst aufrechterhalten müssen, sind Nervenzell-Netzwerke des so genannten »Nucleus caudatus« (eines unter der Großhirnrinde liegenden Hirnareals) einbezogen: Bei unbehandelten, an einer Zwangsstörung leidenden Patienten lässt sich mit der PET-Untersuchung eine vermehrte Aktivität des Nucleus caudatus darstellen. Die vom bereits erwähnten Lewis Baxter 1992 gemachte Beobachtung, dass bei Patienten nach einer erfolgreichen verhaltenstherapeutischen Behandlung in der PET-Untersuchung eine Normalisierung des Stoffwechsels im Nucleus caudatus zu beobachten ist, war der erste Hinweis überhaupt, dass Psychotherapie die biologischen Strukturen des Gehirns »erreicht«.

Der Einfluss erfolgreicher Psychotherapie auf neurobiologische Abläufe scheint unabhängig von der Art der seelischen Gesundheitsstörung zu gelten: Bei einem Patienten, der an einer Borderline-Störung litt und über ein Jahr hinweg psychotherapeutisch (mit einer tiefenpsychologischen Methode) erfolgreich behandelt worden war, beobachtete Heimo Viinamäli von der Universität Kuopio in Finnland mit der SPECT-Methode eine Normalisierung beim Stoffwechsel eines Nervenbotenstoffes (Serotonin).

Dass also auch Psychotherapie – wie alle anderen zwischenmenschlichen Beziehungserfahrungen – neben der Seele auch den Körper verändert, zeigte sich nicht nur in Untersuchungen mit den genannten modernen bildgebenden Verfahren. Ein anderer »biologischer Marker«, der bei einer Reihe von seelischen Gesundheitsstörungen messbar verändert ist, ist der Schlaf. Gegenüber dem normalen »Schlafprofil« gesunder Menschen (mit Tiefschlaf in der ersten Nachthälfte und zunehmenden Traumschlafphasen beziehungsweise REM-Schlaf in der zweiten Nachthälfte) zeigen Patienten mit seelischen Gesundheitsstörungen Veränderungen, die sich im »Schlaflabor« (wo während des Schlafes die Hirnstromkurve EEG abgeleitet wird) messen lassen. Brad Engdahl aus einer Klinik in Minneapolis (USA) beobachtete, dass sich bei Patienten, die an einer posttraumatischen Belastungsstörung litten und die mit Psychotherapie erfolgreich behandelt worden waren, das »Schlafprofil« messbar gebessert hatte.

Auch die psychotherapeutische Zunft muß sich wie die anderen medizinischen Disziplinen immer wieder klar machen, dass wir nicht Messwerte behandeln, sondern Menschen. (In der Herzmedizin hat es z.B. einige Jahre gebraucht, bis erkannt wurde, dass bestimmte Mittel gegen Herzrhythmusstörungen zwar den Herzrhythmus verbessern, dafür aber zum deutlich früheren Tod des Patienten führen.) Entscheidender Massstab für jede Therapie ist nicht irgendein Messwert, sondern das subjektive Befinden des Patienten, noch entscheidender seine Lebenserwartung. Dies gilt auch für die Psychotherapie.

Wie Studien ergaben, verkürzt sich bei Patienten mit bestimmten Tumorerkrankungen die Überlebenszeit, wenn zur Tumorerkrankung eine seelische Gesundheitsstörung, insbesondere eine Depression, hinzukommt. Insofern ist bedeutsam, dass zwei statistisch einwandfrei durchgeführte Untersuchungen zeigten, dass Psychotherapie bei seelisch belasteten Krebspatienten die Überlebenszeit verlängerte: Eine im renommierten Mediziner-Journal *Lancet* publizierte Arbeit von David Spiegel (Stanford Universität) hatte zum Ergebnis, dass psychotherapeutisch betreute Brustkrebs-Patientinnen gegenüber einer Vergleichsgruppe durchschnittlich 18 Monate länger überlebten. Einen ebenfalls signifikant lebensverlängernden Effekt durch Psychotherapie erzielte der an der Universität in Los Angeles tätige Fawzy Fawzy (Vor- und Nachname identisch) mit seiner Arbeitsgruppe bei Patienten, die an bösartigem Hautkrebs litten.

ZUSAMMENFASSUNG

Ein 1991 im Auftrag der Bundesregierung erstelltes Forschungsgutachten, das unter der Federführung des Hamburger Psychosomatikers Adolf Ernst Meyer (†1995) und des in Bern lehrenden Psychotherapieforschers Klaus Grawe erstellt wurde, kam nach Auswertung von Hunderten von Studien zu dem Ergebnis, dass die Wirksamkeit sowohl für tiefenpsychologische Psychotherapie als auch für Verhaltenstherapie als wissenschaftlich belegt anzusehen ist.

Kürzlich von einer Arbeitsgruppe um Marianne Leuzinger-Bohleber (Frankfurt) sowie von einer Gruppe um Rolf Sandell (Stockholm) vorgelegte, sorgfältig durchgeführte große Studien ergaben nunmehr auch für die psychoanalytische Behandlung, an der sich in den letzten Jahren immer wieder hitzige ideologische Debatten entzündeten, einen klaren Wirksamkeitsnachweis. Aufgrund ihrer überschaubaren Therapiedauer empfiehlt sich für die Mehrzahl der Patienten eine tiefenpsychologisch orientierte Psychotherapie oder eine Verhaltenstherapie.

Nachdem das Feld der Psychotherapie über einige Jahre hinweg leider ein Markt war, auf dem sich auch zahlreiche nichtqualifizierte, ohne seriöse Ausbildung tätige Scharlatane und Sektierer betätigten, hat das Ende der 90er-Jahre endlich verabschiedete Psychotherapeutengesetz jetzt zu einer Situation geführt, in der Patienten davon ausgehen können, dass die Mehrheit der nach diesem Gesetz approbierten und zugelassenen psychologischen und ärztlichen Therapeuten tatsächlich hinreichend qualifiziert ist.

Wie hier ausführlich dargestellte Ergebnisse neuerer Studien zeigen, wirkt Psychotherapie nicht nur auf die Seele, sondern auch auf neurobiologische Strukturen. Psychotherapie kann dazu führen, dass sich neurobiologische Veränderungen, die sich begleitend zu einer seelischen Gesundheitsstörung entwickelt haben, zurückbilden. So gesehen, ist Psychotherapie eine Heilmethode, die nicht nur die Seele, sondern auch den Körper »erreicht«.

17. DIE WELT DER GENE: WIE SIE WIRKLICH FUNKTIONIEREN

DIE »BUCHSTABEN« DER DNS: DIE HIEROGLYPHEN UNSERER ZEIT

Der heilige Respekt, mit dem derzeit überall auf die Macht der Gene verwiesen wird, steht in keinem Verhältnis zu dem geringen Wissen, das wir über ihre Funktionsweise haben. Die Grundprinzipien, nach denen Gene arbeiten, sind relativ einfach. Das Problem scheint darin zu bestehen, die Arbeitsweise der Gene verständlich zu erklären. Aufgrund des fehlenden Wissens über Gene blieb nach der vorläufigen Entschlüsselung des menschlichen Genoms im Frühjahr 2000 selbst klugen Leuten offenbar keine andere Wahl, als begeistert zu sein von relativ unsinnigen Aussagen, die damals zu hören waren: Jetzt seien »die Buchstaben des Lebens« zu lesen, ja, die »vollkommene Erkenntnis der Lebensprozesse« stehe bevor (die Zitate stammen von Craig Venter, dem Chef der Genfirma Celera). Nur wer die Arbeitsweise der Gene kennt, ist vor ehrfurchtsvoller und staunender Hilflosigkeit geschützt, wie sie in dem seitenlangen Abdruck der Buchstabenfolge des genetischen »Textes« in der Frankfurter Allgemeinen Zeitung vom 27. Juni 2000 zum Ausdruck kam. Die aus Gruppen von vier verschiedenen Buchstaben bestehende endlose Buchstabenfolge war für Redakteure und Leser so unverständlich wie die ägyptischen Hieroglyphen, allerdings ohne deren künstlerische Schönheit zu erreichen.

GENE FÜHREN KEIN »AUTISTISCHES« EIGENLEBEN

Man sollte wissen, was Gene für das Leben wirklich bedeuten. Dazu gehört vor allem, dass wir erkennen, warum Gene kein nur auf sich selbst gestelltes, gleichsam »autistisches« Eigenleben führen, sondern nur im

Zusammenspiel mit der Umwelt aktiv werden können. Wir sollten verstehen, warum es bei den Genen nicht nur auf ihren »Buchstaben-Text« (auch als »Sequenz« bezeichnet) ankommt, sondern vor allem darauf, wann und wie ein Gen aktiviert, das heißt in Funktion gesetzt wird. Viele Gene zeigen – je nach Umgebungssituation – einen laufenden Wechsel von einem aktiven in einen weniger aktiven Zustand. Dieser als »Genregulation« bezeichnete Aspekt wird in der derzeitigen Gendiskussion völlig ausgeblendet, obwohl hier entscheidende Ansätze zum Verständnis von Gesundheit und Krankheit zu finden sind. Die Beschränkung des Interesses auf den genetischen Text stammt aus der alten Erblehre Gregor Mendels. Gregor Mendel (1822–1884) hatte den Blick nur auf solche Gene gerichtet, die immer und in vollem Ausmaß aktiv sind. Die Aufklärung der Grundprinzipien der Vererbung wäre für Mendel nicht möglich gewesen, wenn er für seine Untersuchungen Gene herangezogen hätte, die im Laufe des Lebens – sozusagen je nach Laune – einmal angeschaltet und dann wieder abgeschaltet gewesen wären. Mendel untersuchte bei seinen Erbsen und sonstigen Pflanzen Gene, die durchgehend aktiv waren und die unveränderlichen Kerneigenschaften eines Organismus betrafen. Eine solche Kerneigenschaft ist beispielsweise die Farbe Grün, die im »Leben einer reifen Erbse« ein konstantes Merkmal ist. Wenn es bei einem der von Mendel untersuchten Gene nicht zur Erscheinung eines Erbmerkmals kam, dann lag dies niemals an einer veränderten Genregulation, sondern an einer Veränderung im Text des Gens. Dies ist der Grund, warum die Genregulation nicht in Gregor Mendels Blickfeld geriet.

GENE WERDEN REGULIERT

Im Gegensatz zu den von Gregor Mendel untersuchten Genen, die konstante Eigenschaften seiner Pflanzen codierten, unterliegen die meisten – insbesondere die für Gesundheit und Krankheit entscheidenden – Gene des Menschen einer fortwährenden Regulation ihrer Aktivität. Dies gilt vor allem für die Gene der Kreislauf-, Blutzucker-, Hormon- und Stress-regulation. Beinahe alles, was das Immunsystem zur Infekt- und Krebsab-wehr leistet, hängt nicht vom »Text«, sondern von der Regulation von Ge-nen ab. Die vielleicht größte Rolle spielt die Genregulation jedoch für die Gene des Gehirns. Unser heutiges Verständnis der Genetik ist jedoch weit-hin immer noch durch die medizinische Genetik der ersten Hälfte des 20. Jahrhunderts eingeengt, die mit ihrer »Rassenlehre« aus den klugen Ent-deckungen Gregor Mendels Schlussfolgerungen zog, die an Dummheit kaum zu übertreffen waren. Dieses Denken – der Glaube, unter Auslas-sung des Aspektes der Genregulation die Mendelschen Erkenntnisse 1:1 auf die Wesenseigenschaften des Menschen übertragen zu können – be-stimmt auch heute noch einen Teil der medizinischen und psychiatrischen Forschung. Erst seit ganz kurzer Zeit beginnt sich der Blick zu weiten – nicht zuletzt aufgrund dessen, was durch die Neurobiologie der letzten 20 Jahre über das Zusammenspiel von Genen und Umwelt aufdeckt wurde. Nachfolgend soll daher in kurzer und, so hoffe ich, verständlicher Weise dargestellt werden, worum es bei der Arbeit der Gene geht.

TÄTIG UNTER AUFSICHT DER GENE: DIE PROTEINE

Ihre Bedeutung besitzen die Gene, weil sie im Körper den Bauplan für die Produktion jener Substanzgruppe liefern, die den Ton angibt. Befassen wir uns daher zunächst kurz mit dieser Substanzgruppe, denn sie trägt die »Befehle« der Gene in den Körper hinein. Das Leben eines jeden Orga-nismus beruht auf dem Zusammenspiel der Zellen, aus denen Lebewesen bekanntlich »aufgebaut« sind. Auch das Gehirn, in dem sich unser Den-ken, Fühlen und Erleben ereignet und mit dem wir unser Handeln planen, ist aus Zellen aufgebaut (diese Zellen heißen »Neurone«). Ein Teil der le-benden Körpersubstanz, auch der Zellen, besteht aus einer Substanzgrup-pe, die als Proteine bezeichnet werden (der deutsche Begriff wäre »Ei-weiß-Stoffe«). Proteine regeln alle entscheidenden biochemischen Abläu-fe in Körperzellen und kontrollieren im gesamten Körper die Funktionen des Stoffwechsels. An allen Schaltstellen des Körpers sitzen Exemplare aus der Gruppe der Proteine: Als so genannte Enzyme erledigen Proteine nicht nur im Blutstrom, sondern auch innerhalb der Zellen die biochemische »Fabrikarbeit«. Als Hormone und Botenstoffe tragen Proteine Signale und Botschaften nicht nur im Nahverkehr von Zelle zu Zelle, sondern – über den Blutstrom – auch im Fernverkehr von einer Körperregion zur anderen. Botenstoffe werden, am Zielort angekommen, von winzigen Empfängerstationen abgefangen, die auf der Außenfläche der Empfängerzellen sitzen. Auch diese Empfängerstationen, die als Rezeptoren bezeichnet werden, sind Proteine. Jede der vielen Tausend Aufgaben innerhalb des Stoffwechsels erfordert einen eigenen, spezialisierten Typ von Protein. Seit kurzem ist aufgeklärt, dass es beim Menschen insgesamt etwa 35000 verschiedene Proteine gibt, mit denen der Organismus, vom Zeitpunkt der Zeugung bis zum Tod, seine vielfältigen biochemischen Spezialaufgaben erledigt.

SCHALTHEBEL DER MACHT: DIE KONTROLLE ÜBER DIE PROTEINE

Da Proteine alle Stoffwechselvorgänge abwickeln, ergibt sich von selbst, dass die »Schalthebel der Macht« im Körper sich dort befinden, wo Proteine kontrolliert werden. Proteine werden von den Genen kontrolliert. Jede Zelle des Körpers besitzt Gene und produziert Proteine. Um zu verstehen, wie die Gene ihre Kontrolle über die Proteine ausüben, werfen wir zunächst einen kurzen Blick auf ihre Herstellung: Proteine werden in den Zellen des Körpers durch eine Aneinanderreihung von Einzelbausteinen, so genannten Aminosäuren, hergestellt. Proteine sind also Aminosäure-Ketten. Für den Proteinaufbau stehen 20 unterschiedliche Aminosäuren, also 20 verschiedene Einzelbausteine, zur Verfügung (jede Aminosäure hat einen Namen und wird in der Biochemie mit einer Buchstabenabkürzung bezeichnet). Der »Bauplan« für ein bestimmtes Protein besteht aus nichts anderem als aus einer Anweisung, wie die Abfolge der Aminosäure-Einzelbausteine sein soll, und natürlich auch aus einer Angabe dazu,

224

welcher Baustein den Anfang und welcher das Ende der Kette bilden soll. Die Abfolge der Bausteine eines Proteins wird als die »Aminosäure-Sequenz« eines Proteins bezeichnet. Die Länge eines Proteins gehört, wie seine Aminosäure-Sequenz, zu seinen konstanten Eigenschaften. Die Länge der im Körper vorkommenden Proteine variiert von einigen Dutzend Aminosäuren bis zu einer Länge von mehreren Hundert Aminosäuren. Nachdem ein Protein in einer Zelle produziert wurde, verbleibt es, je nach Aufgabe, entweder innerhalb der Zelle, oder es wird exportiert. Manche Proteine werden als Empfängerstationen (»Rezeptoren« genannt) zum Abfangen anderer Stoffe in die Zellmembran eingebaut.

DER STOFF, AUS DEM DIE GENE SIND

»Kontrolle« über ein Protein zu haben, bedeutet nicht nur, seinen Bauplan (die Aminosäure-Sequenz) vorzugeben, sondern auch, darüber zu bestimmen, ob und in welchem Umfang ein bestimmtes Protein produziert werden soll. Alle etwa 35 000 Baupläne für eine noch viel größere Zahl unterschiedlicher Proteine des Körpers sind in der Erbsubstanz enthalten.

Da der Text eines Gens auf verschiedene Weise abgelesen werden kann (dies hier näher zu erläutern, würde den Rahmen sprengen), kann ein Gen als Vorlage zur Herstellung mehrerer Proteine dienen. Die gesamte Erbsubstanz ist – quasi im Miniaturformat – im Zellkern einer jeden Zelle aufbewahrt. Jede Zelle lagert in ihrem Zellkern also alle 35 000 Baupläne. Eine einzelne konkrete Zelle stellt jedoch nur diejenigen Proteine her, für deren Produktion die Zelle aufgrund ihrer besonderen Aufgaben vor Ort »zuständig« ist. Die im Zellkern gelagerte Erbsubstanz besteht beim Menschen wie beim Tier aus einem spinnfadenartigen Stoff mit dem biochemischen Namen DNS (Desoxyribo-Nuklein-Säure). Genau genommen ist der DNS-Faden eigentlich ein Doppelfaden, diesen Aspekt können wir aber, obwohl es sich um ein wichtiges Faktum handelt, im Folgenden für unsere Zwecke außer Acht lassen. Der DNS-(Doppel-)Faden ist derart fein, dass er nur mit dem Elektronenmikroskop sichtbar gemacht werden kann.

In den Zellkernen der Zellen liegt die DNS, verteilt auf getrennte Portionen (so genannte »Chromosomen«), in aufgewickelter beziehungsweise verknäulter Form vor. Wäre er in die Länge gestreckt, würde der in jeder einzelnen Zelle vorhandene menschliche DNS-Faden mit seinen 35 000 Protein-Bauplänen etwa zwei Meter messen.

DER »TEXT« DER GENE

Wie übt nun die DNS, unsere Erbsubstanz, die Kontrolle über die Produktion der Proteine und damit die Kontrolle über den Stoffwechsel des Körpers aus? Das Prinzip ist relativ einfach. Die DNS der Erbsubstanz besteht aus einem »Text«. Der DNS-Faden besteht aus einer Aneinanderreihung von vier unterschiedlichen biochemischen Bausteinen, die als »Nukleotide« bezeichnet werden. Der »Text« besteht im Prinzip also aus vier »Buchstaben«. Diese vier Grundbausteine beziehungsweise Nukleotide sind ähnlich der Bauweise der Proteine wie Perlen zu einer Kette aneinandergereiht. Im Vergleich zur begrenzten Länge eines Proteins besteht die Nukleotid-Kette des DNS-Fadens jedoch aus einer extrem langen Folge von Millionen von Nukleotiden.

Die vier Nukleotid-Bausteine, welche die DNS bilden, tragen die biochemischen Abkürzungen A, T, C und G. Im Jahre 1961 entdeckten die US-Amerikaner James Watson und Francis Crick, dass die Abfolge von jeweils drei nebeneinander liegenden Nukleotid-Bausteinen, die zusammen als »Triplett« bezeichnet werden, eine genetische Informationseinheit darstellt (z. B.: -AAG-ATT-TCT-GGA-usw.). Da sich aus den vier Nukleotid-Bausteinen A, T, C und G die Möglichkeit zur Bildung von 64 unterschiedlichen Tripletts ergibt, können die Tripletts bis zu 64 unterschiedliche genetische Informationen codieren. Ein »Triplett« wird, da es eine Informationseinheit darstellt, auch als »Codon« bezeichnet. Die Folge der Nukleotid-Bausteine und der durch sie gebildeten Tripletts (oder Codons) auf dem DNS-Faden wird als Nukleotid-Sequenz oder DNS-Sequenz bezeichnet.

VON DER »GEN-EBENE« ZUR »PROTEIN-EBENE«: DER GENETISCHE CODE

Aufgrund der dargestellten Situation haben wir in der Zelle nunmehr eine »Gen-Ebene« und eine »Protein-Ebene«: Auf der Gen-Ebene existiert eine Nukleotid-Sequenz beziehungsweise DNS-Sequenz, deren Nukleotid-Bausteine – mit einer Auswahl von vier unterschiedlichen Nukleotiden – in ihrer Abfolge die »Buchstaben« eines »Textes« darstellen. Auf der Protein-Ebene werden Proteine aufgebaut, deren Abfolge von Aminosäure-Bausteinen – mit einer Auswahl von 20 Aminosäuren – eine Aminosäure-Sequenz bilden. Die entscheidende Frage ist nun, auf welche Weise die in einem Gen enthaltene Information für die Produktion von Proteinen benutzt wird. Bereits Mendel erkannte, dass bestimmte Abschnitte der Gene den Aufbau bestimmter Proteine determinieren. Die Frage war jetzt, wie der »Text« aus der DNS-Sequenz »übersetzt« wird in den Aufbau eines Proteins mit einer bestimmten Aminosäure-Sequenz.

Die entscheidende Entdeckung von James Watson und Francis Crick Anfang der 60er-Jahre war, dass jeweils eines der bereits erwähnten Tripletts der DNS (bestehend aus der Abfolge von drei Nukleotid-Bausteinen) einen »Code« für jeweils einen Protein-Baustein, das heißt für eine bestimmte Aminosäure, darstellt. So kann die Nukleotid-Sequenz der DNS in die Aminosäure-Sequenz eines Proteins »übersetzt« werden. Der Aufbau eines Proteins in der Zelle erfolgt daher im Prinzip so, dass die Zelle einen DNS-Abschnitt der Reihe nach, Triplett für Triplett, »abliest« und parallel dazu, Aminosäure für Aminosäure, eine Aminosäure-Kette zu einem Protein aufbaut, und zwar entsprechend der in den Tripletts enthaltenen Codierung für bestimmte Aminosäuren.

Damit ist – bevor wir uns der Regulation der Genaktivität zuwenden – klar, nach welchem Grundprinzip die in Genen enthaltenen Informationen abgerufen werden: Die Produktion eines Proteins beruht darauf, dass die Zelle einen bestimmten Abschnitt aus dem »Text« der DNS-Sequenz »abliest« und diese Information in den stückweisen Aufbau eines Proteins umsetzt. Die Aminosäure-Sequenz des Proteins wird dabei durch den

Erläuterung zur Abbildung:

Proteine (Eiweiß-Stoffe) sind die Hauptakteure des Stoffwechsels. Gene kontrollieren den Körper, indem sie den Bau von Proteinen kontrollieren. Der DNS-Faden des Erbgutes, welcher in jeder Körperzelle im Zellkern enthalten ist, enthält circa 35 000 Baupläne für den Bau von Proteinen (in einer einzelnen Körperzelle werden aber nur diejenigen Proteine produziert, für welche die einzelne Zelle spezialisiert ist). Der Bauplan für ein Protein ist eine unveränderliche, im »Text« des zuständigen Gens enthaltene Erbinformation. Da der Bauplan eines einzelnen Gens auf mehrere Weisen abgelesen werden kann (dies beruht auf Mechanismen wie dem so genannten Splicing, was hier aber nicht erläutert werden soll), können nach der »Textvorlage« eines Gens mehrere unterschiedliche Proteine abgelesen werden. Der in einem Gen festgelegte Bauplan wird weiter vererbt. Ob ein Gen jedoch angeschaltet oder abgeschaltet wird, hängt bei den meisten Genen in hohem Maße von den jeweiligen Umweltbedingungen ab.

Die Abbildung zeigt, wie der »Text« eines Gens aussieht: Der DNS-Faden des Erbgutes ist aus vier Bausteinen (Nukleotiden) zusammengesetzt, welche die chemischen Bezeichnungen A, C, T und G tragen. Der »Text« eines Gens besteht aus der definierten Folge der vier Nukleotid-Bausteine. Dieser »Text« wird als »DNS-Sequenz« oder »Nukleotid-Sequenz« bezeichnet. Jeweils drei aufeinander folgende Bausteine bilden ein Triplett oder Codon. Aus den vier Bausteinen A, C , T und G lassen sich 64 unterschiedliche Tripletts oder Codons bilden. Jedes Triplett beziehungsweise Codon »codiert« einen bestimmten Aminosäure-Baustein für den Aufbau eines Proteins. (Die Namen dieser Aminosäure-Bausteine werden in der Fachsprache mit Abkürzungen bezeichnet, z. B. »Met« für Methionin »Asn« für Asparagin, »Ser« für Serin etc.) Für den Aufbau von Proteinen stehen 20 Aminosäure-Bausteine zur Verfügung. Da mehr Tripletts beziehungsweise Codons vorhanden sind als Aminosäure-Bausteine, können mehrere bestimmte Tripletts einen bestimmten Aminosäure-Baustein codie-

ren. Während beim »Ablesen« eines Gens die Tripletts des Gens der Reihe nach abgelesen werden (dies erfolgt im Zellkern), baut die Zelle (außerhalb des Zellkerns, aber innerhalb der Zelle) parallel ein entsprechendes Protein auf. Die Reihenfolge der Aminosäure-Bausteine des Proteins wird als »Aminosäure-Sequenz« bezeichnet.

Wie Gene abgelesen und die in ihnen enthaltenen Informationen in Proteine »übersetzt« werden

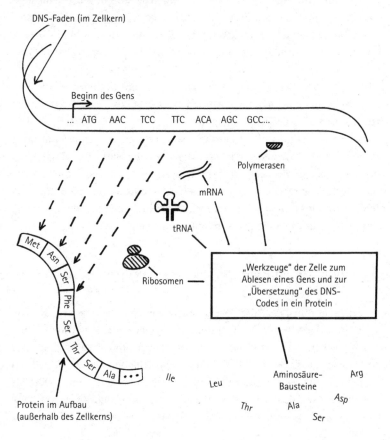

Gen-Text, das heißt durch die Nukleotid-Sequenz der DNS, vorgegeben. Um diese Arbeit abzuwickeln, hat die Zelle einen biochemischen »Werkzeugkasten«, der heute bis ins Detail aufgeklärt ist, mit dem wir uns hier aber nicht beschäftigen müssen.

Vielleicht ist es einigen Lesern aufgefallen: Für die »Übersetzung« aus der DNS-Sequenz in die Aminosäure-Sequenz eines Proteins stehen auf der Gen-Ebene 64 mögliche Tripletts und damit 64 unterschiedliche Möglichkeiten zur Codierung einer Information zur Verfügung. Dem stehen auf der Protein-Ebene aber nur 20 mögliche Aminosäure-Bausteine gegenüber, von denen jeweils *einer* zu bestimmen ist, um ihn als Nächstes an die aufzubauende Proteinkette anzuknüpfen. Es besteht also ein »Überschuss« an Tripletts (genauer gesagt: ein Überschuss an Codierungsmöglichkeiten).

Die Natur hat diesen Überschuss genutzt, um mit bestimmten Tripletts den Beginn und das Ende beim Aufbau eines Proteins zu codieren. Da die Tripletts auch Codons genannt werden, heißen die dafür codierenden Tripletts »Start-Codon« und »Stopp-Codon«. Aufgrund des auch dann noch vorhandenen Überschusses an Tripletts konnte die Natur die Möglichkeit zulassen, dass jeweils mehrere definierte Tripletts ein und dieselbe definierte Aminosäure codieren, oder anders herum ausgedrückt: Ein und dieselbe Aminosäure kann durch mehrere DNS-Tripletts codiert werden, allerdings nicht in beliebiger, sondern in klar definierter Weise.

DAS »MONDLANDUNGSPROJEKT« DES CRAIG VENTER

Mit der Erkenntnis, dass die DNS-Sequenz einen »Text« darstellt, der von der Zelle in eine bestimmte Aminosäure-Sequenz für den Aufbau eines Proteins »übersetzt« wird, hatten James Watson und Francis Crick den »DNS-Code« geknackt. Für diese Entdeckung erhielten sie den Nobelpreis des Jahres 1962. Es dauerte jedoch bis zum Frühjahr des Jahres 2000, bis es dem US-Amerikaner Craig Venter als Erstem gelang, die Aufklärung der insgesamt 3,9 Milliarden Nukleotid-Bausteine langen DNS-Sequenz zu vollenden. Große Teile des menschlichen Genoms waren bereits vor Craig Venter aufgeklärt. Insbesondere waren durch die Arbeit unzähliger Wissenschaftler die meisten wichtigen Funktionsgene bereits entschlüsselt worden. Die komplette Durchsequenzierung des menschlichen Genoms einschließlich seiner großen, funktionslosen »Wüsten-Abschnitte« trug daher gewisse Züge des Mondlandungsprojekts, allerdings mit einer Einschränkung: Die Bilder, die uns anlässlich der Apollo-11-Mission am 20. Juli 1969 Neil Armstrongs erste Schritte auf dem Mond zeigten, waren weit eindrucksvoller als die Aufnahmen aus den Laborräumen von Craig Venters Firma Celera.

WORAUS BESTEHT »EIN GEN«?

Unbesprochen blieb bisher, woraus nun aber ein *einzelnes* Gen besteht. Ein Gen ist jener Teilabschnitt einer DNS-Sequenz, der in seinem genetischen Text den Bauplan für ein bestimmtes Protein enthält. Ein einzelnes Gen besteht beim Menschen *im Durchschnitt* aus etwa 3000 Nukleotid-Bausteinen, somit aus etwa 1000 Tripletts, wobei nicht alle Tripletts benutzt werden, das heißt, das dazugehörende Protein besitzt eine deutlich geringere Zahl an Aminosäure-Bausteinen. Aus der durch Craig Venter abgeschlossenen Aufklärung der gesamten menschlichen DNS-Sequenz ergab sich, dass Menschen etwa 35000 Gene haben. Da Gene auf unterschiedliche Weise abgelesen werden können (u. a. wegen des bereits erwähnten »Splicings«, auf das hier nicht näher eingegangen werden kann), bedeutet dies die Vorgaben für die Struktur von (geschätzten) 300000 bis 400000 Proteinen, die unser Organismus im Laufe unseres Lebens für verschiedene Zwecke benötigt.

Mit der bisher besprochenen DNS-Sequenz eines Gens sind zunächst allerdings nur die Sequenz und Grundstruktur eines Proteins festgelegt, nicht aber, ob und in welchem Umfang dieses Protein tatsächlich produziert wird.

Welche Proteine in welchen Organen des Körpers (beziehungsweise in den Zellen dieser Organe) produziert werden, unterliegt einer genauen Kontrolle. In den verschiedenen Organen des Körpers beziehungsweise in deren Zellen sind jeweils nur bestimmte Sortimente von Genen »freigegeben«. Auch bei den »freigegebenen« Genen einer Zelle wird der Produktionsumfang der Proteinherstellung kontrolliert. Manche Gene werden nur während bestimmter Phasen der von der Zeugung bis zum Tod reichenden Entwicklung eines Organismus aktiviert.

Nur ein Teil der innerhalb einer Zelle »freigegebenen« Gene ist permanent und ohne Schwankungen aktiv. Die dauernd auf einem festen hohen Niveau tätigen Gene haben etwas mit der Grundausstattung der Zelle (z.B. mit der Aufrechterhaltung ihrer Struktur oder mit der Mindestversorgung mit Energie) zu tun und werden deshalb *housekeeping genes* genannt.

Ein großer, sehr bedeutender Teil der Gene einer jeden Zelle wird jedoch reguliert: Dies bedeutet, dass die Aktivität dieser Gene von Signalen abhängt, die von der Zelle, von außerhalb der Zelle oder von außerhalb des Organismus, das heißt von der Umwelt, kommen können. Dazu gleich mehr.

VON MENSCH ZU MENSCH:
ÄHNLICHKEITEN UND UNTERSCHIEDE BEI DEN GENEN

Zur Überraschung mancher Zeitgenossen stellte sich nach der Vollendung der Entschlüsselung des menschlichen Genoms im Jahre 2001 heraus, dass die DNS-Sequenz, also der »Text« der etwa 35000 menschlichen Gene, bei allen Menschen untereinander zu 99,9 Prozent (!) identisch ist. Obwohl wir Menschen uns – glücklicherweise – in vielen Merkmalen voneinander unterscheiden, sind wir uns in genetischer Hinsicht in höchstem Maße ähnlich. Die Unterschiede zwischen den Menschen liegen also nur zu einem sehr geringen Teil im »Text« der Gene begründet. Was – von den echten Erbkrankheiten abgesehen – den entscheidenden Unterschied macht, ist die Frage, in welchem Ausmaß Gene aktiviert oder deaktiviert werden. Der Aspekt der Genregulation ist größtenteils *nicht* genetisch vererbbar.

Der weniger als 0,1 Prozent umfassende Anteil des vererbbaren DNS-Textes, der uns Menschen genetisch trennt, macht sich vor allem in drei Bereichen bemerkbar: Erstens sind ethnische und konstitutionelle Unterschiede durch bestimmte genetische Muster markiert. Zweitens gibt es innerhalb der gesunden Gesamtbevölkerung vorkommende, genetisch bedingte Norm-Varianten, die bedeuten, dass bestimmte Proteine in Untergruppen der Normalbevölkerung in ihrer Aminosäure-Sequenz kleine Abweichungen aufweisen, gleichsam eine »Sonderausführung« des gleichen »Modelltyps« darstellen. Solche Norm-Varianten (Fachleute sprechen von einem »Polymorphismus«) können im Alltag eine Rolle spielen, wenn nämlich die »Sonderausführung« – im Vergleich zur »Standardausführung« des Proteins – im Stoffwechsel eine verminderte (oder eine gesteigerte) Funktion ausübt. Wichtige Polymorphismen gibt es z. B. bei einer Gruppe von Leber-Proteinen, die Fremdstoffe und Medikamente ausscheiden helfen. Drittens können die erwähnten, nur 0,1 Prozent betragenden genetischen Unterschiede zwischen Menschen Ursache echter Erbkrankheiten sein, nämlich dort, wo der Gen-»Text« eines Gens so verändert ist, dass ein Protein seine Funktion nicht in der gewünschten Weise ausüben kann (z. B. Bluterkrankheit, Cystische Fibrose oder Chorea Huntington).

KRANKHEITEN UND GENE: ERBLICH ODER NICHTVERERBBAR?

Echte Erberkrankungen sind glücklicherweise außerordentlich selten. Nur bei den echten Erbleiden liegen vererbbare, krankheitserzeugende Abweichungen in der DNS-Sequenz eines bestimmten Gens vor. Oft ist nur an einer einzigen, aber entscheidenden Position einer der vier Nukleotid-Bausteine (A, T, G oder C) gegen einen anderen vertauscht. Man nennt eine solche Abweichung eine »Mutation«. Mutationen können, wenn sie außerhalb eines Gens liegen oder den Bauplan für das Protein nicht entscheidend verändern, durchaus folgenlos bleiben. Bei den Erbkrankheiten hat die Mutation jedoch die Veränderung eines Proteins zur Folge, aus der sich dann eine Störung des Stoffwechsels und daraus schließlich eine Krankheit entwickelt.

Lediglich ein bis zwei Prozent aller menschlichen Erkrankungen sind durch eine genetische Mutation bedingt. Die Bedeutung der Gene bei der restlichen großen Mehrheit von 98 Prozent aller Krankheiten liegt nicht in Veränderungen der DNS-Sequenz, sondern in der Art und Weise, wie Gene durch den Organismus benutzt werden, wie sie angeschaltet oder aufgedreht (»induziert«) beziehungsweise wie sie zurückgedreht oder abgeschaltet (»reprimiert«) werden.

Bei einigen relativ verbreiteten Erkrankungen wie der Brustkrebserkrankung und der Alzheimerkrankheit, die – entgegen anders lautenden Falschdarstellungen in der Presse – überwiegend keine genetisch vererbbaren Ursachen haben, gibt es eine kleine, meist zwischen einem und fünf Prozent liegende Untergruppe von Patienten, bei denen genetische Faktoren eine Rolle spielen. So ist bei etwa einem Prozent der Alzheimer-Kranken die Erkrankung durch eine genetische Mutation verursacht, die in einem von drei Genen auftreten kann (diese Gene heißen APP, Presenilin-1 und Presenilin-2). Bei den Brustkrebspatientinnen liegt der Anteil der genetisch verursachten Form bei unter fünf Prozent (eine Mutation liegt in diesen Fällen in einem der drei so genannten BRCA-Gene vor). Tatsache (und für die Angehörigen von größter Bedeutung) ist aber, dass 95 Prozent der Brustkrebspatientinnen und 99 Prozent der Alzheimer-Kranken eine nicht vererbbare Form der Erkrankung haben. Das Geheimnis der Gesundheit liegt, was die große Mehrheit aller Krankheiten betrifft, nicht im Text der Gene, sondern in der Regulation ihrer Aktivität. Damit sind wir bei den nächsten Frage.

WIE GENE KONTROLLIERT WERDEN : DIE GENREGULATION

Wie wird ein einzelnes Gen aktiviert oder zurückgedreht? Wer bestimmt über die Regulation der Genaktivität? Dazu müssen wir einen Blick auf die »Umgebung« werfen, in die ein bestimmtes Gen innerhalb des extrem langen DNS-Stranges »eingebettet« ist. Jedes Gen hat einen Anfang, an dem – markiert durch ein als Start-Codon bezeichnetes Triplett – mit dem Ablesen der DNS-Sequenz und parallel dazu mit der Produktion eine Aminosäure-Kette zum Aufbau eines Proteins begonnen wird. Und es hat ein Ende, an welchem, markiert durch ein als »Stopp-Codon« bezeichnetes Triplett, das Ablesen des Gens und die parallel stattfindende Produktion des Proteins eingestellt wird.

Lassen Sie uns in Erinnerung behalten, dass der DNS-Strang eine extreme Länge hat, das heißt, dass die Nukleotid-Kette der DNS auf beiden Seiten eines Gens weitergeht. Die DNS eines Gens kann nur in einer Richtung abgelesen werden. Die Strecke vor Beginn eines Gens wird in der Genforschung daher als »oberhalb« oder »stromaufwärts« bezeichnet (in der englischen Fachliteratur *»upstream«*), die Strecke nach dem Ende eines Gens dementsprechend als »unterhalb«, »stromabwärts« (oder *»downstream«*).

Oberhalb und unterhalb eines einzelnen Gens geht der DNS-Faden also weiter, wobei die Zwischenräume bis zu den nächstgelegenen benachbarten Genen sehr lang sein können. Insgesamt sind nur zwei Prozent der Gesamtlänge des menschlichen DNS-Fadens mit Genen »gepflastert«! Der in den Zwischenräumen zwischen den eigentlichen Genen vorhandene DNS-Faden besteht zwar auch weiterhin aus den vier Nukleotid-Bausteinen A, C, T oder G, beinhaltet aber in der Regel keine Informationen. Man könnte diese nicht codierenden DNS-Abschnitte als »Buchstabensalat« bezeichnen. Doch gibt es hier eine wichtige Ausnahme.

WO DIE GENAKTIVITÄT REGULIERT WIRD:
DIE »REGULATORISCHEN SEQUENZEN«

Oberhalb der Startstelle, an der das Ablesen eines Gens beginnt, befinden sich auf dem DNS-Strang, sozusagen mitten im nichtcodierenden »Buchstabensalat«, meist mehrere kurze Sequenzen, die von größter Bedeutung sind. Diese kurzen, »vor« dem eigentlichen Gen liegenden DNS-Sequenzen haben die Kontrolle darüber, ob und wie stark das nach ihnen kommende Gen abgelesen wird. Sie werden deshalb als »regulatorische Sequenzen« bezeichnet (im Englischen als *regulatory sequences*). Man unterscheidet zwei Unterformen von regulatorischen Sequenzen: In kurzer Entfernung vor dem Beginn des eigentlichen Gens liegend, werden sie als »Promoter« bezeichnet (der englische Begriff »Promoter« bezeichnet ihre Funktion: Sie aktivieren das nachfolgende Gen). In größerer Entfernung vom eigentlichen Gen liegend, nennt man sie »Enhancer« (was übersetzt im Grunde das Gleiche bedeutet). Promoter- und Enhancer-Sequenzen haben die gleiche Funktion, das heißt, sie können die ihnen nachgeschalteten Gene »andrehen« oder »abdrehen«, sie benützen dazu allerdings unterschiedliche Techniken, auf die wir hier jedoch nicht eingehen müssen. Auch die Tatsache, dass Enhancer-Sequenzen manchmal »unterhalb« beziehungsweise *»downstream«* eines Gens, kurioserweise manchmal sogar innerhalb eines Gens selbst liegen können, ist für uns an dieser Stelle ohne Belang.

STILLE KONTROLLEURE DER GENE: DIE »TRANSKRIPTIONSFAKTOREN«

Das Besondere an den Promoter- und Enhancer-Sequenzen ist, dass sie Anlagerungsplätze beziehungsweise Bindungsstellen für bestimmte Substanzen sind. Diese Substanzen können aus der Zelle, aus dem Organismus außerhalb der Zelle oder aus der Umwelt kommen (sehr häufig wirken dabei Signale aus der Umwelt mit körpereigenen Substanzen zusammen). Nach Anlagerung dieser Substanzen an den Promoter oder an den Enhancer verändert sich die Genaktivität, das heißt, das Gen wird jetzt entweder stärker oder weniger stark als zuvor abgelesen. Da das Ablesen eines Gens in der Fachsprache als »Transkription« bezeichnet wird, nennt man Substanzen, die sich an Promoter- oder Enhancer-Sequenzen anlagern, »Transkriptionsfaktoren«. Es gibt sehr viele unterschiedliche Promoter-Sequenzen und ebenso viele unterschiedliche Transkriptionsfaktoren. Die Anlagerung klappt nur dort, wo die beiden zueinander »passen«. Nur dann, wenn ein passender Transkriptionsfaktor an eine für ihn passende Promoter-Sequenz der DNS gebunden hat, kommt es zu einer Veränderung der Genaktivität.

Die Anlagerung eines spezifischen Transkriptionsfaktors an einen Promoter kann entweder zu einer Aktivierung oder zu einer Deaktivierung des nachgeschalteten Gens führen. Wird der Transkriptionsfaktor vom Promoter verdrängt oder fällt er von alleine wieder ab (viele Transkriptionsfaktoren haben nur eine begrenzte Lebenszeit), dann geht die Genaktivität wieder auf ihren alten Stand zurück. Steht ein Gen unter dem »Kommando« von mehreren vorgeschalteten Promoter-Sequenzen (was häufig der Fall ist), so können diese Sequenzen Wechselwirkungen miteinander eingehen, z. B. sich in ihrer Wirkung gegenseitig potenzieren. Auf diese Weise können bei den meisten Genen mehrere Einflüsse zur Geltung kommen, wodurch eine sehr feine Regulation der Genaktivität möglich ist.

SIGNALE VON AUSSERHALB: DIE KOMMUNIKATION ZWISCHEN GENEN UND UMWELT

Signale, die Transkriptionsfaktoren auf den Weg zu regulatorischen Sequenzen schicken und damit zur Aktivierung oder Abschaltung eines Gens führen, können – wie schon erwähnt – entweder aus dem eigenen Körper oder aus der Umwelt kommen. Manche von außen kommende Transkriptionsfaktoren erreichen den Körper z. B. über die Nahrung (nicht alles davon ist für den Körper gut: bestimmte Krebs auslösende Gifte wirken z. B. als Transkriptionsfaktoren).

Sehr häufig geht der Bereitstellung eines Transkriptionsfaktors ein Zusammenspiel von Signalen aus der Umwelt mit körpereigenen Substanzen voraus. Auch nichtstoffliche Signale (z. B. UV-Licht) können die Bindung von Transkriptionsfaktoren an regulatorische Promoter-Sequenzen bestimmter Gene verursachen.

Den größten Einfluss auf die Regulation von Genen haben nichtstoffliche Signale jedoch im Gehirn: Mit den Nervenzell-Systemen der fünf

Erläuterung zur Abbildung:

Das Gen des Immunbotenstoffes Interleukin-6 kann sowohl durch Entzündungsfaktoren als auch durch psychischen Stress aktiviert werden. Die Aktivierung von Genen durch psychischen Stress wurde nicht nur für Interleukin-6, sondern auch für zahlreiche weitere Gene (zum Beispiel für das Stressgen CRH) gezeigt. Psychischer Stress wird vom Gehirn in biologische Signale umgewandelt, z.B. dadurch, dass Nervenbotenstoffe wie Noradrenalin oder Glutamat ausgeschüttet werden. Stress kann sowohl zur Aktivierung als auch zur Abschaltung von zahlreichen Genen führen. Die Abbildung zeigt den grundlegenden Mechanismus der Aktivierung eines Gens am Beispiel von Interleukin-6.

Der extrem lange DNS-Faden des Erbgutes ist in der Abbildung durch ein von links oben nach rechts unten ziehendes Band dargestellt. Der DNS-Faden besteht aus einer Aneinanderreihung (»Sequenz«) von vier möglichen Bausteinen (»Nukleotiden«) mit den chemischen Bezeichnungen A, T, G und C. Auf dem DNS-Faden sitzende Gene werden im Zellkern einer Zelle dadurch aktiviert, dass Transkriptionsfaktoren an »Schaltstellen« der DNS binden, welche einem Gen vorangestellt sind. Solche DNS-Schaltstellen, die ein nachfolgendes Gen in seiner Aktivität kontrollieren, werden als Promoter-Sequenzen bezeichnet.

Bindet ein Transkriptionsfaktor an eine passende Promoter-Sequenz, dann führt dies dazu, dass das »nachgeschaltete« Gen abgelesen wird. Eine von mehreren Promoter-Sequenzen, die in unserem Beispiel das Gen von Interleukin-6 kontrollieren, kann einen Transkriptionsfaktor namens »NFkB« binden. Eine Aktivierung des Transkriptionsfaktors NFkB, das heißt seine Bindung an den Promoter, kann auch durch Botenstoffe veranlasst werden, die durch seelischen Stress freigesetzt werden. Die Aktivierung des wichtigen, bei vielen Genen beteiligten Transkriptionsfaktors NFkB durch Stress wurde durch mehrere Forschergruppen nachgewiesen.

Aktivierung von Genen durch von außen kommende Signale einschließlich psychischer Faktoren

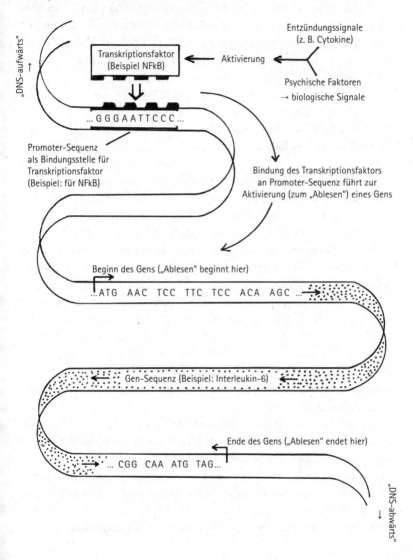

Sinne wahrgenommene zwischenmenschliche Situationen werden vom Gehirn fortlaufend in biologische Signale verwandelt, die ihrerseits massive Effekte auf die Bereitstellung von Transkriptionsfaktoren haben. Dies erklärt, warum seelische Erlebnisse innerhalb kürzester Zeit zahlreiche Gene aktivieren oder abschalten können. Die Zeit von der Aktivierung eines Gens bis zur Fertigstellung des Proteins kann im Bereich weniger Minuten liegen.

DIE VERWANDLUNG VON UMWELTSIGNALEN
IN BIOLOGISCHE SIGNALE

Welche Effekte vom Gehirn aufgenommene Umweltsignale auf die Regulation von Genen haben, bleibt nicht dem Zufall überlassen. Über Nervenzellen der fünf Sinnesorgane eingehende Signale werden zunächst von Nervenzell-Netzwerken der Großhirnrinde und des »limbischen Systems« aufgenommen (das limbische System ist ein mit der Großhirnrinde eng verbundenes Nervenzell-System, das als »Zentrum für emotionale Intelligenz« tätig ist). Welche Gene durch äußere Reize, z. B. durch bestimmte zwischenmenschliche Erlebnisse oder bestimmte sonstige Situationen, aktiviert werden, hängt davon ab, wie die Nervenzell-Netzwerke der Großhirnrinde und des limbischen Systems die eingegangenen Signale »bewerten«. Situationen, die als gefährlich für den eigenen Organismus bewertet werden, aktivieren ein anderes »Orchester« von Genen als Situationen, die als angenehm, interessant oder als bewältigbare Herausforderung eingeschätzt werden.

Gefahrensituationen führen zur Aktivierung von Genen in den Alarmzentren des Gehirns, insbesondere im Hirnstamm sowie im Hypothalamus. Im Hirnstamm kommt es bei Angst und Gefahr zur Aktivierung von Genen (z. B. zur Aktivierung eines Gens namens Tyrosin-Hydroxylase-Gen), deren Proteine die Bereitstellung von Alarmbotenstoffen (z. B. Noradrenalin) zur Folge haben. Diese Alarmbotenstoffe rufen nun ihrerseits im ganzen Körper Veränderungen einschließlich der Aktivierung weiterer

Gene hervor. Im Hypothalamus kommt es bei äußeren Gefahrensituationen zur Aktivierung eines zentralen Stressgens namens CRH-Gen (Cortocotropin-Releasing-Hormon-Gen). Das Protein dieses Gens (das CRH-Protein) hat – ähnlich wie Noradrenalin – eine intensive Wirkung auf zahlreiche Körperfunktionen innerhalb und außerhalb des Gehirns. Die Erkenntnisse über die Effekte negativer Umweltsituationen auf die Aktivierung von körpereigenen Genen sind durch eine nicht mehr zu zählende, große Zahl von wissenschaftlichen Studien aus dem Bereich der Stressforschung gesichert.

Positive äußere Situationen (z. B. freundliche oder interessante Interaktionen mit anderen Menschen oder reizvolle Aufgabenstellungen) aktivieren ein »Orchester« von Genen, das sich vom zuvor geschilderten »Panikorchester« wesentlich unterscheidet. Positive und anregende Umweltbedingungen aktivieren im Gehirn zahlreiche Gene, deren Proteine so genannte Wachstumsfaktoren für Nervenzellen sind. Zu ihnen zählen z. B. die Gene für die Wachstumsfaktoren BDNF *(Brain-Derived Neurotropic Factor)*, NGF *(Nerve Growth Factor)* und zahlreiche weitere Gene mit ähnlicher Funktion. Die Aktivierung dieser Gene hat eine Funktionssteigerung von Nervenzellen und eine Erhöhung der Verknüpfungen (Synapsen) von Nervenzellen untereinander zur Folge.

Allerneueste Untersuchungen ergaben sogar Hinweise dafür, dass sich unter dem Einfluss positiver Umweltsituationen und aufgrund der dadurch gesteigerten Produktion von Nervenwachstumsfaktoren auch die Zahl der Nervenzellen vermehren kann (was die bisherige Lehrmeinung, dass sich Nervenzellen nicht vermehren können, in Frage stellt). Als gesicherte Erkenntnis hat sich durch eine große Zahl von Untersuchungen der letzten Jahre jedoch herausgestellt, dass alle aus der Umwelt kommenden Signale, die den Organismus in irgendeiner Weise aktivieren, ohne ihn zu bedrohen, zur Aktivierung von Genen führen, welche die Nervenzell-Netzwerke des Gehirns stabilisieren und ihre Vernetzung erhöhen. Positive Umweltreize haben sich für Nervenzellen als ein Überlebensfaktor herausgestellt, da sie zur Aktivierung zahlreicher Gene führen, welche die Nervenzellfunktionen verbessern.

ZUSAMMENFASSUNG

Entscheidendes Ausführungsorgan bei sämtlichen Stoffwechselprozessen des Organismus ist die Stoffgruppe der Proteine. In ihrer Eigenschaft als Botenstoffe, Hormone und als biochemische »Fabrikarbeiter« besorgen sie den wesentlichen Teil aller biologischen Abläufe des Körpers. Gene üben ihre entscheidende Rolle dadurch aus, dass sie die Herstellung von Proteinen kontrollieren. Jedes der im Körper vorhandenen Proteine wird durch ein Gen (nämlich durch »sein« Gen) kontrolliert. Die durch die Gene ausgeübte Kontrolle über die Proteine hat zwei Aspekte: Zum einen enthält die DNS-Sequenz eines jeden Gens den Bauplan für das unter seiner Aufsicht produzierte Protein (die DNS-Sequenz wird dabei in die Aminosäure-Sequenz des zugehörigen Proteins »übersetzt«). Zum anderen wird jedes Gen seinerseits reguliert, teils durch das Zell-Milieu selbst, teils durch von außen (aus der Umwelt) kommende Signale. Die Regulation des Gens bestimmt, ob und in welcher Menge »sein« Protein produziert wird. Die Produktion eines Proteins hängt von der Aktivierung oder Deaktivierung seines Gens ab. Die *Regulation der Genaktivität*, und damit das wechselnde Maß der Produktion von Proteinen, ist die entscheidende Regelgröße für krankheitsrelevante Körpersysteme: Herz- und Kreislaufsystem, Hormonsysteme, Immunsystem, zentrales und peripheres Nervensystem.

Die Regulation der Genaktivität erfolgt nicht autonom, das heißt, sie wird nicht vom Gen selbst bestimmt (Gene sind nicht »autistisch«). Die Regulation der Genaktivität wird, für jedes Gen getrennt, durch so genannte regulatorische Sequenzen vermittelt, die dem Gen »vorgeschaltet« sind. Welche »Kommandos« die regulatorischen Sequenzen ihren »nachgeschalteten« Genen erteilen, hängt von so genannten Transkriptionsfaktoren ab, die an die regulatorischen Sequenzen binden können. Ob Transkriptionsfaktoren an regulatorische Sequenzen binden und Gene aktivieren, hängt von Signalen ab, die aus der Zelle selbst, aus dem Gesamtorganismus oder aus der Umwelt kommen können.

Im Gehirn unterliegt die Regulation zahlreicher Gene einem permanenten Einfluss von Signalen, die aus der Außenwelt stammen, über die fünf Sinne aufgenommen und an definierte Strukturen des Gehirns weitergeleitet werden. Diese Signale werden durch Nervenzell-Netzwerke der Großhirnrinde und des limbischen Systems bewertet und in biologische Signale umgewandelt einschließlich solcher Signale, die Transkriptionsfaktoren aktivieren. Äußere Gefahrensituationen verwandelt das Gehirn in biologische Signale, die Gene in den Alarmsystemen des Gehirns (Hirnstamm und Hypothalamus) aktivieren. Positive Situationen werden vom Gehirn in biologische Signale umgesetzt, u.a. welche die Aktivierung der Gene von Nervenwachstumsfaktoren zur Folge haben.

LITERATUR

Anmerkung zum Gebrauch: Um die Lesbarkeit nicht zu stören, wurde in diesem Buch darauf verzichtet, überall dort, wo sich Aussagen auf Studien beziehen, diese im Text zu zitieren. Sämtliche im Buch gemachten Aussagen sind durch wissenschaftliche Untersuchungen belegt. Alle Arbeiten, welche die zentralen Aussagen des Buches begründen, sind nachfolgend aufgeführt. Interessierte Leser haben so die Möglichkeit, in dieser Aufstellung etwas zu »schmökern«. Der Volltext der Arbeiten ist über Universitätsbibliotheken zu beziehen.

Ackard, D. M. und Kollegen: Binge and purge behavior among adolescents: The Commonwealth Fund Survey. Child Abuse and Neglect 25: 771-785 (2001)

Ader, R. und Cohen, N.: Psychoneuroimmunology-Conditioning and Stress. Annual Review of Psychology 44: 53-85 (1993)

Agelink, M. W. und Kollegen: Autonomic neurocardiac function in patients with major depression. Journal of Affective Dissorders 62: 187-198 (2001)

Alexander, R. W. und Kollegen: Sexual and physical abuse in women with fibromyalgia. Arthritis Care and Research 11: 102-115 (1998)

Allaz, A. F. und Kollegen: Use of the label »litigation neurosis« in patients with somatoform pain disorder. General Hospital Psychiatry 20: 91-97 (1998)

Altshuler, L. L.; Post, M. R. und Kollegen: Antidepressant-induced mania and cycle acceleration. American Journal of Psychiatry 152: 1130-1138 (1995)

American Psychiatric Association: Practice Guide for Major Depressive Disorder in Adults. American Journal of Psychiatry 150 suppl: 1-26 (1993)

Angst, J.: Verlauf unipolarer depressiver, bipolar manisch-depressiver und schizoaffektiver Erkrankungen. Fortschritte der Neurologie und der Psychiatrie 48: 3–30 (1980)

Angst, J.: The Course of Affective Disorders. Psychopathology 19 suppl: 47–52 (1986)

Angst, J: The history and concept of recurrent brief depression. European Archives of Psychiatry and Clinical Neuroscience 244: 171–173 (1994)

Angst, J.: The epidemiology of depressive disorders. European Neuropsychopharmacology suppl: 95–98 (1995)

Angst, J.: Persönliche Mitteilung zur noch ungeklärten Frage der Rezidivhäufigkeit bei unbehandelten und behandelten Patienten mit Depression. 8. März 1996

Aragona, M. und Kollegen: Depressive mood disorders in patients with operable breast cancer. Journal of Experimental and Clinical Cancer Research 16(1): 111–118 (1997).

Askevold, F.: War sailor syndrome. Psychotherapie und Psychosomatik 27: 133–138 (1976/1977)

Al'Abadie, M. S.; Kent, G. G. und Gawkrodger, D. J.: The relationship between stress and the onset and exacerbation of psoriasis and other skin conditions. British Journal of Dermatology 130: 199–203 (1994)

Baker, D. G. und Kollegen: Plasma and cerebrospinal fluid interleukin-6 concentrations in posttraumatic stress disorder. Neuroimmunomodulation 9: 209–217 (2001)

Barefoot, J. C.; Schroll, M.: Symptoms of depression, acute myocardial infarction, and total mortality in a community sample. Circulation 93: 1976–1980 (1996)

Bates, D. W.: Drugs and adverse drug reactions. Journal of the American Medical Association JAMA 279: 1216–1217 (1998)

Bateson, G.: Steps to an ecology of mind. First Ballantine Books Edition, 19. Auflage (1990)

Bauer, J. und Kollegen: Regulation of interleukin-6 expression in cultured human blood monocytes and monocyte-derived macrophages. Blood 72: 1134–1140 (1988)

Bauer, J. und Kollegen: Regulation of interleukin-6 receptor expression in human monocytes and monocyte-derived macrophages. Journal of Experimental Medicine 170: 1537–1549 (1989)

Bauer, J.: Interleukin-6 and its receptor during homeostasis, inflammation, and tumor growth. Klinische Wochenschrift 67: 697–706 (1989)

Bauer, J. und Kollegen: Interleukin-6 and alpha2-macroglobulin indicate an acute-phase state in Alzheimer's disease cortices. Federation of the European Biochemical Societies (FEBS) Letters 285: 111–114 (1991)

Bauer, J. und Kollegen: Differenzierung und Genese von Bewusstseinsstörungen. Intensivmedizin 29: 3–9 (1992)

Bauer, J. und Kollegen: Interleukin-6 serum levels in healthy persons correspond to the sleep-wake cycle. Clinical Investigator 72: 315 (1994)

Bauer, J. und Kollegen: Induction of Cytokine Synthesis and Fever Suppresses REM Sleep and Improves Mood in Patients with Major Depression. Biological Psychiatry 38: 611–621 (1995)

Bauer, J.: Psychosomatik der Adnexitis. In: Psychosomatische Medizin und Psychotherapie (Hrsg. H. Feiereis und R. Saller). Hans Marseille Verlag, München (1995)

Bauer, J.: Disturbed synaptic plasticity and the psychobiology of Alzheimer's disease. Behavioural Brain Research 78: 1–2 (1996)

Bauer, J.: Seelische Faktoren und Neurodegeneration. Fortschritte der Medizin 114: 38/302 (1996)

Bauer, J. und Kollegen: Das Burnout-Syndrom und seine Prävention im Schulalltag. Lehren und Lernen 12, 27–32 (2001)

Bauer, J.: Rationierungsinstrument, Waffe im Schulenstreit und Beschäftigungstherapie für Geltungsbedürftige: Zur Problematik von Leitlinien. Ärzteblatt Baden-Württemberg 4: 166 (2002)

Bauer, J.: Psychobiologie der Alzheimer-Krankheit: Wirklichkeitskonstruktion und Beziehungsgestaltung. In: Intergrierte Medizin (Hrsg. Th. von Uexküll, W. Geigges und R. Plassman). Schattauer-Verlag, Stuttgart (2002)

Baxter, L. R. und Kollegen: Caudate glucose metabolic rate changes with both drug and behavior therapy for obsessive-compulsive disorder. Archives of General Psychiatry 49: 618–689 (1992)

Berger, M. und Kollegen: Interindividual differences in the susceptibility of the cortisol system. Biological Psychiatry 22: 1327–1339 (1987)

Bernard, J. F.; Bandler, R.: Parallel circuits for emotional coping behaviour. The Journal of Comparative Neurology 401: 429–439 (1998)

Bierhaus, A. und Kollegen: A mechanism converting psychosocial stress into mononuclear cell activation. Proceedings of the National Academy of Science of the United States of America 100: 1920–1925 (2003)

Birbaumer, N. und Kollegen: The corticalization of chronic pain. In: Pain and the Brain (Hrsg. B. Bromm und J. E. Desmedt). Advances in Pain Research and Therapy, Vol. 22. Raven Press, New York (1995)

Birbaumer, N. und Kollegen: Effects of regional anesthesia on phantom limb pain are mirrored in canges in cortical reorganization. The Journal of Neuroscience 17: 5503–5508 (1997)

Bloch, S.; Kissane, D.: Psychotherapies in psycho-oncology. British Journal of Psychiatry 177: 112–116 (2000)

Bohus, M. und Kollegen: Naltrexone in the treatment of dissociative symptoms in patients with borderline personality disorder. Journal of Clinical Psychiatry 60: 598–603 (1999)

Bohus, M. und Kollegen: Evaluation of inpatient dialectical-behavioral therapy for borderline personality disorder. Behavorial Research Therapy 38: 875–887 (2000)

Bonney, H.: Neues vom »Zappelphilipp« – Die Therapie bei Kindern mit hyperkinetischen Störungen (ADHD) auf der Basis der Kommunikations- und Systemtheorie. Praxis der Kinderpsychologie und Kinderpsychiatrie 49: 285–299 (2000)

Bördlein, I.: Wenn das Nervensystem ein Schmerzgedächtnis entwickelt. Deutsches Ärzteblatt 96: A2961–A2964 (1999)

Bornstein, R. F.; Masling, J. M. (Hrsg.): Empirical perspectives on the Psychoanalytic Unconscious. APA Books (1998)

Brandes, L.: Depression, antidepressant medication, and cancer. American Journal of Epidemiology 136: 1414–1415 (1992)

Braun, K.: Synaptic reorganization in early childhood experience and learning processes. Zeitschrift für Klinische Psychologie, Psychiatrie und Psychotherapie 44: 253–266 (1996)

Braun, K.; Bogerts, B.: Erfahrungsgesteuerte neuronale Plastizität. Nervenarzt 1: 3–10 (2001)

Bremner, J. D. und Kollegen: Deficits in short-term memory in posttraumatic stress disorder. American Journal of Psychiatry 150: 1015–1019 (1993)

Bremner, J. D. und Kollegen: Hippocampal volume reduction in major depression. American Journal of Psychiatry 157(1):115–118 (2000).

Bremner, F.: The perception of inferred action. Neuron 31: 6–7 (2001)

Brodsky, B.: Relationship of dissociation to self-mutilation and childhood abuse in borderline personality disorder. American Journal of Psychiatry 152: 1788–1792 (1995)

Brody, A. L. und Kollegen: Regional brain metabolic changes in patients with major depression treated with either paroxetine or interpersonal psychotherapy. Archives of General Psychiatry 58: 631–640 (2001)

Brody, A. L. und Kollegen: Brain metabolic changes with symptom factor improvement in major depressive disorder. Biological Psychiatry 50: 171–178 (2001)

Brown, G. W.; Harris, T.; Copeland, J. R.: Depression and loss. British Journal of Psychiatry 130: 1–18 (1977)

Brown, G. W.; Harris, T.: Stressor, vulnerability and depression. Psychological Medicine 16: 739–744 (1986)

Brownell, G. L. und Kollegen: Preliminary imaging results with 18F-2-fluoro-2-deoxy-D-glucose. Journal of Computation Assisted Tomography 4: 473–477 (1980)

Brunner, R. und Kollegen: Dissociative symptomatology and traumatogenic factors in adolescent psychiatric patients. Journal of Nervous and Mental Diseases 188: 71–77 (2000)

Caldi, C. und Kollegen: Maternal care during infancy regulates the development of neural systems mediating the expression of fearfulness in the rat. Proceedings of the National Academy of Science 95: 5535–5540 (1998)

Cannon, W. B. und Kollegen: The influence of motion and emotion on medulliadrenal secretion. American Journal of Physiology 79: 433–465 (1927)

Cannon, W. B.: The wisdom of the body. Physiological Reviews 9: 399–431 (1929)

Carney, R. M. und Kollegen: Association of depression with reduced heart rate variability. American Journal of Cardiology 76: 562–564 (1995)

Carney, R. M. und Kollegen: Change in heart rate and heart rate variability. Psychosomatic Medicine 62: 639–647 (2000)

Chabrol, H. und Kollegen: Frequency of borderline personality disorder in a sample of french high school students. Canadian Journal of Psychiatry 46: 847–849 (2001)

Clarke, A. S. und Kollegen: Long-term effects of prenatal stress on HPA axis activity in juvenile Rhesus Monkeys. Developmental Psychobiology 27: 257–269 (1994)

Cloitre, M. und Kollegen: Posttraumatic stress disorder, self-and interpersonal dysfunction among sexually retraumatized women. Journal of Traumatic Stress 10: 437–452 (1997)

Cohen, S.; Tyrrell, D. A. J.; Smith, A. P.: Psychological stress and susceptibility to the common cold. The New England Journal of Medicine 325: 606–612 (1991)

Copland, J. D. und Kollegen: Persistent elevations of cerebrospinal fluid concentrations of corticotropin-releasing factor in adult nonhuman primates exposed to early life stressors. Proceedings of the National Academy of Sciences 93: 1619–1623 (1996)

Craig, A. D. und Kollegen: Functional imaging of an illusion of pain. Nature 384: 258–260 (1996)

Cullinan, W. E. und Kollegen: Pattern of time course of immediate early gene expression in rat brain following acute stress. Neuroscience 64: 477–505 (1995)

Damasio, A.: Ich fühle, also bin ich. Die Entschlüsselung des Bewusstseins. List Verlag (2000)

De Jong, J. A. und Roy, A.: Relationship of cognitive factors to corticotropin-releasing hormone in depression. American Journal of Psychiatry 147: 350–352 (1990)

De Jong-Meyer, R.: Der Beitrag psychologischer Konzepte zum Verständnis depressiver Erkrankungen. Zeitschrift für Klinische Psychologie 21: 133–155 (1992)

De Kloet, E. R. und Kollegen: Stress, glucocorticoids and development. Progress in Brain research 73: 101–120 (1988)

Denollet, J.; Brutsaert, D. L.: Reducing emotional distress improves prognosis in coronary heart disease. Circulation 104: 2018–2023 (2001)

Disalver, S. C.; Greden, J. F.: Antidepressant withdrawal phenomena. Biological Psychiatry 19: 237–256 (1984)

Dodt, H. U.; Zieglgänsberger, W.: Infrared videomicroscopy: a new look at neuronal structure and function. Trends in Neurological Sciences TINS 17: 453–458 (1994)

Dörner, K.: Der gute Arzt. Schattauer Verlag, Stuttgart (2001)

Drolet, G. und Kollegen: Role of endogenous opioid system in the regulation of the stress response. Progress in Neuropsychopharmacology and Biological Psychiatry 25: 729–741 (2001)

Eccles, J.: Neurobiology of Cognitive Learning. Westfälische Akademie der Wissenschaften. Vortrag Nr. 392. Westdeutscher Verlag (1992)

Eccles, J.: Evolution of consciousness. Proceedings of the National Academy of Sciences 89: 7320–7324 (1992)

Egle, U. T. und Kollegen: Parent-child relations as a predisposition for psychogenic pain syndrome in adulthood. Psychotherapie, Psychosomatik und Medizinische Psychologie 41: 247–256 (1991)

Ehlert, U. und Kollegen: Chronic pelvic pain as a somatoform disorder. Psychotherapy and Psychosomatics 68: 87–94 (1999)

Eisenberg, L.: The social construction of the human brain. American Journal of Psychiatry 152: 1563–1575 (1995)

Engel, A. K.; König, P.; Singer, W.: Bildung repräsentationaler Zustände im Gehirn. Spektrum der Wissenschaft 9/93: 42–47, September 1993

Eisenberg, L.: The social construction of the human brain. The American Journal of Psychiatry 152: 1563–1575 (1995)

Eitinger, L.: The concentration camp syndrome. Integrative Psychiatry 3: 115–126 (1985)

Elbert, T. und Kollegen: Extensive reorganization of the somatosensory cortex in adult humans after nervous system injury. NeuroReport 5: 2593–2597 (1994)

Elkin, I. und Kollegen: National Institute of Mental Health Treatment of Depression Collaborative Research Program. Archives of General Psychiatry 46: 971–982 (1989)

Evans, M. D. und Kollegen: Differential relapse following cognitive therapy and pharmacotherapy for depression. Archives of General Psychiatry 49: 802–808 (1992)

Faller, H. und Kollegen: Coping, distress, and survival among patients with lung cancer. Archives of General Psychiatry 56: 756–762 (1999)

Faller, H.: Krankheitsbewältigung und Überlebenszeit bei Krebskranken. Psychotherapeut 46: 20–35 (2001)

Famularo, R. und Kollegen: Posttraumatic stress disorder among children clinically diagnosed as borderline personality disorder. Journal of Nervous and Mental Diseases 179: 428–431 (1991)

Faravelli, C. und Kollegen: Epidemiology of somatoform disorders. Social Psychiatry and Psychiatric Epidemiology 32: 24–29 (1997)

Fava, G. A.: Do antidepressant and antianxiety drugs increase chronicity in affective disorders? Psychotherapy and Psychosomatics 61: 125–131 (1994)

Fawzy, F. und Kollegen: A structured psychiatric intervention for cancer patients. Archives of General Psychiatry 47: 720–725 (1993)

Ferketich, A. K. und Kollegen: Depression as an antecedent to heart disease. Archives of Internal Medicine 160: 1261–1268 (2000)

Ferrada-Noli, M. und Kollegen: Suicidal behavior after severe trauma. Journal of Traumatic Stress 11: 113–124 (1998)

Fillingim, R. B. und Kollegen: Sexual and physical abuse history in subjects with temporomandibular disorders. Journal of Orofacial Pain 11: 48–57 (1997)

Fillingim, R. B. und Kollegen: Self-reported abuse history and pain complaints among young adults. Clinical Journal of Pain 15: 85–91 (1999)

Flor, Hans: Brain Processes and Phenomenal Consciousness. Theory and Psychology 1: 245–262 (1991)

Flor, Herta und Kollegen: Phantom-limb pain as a perceptual correlate of cortical reorganization following arm amputation. Nature 375: 482–484 (1995)

Flor, Herta und Kollegen: Chronic pain enhances the magnitude of the magnetic field evoked at the site of pain. In: Biomagnetism: Fundamental Research and Clinical Applications (Hrsg. C. Baumgartner und Kollegen). Elsevier Science, IOS Press (1995)

Foa, E. B. und Kollegen (Hrsg.): Expert Consensus Guideline Series. Treatment of Posttraumatic Stress Disorder. The Journal of Clinical Psychiatry 60 (16): 1–76 (1999)

Foa, E. B.: Psychosocial treatment of posttraumatic stress disorder. Journal of Clinical Psychiatry 61 (5): 43–8 (2000)

Fonagy, P.; Target, M: Dissociation and Trauma. Current Opinion in Psychiatry 8: 161–166 (1995)

Ford, D. E. und Kollegen: Depression is a risk factor for coronary artery disease in men. Archives of Internal Medicine 158: 1422–1426 (1998)

Francis, D. D.; Meaney, M. J.: Maternal care and the development of stress responses. Current Opinion in Neurobiology 9: 128–134 (1999)

Francis, D. D. und Kollegen: Nongenomic transmission of maternal behavior and stress responses in the rat. Science 285: 1155–1158 (1999)

Frank, E. und Kollegen: Three-year outcomes for maintenance therapies in recurrent depression. Archives of General Psychiatry 47: 1093–1099 (1990)

Frank, E. und Kollegen: Efficacy of Interpersonal Psychotherapy as a maintenance treatment of recurrent depression. Archives of General Psychiatry 48: 1053–1059 (1991)

Frasure-Smith, N. und Kollegen: Depression and 18-month prognosis after myocardial infarction. Circulation 91: 999–1005 (1995)

Frasure-Smith, N. und Kollegen: Gender, depression, and one-year prognosis after myocardial infarction. Psychosomatic Medicine 61: 26–37 (1999)

Frasure-Smith, N. und Kollegen: Social support, depression, and mortality during the first year after myocardial infarction. Circulation 101: 1919–1924 (2000)

Frölich, J.; Schönhöfer, P.: 25 000 Tote durch Nebenwirkungen, Welt am Sonntag, 19.8.2001

Frommberger, U. H. und Kollegen: Interleukin-6-(IL-6) plasma levels in depression and schizophrenia: comparison between the acute state and after remission. European Archives of Psychiatry and Clinical Neuroscience 247(4): 228–33 (1997).

Gabbard, G.: A neurobiologically informed perspective on psychotherapy. British Journal of Psychiatry 177: 117–122 (2000)

Gamma, A. und Kollegen: Neuropsychopharmacology 23: 388–395 (2000)

Ganong, W. F.: Neural Basis of Instinctual Behavior and Emotions. Review of Medical Physiology, 15. Aufl. Verlag Prentice-Hall (1991)

Gabr, R. W.; Birkle, D. L.; Azzaro, A. J.: Stimulation of the Amygdala by Glutamate facilitates Corticotropin-Releasing Factor Release from the Median Eminence and Activation of the Hypothalamic-Pituitary-Adrenal Axis in Stressed Rats. Neuroendocrinology 62: 333–339 (1995)

Gilad, G. M.; Gilad, V. H.: Strain, stress, neurodegeneration and longevity. Mechanisms of Ageing and Development 78: 75–83 (1995)

Glaser, D.: Child abuse and neglect and the brain. Journal of Child Psychology and Psychiatry 41: 97–116 (2000)

Glaser, R. und Kollegen: Plasma cortisol levels and reactivation of latent Epstein-Barr-Virus in response to examination stress. Psychoneuroendocrinology 19: 765–772 (1994)

Gould, E. und Kollegen: Regulation of hippocampal neurogenesis in adulthood. Biological Psychiatry 48: 715–720 (2000)

Gouzoulis-Mayfrank, E. und Kollegen: Neurotoxische Langzeitschäden bei Ecstasy(MDMA)-Konsumenten. Nervenarzt 73: 405–421 (2002)

Greden, J. F.: Antidepressant Maintenance Medications: When to Discontinue and How to Stop. Journal of Clinical Psychiatry 54 (8): 39–45 (1993)

Green, C. R. und Kollegen: Do physical and sexual abuse differentially affect chronic pain states in women? Journal of Pain and Symptom Management 18: 420–426 (1999)

Gross, R. und Kollegen: Borderline personality disorder in primary care. Archives of Internal Medicine 162: 53–60 (2002)

Grossarth-Maticek, R. und Kollegen: Interaction of psychosocial and physical risk factors in the causation of mammary cancer, and its prevention through psychological methods of treatment. Journal of Clinical Psychology 56(1): 33–50 (2000)

Gullette, E. C. und Kollegen: Effects of mental stress on myocardial ischemia during daily life. Journal of the American Medical Association JAMA 277: 1521–1526 (1997)

Gunnar, M. R. und Kollegen: Stress reactivity and attachment security. Developmental Psychobiology 29: 191–204 (1996)

Halbreich, U. und Kollegen: Are chronic psychiatric patients at increased risk for developing breast cancer? American Journal of Psychiatry 153: 559–560 (1996)

Hance, M. und Kollegen: Depression in patients with coronary heart disease. General Hospital Psychiatry 18: 61–65 (1996)

Hand, I.: Verhaltenstherapie und/oder Pharmakotherapie bei Depressionen? Fortschritte der Neurologie und Psychiatrie 62 (S1): 44–52 (1994)

Hebb, D. O.: The Organization of Behavior: A neurophysiological theory. John Wiley, New York (1949)

Heffernan, K.; Cloitre, M.: A comparison of posttraumatic stress disorder with and without borderline personality disorder. Journal of Nervous and Mental Diseases 188: 589–595 (2000)

Heim, C. und Kollegen: Abuse-related posttraumatic stress disorder and alterations of the hypothalamic-pituitary-adrenal axis in women with chronic pelvic pain. Psychosomatic Medicine 60: 309–318 (1998)

Heim, C. und Kollegen: Pituitary-adrenal and autonomic responses to stress in women after sexual and physical abuse in childhood. Journal of the American Medical Association JAMA 284: 592–597 (2000)

Heinz, T. W. : Psychotherapeutische Versorgung von Traumaopfern. Deutsches Ärzteblatt 99: A1075–1077 (2002)

Hellhammer, D.: Wenn der Körper mit der Seele spricht. Mannheimer Forum (Hrsg. E. P. Fischer). Boehringer Mannheim (1992/1993)

Helmstetter, F. J. und Kollegen: Antinociception following opioid stimulation of the basolateral amygdala is expressed through the periaqueductal gray and rostral ventromedial medulla. Brain Research 779: 104–118 (1998)

Henry, C. und Kollegen: Prenatal Stress Increases the Hypothalamo-Pituitary-Adrenal Axis Response in Young and Adult Rats. Journal of Neuroendocrinology 6: 341–345 (1994)

Herbert, T. B.; Cohen, S.: Depression and immunity: a meta-analytic review. Psychological Bulletin 113: 472–486 (1993)

Herrmann, C. und Kollegen: Diagnostic groups and depressed mood as predictors of 22-month mortality in medical inpatients. Psychosomatic Medicine 60 (5): 570–577 (1998)

Herzog, T.; Sandholz, A.: Störungsspezifische konflikt- und symptomzentrierte Kurzpsychotherapie der Bulimia nervosa. Psychotherapeut 42: 106–115 (1997)

Herzog, T.; Hartmann, A.: Psychoanalytisch orientierte Behandlung der Anorexia nervosa. Psychotherapie, Psychosomatik und Medizinische Psychologie 47: 299–315 (1997)

Heßlinger, B. und Kollegen: Komorbidität von depressiven Störungen und kardiovaskulären Erkrankungen. Nervenarzt 73: 205–218 (2002)

Hippisley-Cox, J. und Kollegen: Depression as a risk factor for ischaemic heart disease in men. British Medical Journal 316: 1714–1719 (1998)

Hollon, S. D. und Kollegen: Cognitive Therapy and Pharmacotherapy for Depression. Archives of General Psychiatry 49: 774–781 (1992)

Holsboer, F. und Kollegen: Blunted corticotropin response and normal cortisol response to human corticotropin-releasing factor in depression. The New England Journal of Medicine 311: 1127 (1984)

Holsboer, F.: Psychiatric Implications of altered limbic-hypothalamic-pituitary-adrenocortical activity. European Archives of Psychiatry and Neurological Sciences 238: 302–322 (1989)

Holsboer, F.: Stress und Hormone. Spektrum der Wissenschaft 5/93: 97–100 (1993)

Horsten, M. und Kollegen: Psychosocial factors and heart rate variability in healthy women. Psychosomatic Medicine 61: 49–57 (1999)

Hosaka, T. und Kollegen: Comorbidity of depression among physically ill patients and its effect on the length of hospital stay. Psychiatry and Clinical Neuroscience 53 (4): 491–495 (1999)

Howland, R. H.: Induction of Mania with Serotonin Reuptake Inhibitors. Journal of Clinical Psychopharmacology 16: 425–427 (1996)

Huchermeier, C. und Kollegen: Interpersonelle Psychotherapie bei Depressionen. Psychotherapie, Psychosomatik und Medizinische Psychologie 52: 151–158 (2002)

Huether, G.: The central adaptation syndrome: psychosocial stress as a trigger for adaptive modifications of brain structure and brain function. Progress in Neurobiology 48: 569–612 (1996)

Hurwicz, M. L. und Berkanovic, E.: The stress process in Rheumatoid Arthritis. The Journal of Rheumatology 20: 1836–1844 (1993)

Hutchison, W. D. und Kollegen: Pain-related neurons in the human cingulate cortex. Nature Neuroscience 2: 403–405 (1999)

Huttenlocher, P. R.: Synaptic density in human frontal cortex. Brain Research 163: 195–205 (1979)

Ichikawa, M. und Kollegen: Effects of differential rearing on synapses and soma size. Synapse 13: 50–56 (1993)

Irwin, M.; Gillin J. C.: Impaired natural killer cell activity among depressed patients. Psychiatry Research 20: 191–182 (1987)

Irwin, M. und Kollegen: Major Depressive Disorder, Alcoholism, and Reduced Natural Killer Cell Cytotoxicity. Archives of General Psychiatry 47: 713–719 (1990)

Irwin, M. und Kollegen: Reduction of Immune Function in Life Stress and Depression. Biological Psychiatry 27: 22–30 (1990)

Jacobs, J. R.; Bovasso, G. B.: Early and chronic stress and their relation to breast cancer. Psychological Medicine 30: 669–678 (2000)

Jensen, P. S. und Kollegen: Evolution and Revolution in Child Psychiatry: ADHD as a Disorder of Adaption. Journal of the American Child and Adolescent Psychiatry 36: 1672–1679 (1997)

Jick, S. S.; Dean, A. D.; Jick, H.: Antidepressants and suicide. British Medical Journal 310: 215–218 (1995)

Johnson, J. G. und Kollegen: Health problems, impairment and illnesses associated with bulimia nervosa and binge eating disorder. Psychological Medicine 31: 1455–1466 (2001)

Jonas, B. S. und Kollegen: Are symptoms of anxiety and depression risk factors for hypertension? Archives of Family Medicine 6: 43–49 (1997)

Jones, A. K. und Kollegen: Cortical and subcortical localization of response to pain in man using positron emission tomography. Proceedings of the Royal Society London (Biological Sciences) 244: 39–44 (1991)

Jones, J. M. und Kollegen: Disordered eating attitudes and behaviours in teenaged girls. CMAJ 165: 547–552 (2001)

Kächele, H.: Bindung und Ver-Bindungen. Psychotherapie, Psychosomatik und Medizinische Psychologie 52: 127 (2002)

Kandel, E. R.; Hawkins, R. D.: Molekulare Grundlagen des Lernens. Spektrum der Wissenschaft 11/92: 66–76 (1992)

Kandel, E. R.: A new intellectual framework for psychiatry. American Journal of Psychiatry 155: 457–469 (1998)

Kandel, E. R.: Biology and the future of psychoanalysis. American Journal of Psychiatry 156: 505–524 (1999)

Kawachi, I. und Kollegen: A prospective study of anger and coronary heart disease. Circulation 94: 2090–2095 (1996)

Kempermann, G.; Kuhn, H. G.; Gage, F. H.: More hippocampal neurons in adult mice living in an enriched environment. Nature 386: 493–495 (1997)

Kendler, S. K. und Kollegen: Stressful life events, genetic liability, and onset of an episode of major depression in women. American Journal of Psychiatry 152: 833–842 (1995)

Kennerley, H.: Cognitive therapy of dissociative symptoms associated with trauma. Bristish Journal of Clinical Psychology 35: 325–340 (1996)

Kessler, R. C. und Kollegen: Posttraumatic stress disorder in the National Comorbidity Survey. Archives of General Psychiatry 52 (12): 1048–1060 (1995)

Keynes, W. M.: Medical response to mental stress. Journal of the Royal Society of Medicine 87: 536–539 (1994)

Khansari, D. N.; Murgo, A. J.; Faith, R.E.: Effects of stress on the immune system. Immunology Today 11: 170–175 (1990)

Kiecolt-Glaser, J. K. und Kollegen: Slowing of wound healing by psychological stress. The Lancet 246: 1194–1196 (1995)

Kiecolt-Glaser, J. K. und Kollegen: Psychoneuroimmunology and Psychosomatic Medicine. Psychosomatic Medicine 64: 15–28 (2002)

Kirschbaum, C.; Wust, S.; Hellhammer, D.: Consistent sex differences in cortisol response to psychological stress. Psychosomatic Medicine 54: 648–657 (1992)

Kirschbaum, C.; Pirke, K. M.; Hellhammer, D.: The Trier Social Stress Test. Neuropsychobiology 28: 76–81 (1993)

Kirschbaum, C. und Kollegen: Sex-specific effects of social support on cortisol and subjective reponses to acute psychological stress. Psychosomatic Medicine 57: 23–31 (1995)

Klerman, G. L.; Weissman, M. M.: Interpersonal psychotherapy of depression. Jason Aronson Inc., Northvale NJ (1994)

Knecht, S; Ringelstein, E. B.: Neuronale Plastizität am Beispiel des somatosensorischen Systems. Nervenarzt 10: 889–898 (1999)

Knekt, P. und Kollegen: Elevated lung cancer risk among persons with depressed mood. American Journal of Epidemiology 144: 1096–1103 (1996)

Korneyev A.; Binder, L.; Bernardis, J.: Rapid reversible phosporylation of rat brain tau proteins in response to cold water stress. Neuroscience Letters 191: 19–22 (1995)

Kotler, M. und Kollegen: Anger, impulsivity, social support, and suicide risk in patients with posttraumatic disorder. Journal of Nervous and Mental Diseases 189: 162–167 (2001)

Kovacs, M. und Kollegen: Depressed outpatients treated with cognitive therapy or pharmacotherapy. Archives of General Psychiatry 38: 33–39 (1981)

Kriminologisches Forschungsinstitut Niedersachsen (Wetzel, P.): Gewalterfahrungen in der Kindheit. Interdisziplinäre Beiträge zur kriminologischen Forschung, Bd. 8. Baden-Baden (1997)

Krittayaphong, R. und Kollegen: Heart rate variability in patients with coronary artery disease. Psychosomatic Medicine 59: 231–235 (1997)

Kronmüller, K. T. und Kollegen: Einfluss von Persönlichkeitsfaktoren und -struktur auf den Verlauf der Major-Depression. Nervenarzt 73: 255–261 (2002)

Kupfer, D. J.; Frank, E.; Perel, J. M: The advantage of early treatment intervention in recurrent depression. Archives of General Psychiatry 46: 771–775 (1989)

Kusnecov, A. V. und Kollegen: Decreased herpes simplex viral immunity and enhanced pathogenesis following stressor administration in mice. Journal of Neuroimmunology 38: 129–138 (1992)

Kwong, K. K. und Kollegen: Dynamic magnetic resonance imaging of human brain activity during primary sensory stimulation. Proceedings of the National Academy of Sciences of the USA 89: 5675–5679 (1992)

Lanktree, C. B.; Briere, J.: Outcome of therapy for sexually abused children: a repeated measure study. Child Abuse and Neglect 19: 1145–1155 (1995)

Lendvai, B. und Kollegen: Experience-dependent plasticity of dendritic spines in the developing rat barrel cortex in vivo. Nature 404: 876–881 (2000)

Lesperance, F. und Kollegen: Major depression before and after myocardial infarction. Psychosomatic Medicine 58: 99–110 (1996)

Leuzinger-Bohleber, M. und Kollegen: Langzeitwirkungen von Psychoanalysen und Psychotherapien. Psyche, Heft 3/2001

Lieb, K. und Kollegen: Das Chronische Müdigkeitssyndrom. Nervenarzt 67: 711–720 (1996)

Light, K. C. und Kollegen: Enhanced cardiovascular and catecholamine responses in women with depressive symptoms. International Journal of Psychophysiology 28: 157–166 (1998)

Linden, W. und Kollegen: Psychosocial interventions for patients with coronary artery disease. Archives of Internal Medicine 156: 745–752 (1996)

Lindholm, D. und Kollegen: Activity-dependent and hormonal regulation of neurotrophin mRNA levels in the brain-implications for neuronal plasticity. Journal of Neurobiology 25: 1362–1372 (1994)

Linehan, M. M.: Dialectical behavior therapy for borderline personality disorder. Theory and method. Bulletin of the Menninger Clinic 51: 261–76 (1987).

Linehan, M. M. und Kollegen: Dialectic behavior therapy for patients with borderline personality disorder and drug-dependence. American Journal of Addiction 8: 279–292 (1999)

Linton, S. J.: A population-based study of the relationship between sexual abuse and back pain: Establishing a link. Pain 73: 47–53 (1997)

Liu, D. und Kollegen: Maternal care, hippocampal glucocorticoid receptors, and the hypothalamic-pituitary-adrenal responses to stress. Science 277: 1659–1662 (1997)

Liu, D. und Kollegen: Maternal care, synaptogenesis and cognitive development in rats. Nature Neuroscience 3: 799–806 (2000)

Lupien, S. J. und Kollegen: Cortisol levels during human aging predict hippocampal atrophy and memory deficits. Nature Neuroscience 1: 69–73 (1998)

Lyons, D. M. und Kollegen: Early environmental regulation of glucocorticoid feedback sensitivity in young adult monkeys. Journal of Neuroendocrinology 12: 723–728 (2000)

Mackinnon, A.; Henderson, A. S.; Angrews, G.: Parental affectionless control as an antecedent to adult depression. Psychological Medicine 23: 107 (1992)

Maes, M. und Kollegen: Autoimmunity in depression: increased anti-phospholipid autoantibodies. Acta Psychiatrica Scandinavica 87: 160–166 (1993)

Maes, M. und Kollegen: Multiple reciprocal relationships between in vitro cellular immunity and hypothalamic-pituitary-adrenal axis in depression. Psychological Medicine 24: 167–177 (1994)

Makino, S.; Smith, M. A.; Gold, P. W.: Increased expression of corticotropin-Releasing Hormone and Vasopressin messenger Ribonucleic Acid in the Hypothalamic Paraventricular Nucleus during Repeated Stress. Endocrinology 136: 3299–3309 (1995)

Mamalaki, E. und Kollegen: Repeated Immobilization Stress Alters Tyrosine Hydroxylase, Corticotropin-Releasing Hormone and Corticosteroid Receptor Messenger Ribonucleic Acid Levels in rat Brain. Journal of Neuroendocrinology 4: 689–699 (1992)

Margarinos, A. M.; McEwen, B. S.: Stress-induced atrophy of apical denrites of hippocampal CA3 neurons. Neuroscience 69: 83–88 (1995)

Margarinos, A. M. und Kollegen: Chronic psychosocial stress causes apical dendritic atrophy of hippocampal CA3 pyramidal neurons in subordinate tree shrew. The Journal of Neuroscience 16: 3534–3540 (1996)

Martin, S. D. und Kollegen: Brain blood flow changes in depressed patients treated with interpersonal psychotherapy or venlafaxine hydrochloride. Archives of General Psychiatry 58: 641–648 (2001)

Mayberg, H. S. und Kollegen: Cingulate function in depression: a potential predictor of treatment response. NeuroReport 8:1057–1061 (1997)

Mazarweh, G.: Junge Rechtsbrecher. Empirisch-psychologische Untersuchung. Freiburg (1976)

McNaughton, M. E. und Kollegen: The relationship of life adversity, social support, and coping to hospitalization with major depression. The Journal of Nervous and Mental Disease 180: 491–497 (1992)

Meaney, M.: Nature, nurture, and the Disunity of Knowledge. Annals of the New York Academy of Sciences 935: 50–61 (2001)

Merzenich, M. M. und Kollegen: How the brain functionally rewires itself. In: Natural and artificial parallel computation. Cambridge, MA, USA. MIT Press, Seiten 177–210 (1990)

Meyer A. E. und Kollegen: Forschungsgutachten zu Fragen eines Psychotherapeutengesetzes. Univ.-Krankenhaus Hamburg-Eppendorf (1991)

Moghaddam, B.: Stress preferentially increases extraneuronal levels of excitatory amino acids in the prefrontal cortex. Journal of Neurochemistry 60: 1650–1657 (1993)

Mogilner, A. und Kollegen: Somatosensory cortical plasticity in adult humans revealed by magnetencephalography. Proceedings of the National Academy of Sciences 90: 3593–3597 (1993)

Moller, J. und Kollegen: Do episodes of anger trigger myocardial infarction? Psychosomatic Medicine 61: 842–849 (1999)

Morgan, M. J.: Ecstasy: a review of its possible persistent effects. Psychopharmacologia 152: 230–248 (2000)

Mundt, C.: Die Psychotherapie depressiver Erkrankungen. Nervenarzt 67: 183–197 (1996)

Mutschler, E.: Arzneimittelwirkungen. Wissenschaftliche Verlagsgesellschaft, Stuttgart (1996)

Myners-Wallis, L. M. und Kollegen: Randomised controlled trial comparing problem solving treatment with amitryptiline and placebo for major depression in primary care. British Medical Journal 310: 441–445 (1995)

Nappi, R. E.; Rivest, S.: Corticotropin-releasing factor and stress-related reproductive failure. Journal of Endocrinological Investigations 18: 872–880 (1995)

Neisewander, J. L. und Kollegen: Fos protein expression and cocaine-seeking behavior. Journal of Neuroscience 20: 798–805 (2000)

Nemeroff, C. B. und Kollegen: Elevated concentrations of CSF corticotropin-releasing factor-like immunoreactivity in depressed patients. Science 226: 1342–1344 (1984)

Nerozzi, D. und Kollegen: Reduced Natural Killer Cell Activity in Major Depression. Psychoneuroendocrinology 14: 295–301 (1989)

Nesse, R. M.: Is depression an adaption? Archives of General Psychiatry 57: 14–20 (2000)

Neugebauer, R. und Kollegen: Association of Stressfull Life Events with Chromosomally Normal Spontaneous Abortion. American Journal of Epidemiology 143: 588–596 (1996)

Nikolina, E. M. und Kollegen: Social defeat stress increases the expression of mu-opioid receptor mRNA in rat ventral tegmental area. NeuroReport 29: 3015–3019 (1999)

Nilsson, P. M.; Møller, L.; Solstad, K.: Adverse effects of psychosocial stress on gonadal function and insulin levels in middle-aged males. Journal of Internal Medicine 237: 479–486 (1995)

Normann, C. und Kollegen: Die Bedeutung des hepatischen Cytochrom-P450-Systems für die Psychopharmakologie. Nervenarzt 69: 944–955 (1998)

Oldham, J. M. und Kollegen: Relationship of Borderline symptoms to histories of abuse and neglect. Psychiatric Quarterly 67: 287–295 (1996)

Orrell, M. W.; O'Dwyer, A. M.: Dementia, ageing, and the stress control system. The Lancet 345: 666–667 (1995)

Papousek, H.; Papousek, M.: Fragile aspects of early social interaction. In: Postpartum depression and child development. Seiten 35–53. Guilford Press, New York (1997)

Parker, J. und Kollegen: Relationship of Changes in Helplessness and Depression to Disease Activity in Rheumatoid Arthritis. Journal of Rheumatology 19: 1901–1905 (1992)

Penninx, B. W. und Kollegen: Cardiovascular events and mortality in newly and chronically depressed persons. American Journal of Cardiology 81: 988–994 (1998)

Ploghaus, A. und Kollegen: Dissociating pain from first anticipation in the human brain. Science 284: 1979–1981 (1999)

Poeggel, G. und Kollegen: Quantitative changes in reduced nicotinamide adenine dinucleotide phosphate-diaphorase-reactive neurons in the brain of Octodon degus after periodic maternal separation and early social idolation. Neuroscience 99: 381–387 (2000)

Post, R. M.: Transduction of psychosocial stress into the neurobiology of recurrent affective disorder. American Journal of Psychiatry 149: 999–1010 (1992)

Pratt, L. A. und Kollegen: Depression, psychotropic medication, and risk of myocardial infarction. Circulation 94: 3123–3129 (1996)

Prigerson, H. G. und Kollegen: Stressful life events, social rhythms, and depressive symptoms. Psychiatry Research 51: 33–49 (1994)

Prigerson, H. G. und Kollegen: Traumatic grief as a risk factor for mental and physical morbidity. American Journal of Psychiatry 154: 616–623 (1997)

Prussoff, B. A. und Kollegen: Research Diagnostic Criteria subtypes of Depression. Archives of General Psychiatry 37: 796–801 (1980)

Putnam, F. W. und Kollegen: Hypnotizability and dissociativity in sexually abused girls. Child Abuse and Neglect 19: 645–655 (1995)

Rakic, P. und Kollegen: Synaptic development of the cerebral cortex. Progress in Brain Research 102: 227–243 (1994)

Rampon, C. und Kollegen: Effects of environmental enrichment on gene expression in the brain. Proceedings of the National Academy of Sciences 97: 12880–12884 (2000)

Ramsay, D. S.; Lewis, M.: The effects of birth condition on infants' cortisol response to stress. Pediatrics 95: 546–549 (1995)

Rechlin, T. und Kollegen: Are affective disorders associated with alterations of heart rate variability? Journal of Affective Disorders 23: 271–175 (1994)

Renner, M. J.; Rosenzweig, M. R.: Enriched and impoverished environments: Effects on brain and behavior. Recent Research in Psychology. Springer Verlag, Heidelberg (1987)

Riedesser P.: Refugee children. Zeitschrift für Kinder- und Jugendpsychiatrie und Psychotherapie 27: 239-240 (1999)

Rizzolatti, G. und Kollegen: Premotor cortex and the recognition of motor actions. Cognitive Brain Research 3: 131–141 (1996)

Rosengren, A. und Kollegen: Stressful life events, social support, and mortality in men born in 1933. British Medical Journal 307: 1102–1105 (1993)

Ross, C. A. und Kollegen: Abuse histories in 102 cases of multiple personality disorders. Canadian Journal of Psychiatry 36: 97–101 (1991)

Roth, A. S. und Kollegen: Naltrexone as a treatment for repetitive selfinjurious behaviour. Journal of Clinical Psychiatry 57: 233–237 (1996)

Roth, G.: Die Konstruktion unserer Erlebniswelt durch das Gehirn. TW Neurologie Psychiatrie 11: 139–146 (1997)

Roy-Byrne, P. und Kollegen: The longitudinal course of recurrent affectice illness. Acta Psychiatrica Scandinavica 317: 1–34 (1985)

Salzman, J. P. und Kollegen: Association between borderline personality disorder and history of childhood abuse in adult volunteers. Comprehensive Psychiatry 34: 254–257 (1993)

Sandell, R. und Kollegen: Unterschiedliche Langzeitergebnisse von Psychoanalysen und Psychotherapien. Psyche Heft 3/2001

Sansone, R. A. und Kollegen: The prevalence of trauma and its relationship to borderline personality symptoms. Archives of Familiy Medicine 4: 439–442 (1995)

Sapolsky, R. M.; Packan, D. R.; Vale, W. W.: Glucocorticoid toxicity in the hippocampus. Brain Research 453: 367–371 (1988)

Sapolsky, R. M.: Why stress is bad for your brain. Science 273: 749–750 (1996)

Sapolsky, R.; Romero, M.; Munck, A.: How do glucocorticoids influence the stress-response? Integrating permissive, suppressive, stimulatory, and preparative actions. Endocrine Reviews, 21, 55–89 (2000)

Schäfer, M. und Kollegen: Sexual and physical abuse during early childhood or adolescence. Psychotherapie, Psychosomatik und Medizinische Psychologie 50: 38–50 (2000)

Schaarschmidt, U.; Fischer, A. W.: Bewältigungsmuster im Beruf. Vandenhoeck & Ruprecht, Göttingen (2001)

Scharff, C.: Chasing fate and function of new neurons in adult brains. Current opinion in Neurobiology 10: 774–783 (2000)

Schedlowski, M. und Kollegen: Immunsuppressive Stresseffekte. Psycho 17: 722–731 (1991)

Schedlowski, M.; Tewes, U.: Konditionierte Immunomodulation. Psycho 17: 732–739 (1991)

Schedlowski, M. und Kollegen: Changes of Natural Killer Cells During Acute Psychological Stress. Journal of Clinical Immunology 13: 119–126 (1993)

Schedlowski, M. und Kollegen: Beta-Endorphin, but not substance P, is increased by acute stress in humans. Psychoneuroendocrinology 20: 103–110 (1995)

Schedlowski, M.: Psychophysiological neuroendocrine and cellular immune reactions under psychological stress. Neuropsychobiology 28: 87–90 (1993)

Scheidt, C. E.; Bauer, J.: Zur Psychotherapie somatoformer Schmerzstörungen im Alter. Zeitschrift für Gerontologie und Geriatrie 28: 339–348 (1995)

Schwab, M. und Kollegen: Pharmakogenetik der Zytochrom-P-450-Enzyme. Deutsches Ärzteblatt 99: A497–A504 (2002)

Schwarz, R.: Psychosocial Factors in Carcinogenesis. On the Problem of the so-called cancer-prone personality. Psychotherapie, Psychosomatische Medizin und Medizinische Psychologie 43: 1–9 (1993)

Seitz, R. J. und Kollegen: Large-scale plasticity of the human motor cortex. NeuroReport 6: 742–744 (1995)

Selye, H.: The general adaption syndrome and diseases of adaption. Journal of Clinical Endocrinology 6: 117–230 (1946)

Selye, H.: Streß gehört zum Leben. Weltgesundheit, Magazin der Weltgesundheitsorganisation. Dezember 1974, Seiten 3–11

Serafeim, A. und Kollegen: 5-Hyroxytryptamine drives apoptosis in biopsylike Burkitt lymphoma cells: reversal by selective serotonin reuptake inhibitors. Blood 99: 2545–2553 (2002)

Shea, M. T. und Kollegen: Course of depressive symptoms over follow-up. Archives of General Psychiatry 49: 782–787 (1992)

Silverman, L. H.: An experimental technique for the study of unconscious conflicts. British Journal of Medical Psychology 4: 17–25 (1971)

Simons, A. D. und Kollegen: Cognitive Therapy and Pharmacotherapy for Depression. Archives of General Psychiatry 43: 43–48 (1986)

Singer, W.: Development and plasticity of cortical processing architectures. Science 270: 758–763 (1995)

Slipp, S. S.; Nissenfeld, S.: An experimental study of psychoanalytic theories of depression. Journal of The American Academy of Psychoanalysis 9: 583–600 (1981)

Smith, M. A. und Kollegen: Stress and glucocorticoids affect the expression of Brain-Derived Neurotrophic Factor and Neurotrophin-3 mRNAs in the hippocampus. Journal of Neuroscience 15: 1768–1777 (1995)

Sonne, S. und Kollegen: Naltrexone treatment in self-injurious thoughts and behaviors. Journal of Nervous and Mental Diseases 184: 192–195 (1996)

Spiegel, D. und Kollegen: Effect of psychosocial treatment on survival of patients with metastatic breast cancer. Lancet II, 889–891 (1989)

Spitzer, M.: Stress und Kognition. Medizinische Monatsschrift für Pharmazeuten 19: 295–308 (1996)

Spitzer, M.: Neuronale Netzwerke und Psychopathologie. Nervenarzt 68: 21–37 (1997)

Spitzer, M. und Kollegen: Ereigniskorrelierte Potentiale bei semantischen Sprachverarbeitungsprozessen. Nervenarzt 68: 212–25 (1997)

Spitzer, M: Netze für Gedanken. T&E Neurologie Psychiatrie Special Oktober 1997

Spitzer, M.: Lernen im Mutterleib: Hören, Tasten und Riechen. Nervenheilkunde 2: 123–124 (2001)

Stein, M. B. und Kollegen: Hippocampal volume in women victimized by childhood sexual abuse. Psychological Medicine 27 (4): 951–959 (1997)

Stein, P. K. und Kollegen: Severe depression is associated with markedly reduced heart rate variability. Journal of Psychosomatic Research 48: 493–500 (2000)

Stein, T. P. und Schluter, M. D.: Excretion of IL-6 by astronauts during spaceflight. American Journal of Physiology 266: E448–E452 (1994)

Stern, D. N.: Die Lebenserfahrung des Säuglings. 6. Aufl. Klett-Cotta, Stuttgart (1998)

Stone, E. A.; Zhang, Y.: Adrenoceptor antagonists block c-fos response to stress in the mouse brain. Brain Research 694: 279–286 (1995)

Strausbaugh, H.; Irwin, M.: Central Corticotropin-Releasing Hormone Reduces Cellular Immunity. Brain, Behavior, and Immunity 6: 11–17 (1992)

Struble, R. G.; Riesen, A. H.: Changes in cortical dendritic branching subsequent to partial social isolation. Developmental Psychobiology 11: 479–486 (1978)

Surtees, P. G.: In the shadow of adversity: The evolution and resolution of anxiety and depressive disorder. Bristish Journal of Psychiatry 166: 583–594 (1995)

Swaab, D. F.: Brain Aging and Alzheimer's Disease, »Wear and Tear« versus »Use it or lose it«. Neurobiology of Aging 12: 317–324 (1991)

Talbot, J. D. und Kollegen: Multiple representations of pain in human cerebral cortex. Science 251: 1355–1358 (1991)

Teicher, M. H. und Kollegen: Early childhood abuse and limbic system ratings in adult psychiatric outpatients. Journal of Neuropsychiatry and Clinical Neurosciences 5: 301–306 (1993)

Thoenen, H.: Neurotrophins and neuronal plasticity. Science 270: 593–598 (1995)

Toomey, T. und Kollegen: Relationship of sexual and physical abuse to pain and psychological assessment variables in chronic pelvic pain patients. Pain 53: 105–109 (1993)

Trevarthen, C.; Aitken, K. J.: Infant intersubjectivity. Journal of Child Psychology and Psychiatry 42: 3–48 (2001)

Tulen, J. H. und Kollegen: Cardiovascular variability in major depressive disorders. Journal of Clinical Psychopharmacology 16: 135–145 (1996)

Umiltà, M. A. und Kollegen: I know what you are doing: a neurophysiological study. Neuron 31: 155–165 (2001)

Ungless, M. A.: Single cocain exposure in vivo induces long-term potentiation in dopamine neurons. Nature 441: 583–587 (2001)

Van der Kolk, B. und Kollegen: Inescapable shock, neurotransmitters, and addiction to trauma: toward a psychobiology of post traumatic stress. Biological Psychiatry 20: 314–325 (1985)

Van der Kolk, B.: Trauma and Memory. In: Traumatic Stress (Hrsg. B. van der Kolk, A. C. McFarlane und L. Weiseth). The Guilford Press. New York, London (1996)

Viinamäki, H. und Kollegen: Change in monoamine transporter density related to clinical recovery. Nordic Journal of Psychiatry 52: 39–44 (1998)

Volkmar, F. R.; Greenough, W. T.: Rearing complexity affects branching of dendrites in the visual cortex of the rat. Nature 176: 1445–1447 (1972)

Von Zerssen, D.: Forschungen zur prämorbiden Persönlichkeit in der Psychiatrie. Fortschritte der Neurologie und Psychiatrie 64: 168–183 (1996)

Watson, M. und Kollegen: Influence of psychological response on survival in breast cancer: a population-based cohort study. Lancet 354: 1331–1336 (1999)

Wetzel, P: Gewalterfahrungen in der Kindheit. Interdisziplinäre Beiträge zur kriminologischen Forschung Bd. 8. Baden-Baden (1997)

Whalen, P. J. und Kollegen: Masked presentations of emotional facial expressions modulate amygdala activity without explicit knowledge. Journal of Neuroscience 18(1): 411–418 (1998)

Wehr, T. A.; Goodwin, F. K.: Rapid cycling in manic-depressives induced by trycyclic antidepressants. Archives of General Psychiatry 36: 555–559 (1979)

Weisse, C. S.: Depression and immunocompetence: a review of the literature. Psychological Bulletin 111: 475–489 (1992)

Weizman, R. und Kollegen: Cytokine Production in Major Depressed Patients Before and After Clomipramine Treatment. Biological Psychiatry 35: 42–47 (1994)

Welin, C. und Kollegen: Independent importance of psychosocial factors for prognosis after myocardial infarction. Journal of Internal Medicine 247: 629–639 (2000)

Yehuda, R. und Kollegen: Plasma norepinephrine and 3-methoxy-4-hydroxyphenylglycol concentrations and severity of depression in combat posttraumatic stress disorder and major depressive disorder. Biological Psychiatry 44 (1): 56–63 (1998)

Yehuda, R.: Biology of posttraumatic stress disorder. Journal of Clinical Psychiatry 62 (17): 41–46 (2001)

Zamanian, K.; Adams, C.: Group psychotherapy with sexually abused boys: dynamics and interventions. International Journal of Group Psychotherapy 47: 109–126 (1997)

Zanarini, M. C. und Kollegen: Reported pathological childhood experiences associated with the development of borderline personality. American Journal of Psychiatry 154: 1101–1106 (1997)

Zanarini, M. C. und Kollegen: The dissociative experiences of borderline patients. Comprehensive Psychiatry 41: 223–227 (2000)

Zimmermann, M.: Neurobiologie des Schmerzsystems. Neuroforum 1/95: 32–46 (1995)

Zimmermann, M.; Zieglgänsberger, W.: Neurophysiologie und Neuropharmakologie des Schmerzsystems. In: Handbuch Therapie neurogener Schmerzen (Hrsg. Rodenow, Thoden und Winkelmüller). Barth-Verlag

Zlotnik, C. und Kollegen: An affect management group for women with posttraumatic stress disorder and histories of childhood sexual abuse. Journal of Traumatic Stress 10: 425–436 (1997)

Zubieta, J.-K. und Kollegen: Regional Mu Opioid Receptor Regulation of Sensory and Affective Dimensions of Pain. Science 293: 311–315 (2001)

Eine Ameise ist dumm, tausend Ameisen sind genial

Len Fisher
Schwarmintelligenz
Wie einfache Regeln Großes möglich machen
Aus dem Englischen von Jürgen Neubauer
272 Seiten / gebunden mit Schutzumschlag
€ 19,95 (D) / sFr 33,50 / € 20,60 (A)
ISBN 978-3-8218-6525-6

Fisch- oder Vogelschwärme bewegen sich in verblüffenden Formationen, gelenkt durch unsichtbare Gesetzmäßigkeiten. Unsere Begeisterung für die Schönheit komplexer Systeme in der Natur kommt nicht von ungefähr, sagt der Naturwissenschaftler Len Fisher: Sie faszinieren uns, weil wir uns selbst nach den Prinzipien von Schwarmintelligenz verhalten.

Unterhaltsam und anschaulich zeigt Len Fisher nicht nur, welche Bedeutung die Intelligenz der Vielen in der Natur und für unser Leben hat, sondern wie sie funktioniert: bei der Lenkung von Verkehrsströmen, in sozialen Netzwerken wie Twitter – und bei der Suche nach dem besten Restaurant.